KB139106

뿌리 깊은 **論語**

下冊

[清溪古典叢書 002]

論語集註大全 懸吐 完譯

盧相福 譯註

뿌리 깊은 論語
下冊

뿌리깊은

下

盧相福 譯主

發刊辭

學山 盧相福선생님은 6.25와 經濟開發途上國 時期에 '漢文이 솥에 들어가느냐'라는 笑背를 堪耐하며 학문을 하였고, 그후 오늘날 超尖端 時代에 이르기까지 經學研究와 人材養成에 始終 盡力하였다.

선생님은 1937년, 慶南 陜川郡 佳會面 將臺里 儒家에서 태어나 부산 동아대학교 국문학과를 졸업하고, 25세에 獨立運動家이자 우리나라 마지막 儒宗인 金榥(重齋, 1896~1978) 先生의 門下에 나아가 10년간 事師하였다. 상경 이후 민족문화추진회(현 한국고전번역원)에서 任昌淳, 李鎭泳, 鄭太鉉 등 학자에게 수업을 들었다.

1986년부터 2002년까지 韓國學中央研究院 古典專門委員으로 있으면서 李成茂 부원장의 권유로 清溪書堂을 개설하고 2002년부터 현재에 이르도록 漢文講義를 계속하여 수백 명의 弟子를 배출하였다.

선생님은 四書三經 외에도 『古文眞寶』 『通鑑節要』 등 여러 書冊을 강의하였는데, 說明이 簡潔하고 明瞭하였다. 강의 사이에 간혹 重齋 선생님 門下에서 보고 들은 것을 들려주기도 하였는데, 그것은 先學들의 思考體系와 時代相을 알 수 있는 逸話들이었다.

그동안 여러 번 제자들이 선생님의 번역서를 출간할 것을 종용했으나 내내 許諾하지 않다가 2018년에야 겨우 허락하였다. 이에 첫 번째로 『論語』를 선택하여 그간에 강의하신 녹음자료를 바탕으로 하고 여러 차례 校訂을 거쳐 『뿌리 깊은 論語』라는 題號로 책을 발간하게 되었다.

『뿌리 깊은 論語』는 스승이신 重齋 선생과 俛宇 郭鍾錫(1846~1919) 선생을 통하여 멀게는 退溪 선생과 淵源이 닿고, 나아가 孔子로에까지 이어지는 뿌리 깊은 儒敎哲學과 선비정신을 담아내고자 하였다.

또한 각 篇의 끝에 附錄한 선생님의 聲讀을 따라 하면 時空을 超越하여 孔子를 만날 수 있는 『뿌리 깊은 論語』임을 자부해 본다.

이 책을 발간하는 과정에서 採錄에 참여한 김순옥, 노상학, 류익진, 신관순, 윤태호, 장두영, 정경화, 정영희, 조해수 제위께 감사드린다. 出版企劃, 原文·飜譯文 校訂과 校勘에는 菊堂 김성일, 東雲 백기란, 小窓 김현국 등의 노고가 컸다. 특히 編輯과 出版을 맡아준 桐城 신철호에게 깊이 감사드린다.

끝으로 淸溪書堂의 敎材에 해당하는 四書三經을 비롯한 여러 古典 가운데 淸溪古典叢書라는 이름으로 『뿌리 깊은 論語』가 그 첫 번째로 발간된 것을 자축하고 이 작업이 계속 이어져 叢書가 完遂되기를 期待해 본다.

2023년 7월

淸溪古典叢書

發刊委員長 金松子

머리말

이 책은 『論語』 20篇에 朱子集註를 懸吐하여 國譯한 것이다. 論語는 孔子의 言行과 그가 中國天下를 周遊하면서 弟子들과 問答한 내용들을 記錄한 冊으로 儒家思想을 대표하는 經典 중의 經典이다. 論語에는 원래 魯論語 齊論語 등이 있었으나 前漢 때에 이미 佚失되어 없어졌으며 지금 이 論語는 前漢의 安昌侯 張禹 등이 여러 가지 論語를 비교하여 約簡篇으로 定한 것이라고 傳해지고 있다.

論語의 註釋書는 後漢의 鄭玄의 註釋이 다소 남아 있고 梁의 皇侃이 남긴 『論語義疏』가 十三經에 收錄되어 있다.

論語의 朱子集註는 정확한 訓詁와 화려한 文體로 이루어져 있으며 특히 漢文의 古文文法이 가장 발달한 南宋時代의 先頭走者인 朱子의 力作品으로 文法上의 副詞處理가 때로는 面貌를 달리하는 경우가 朱子의 손에서 創設된 곳도 없지 않아서 朝鮮時代의 漢文文化에도 그 영향이 있었다고 思料된다. 때문에 朝鮮初期부터 國家的 事業으로 內閣本이 刊行되었지만 오로지 이 朱子本을 위주로 始終 변함이 없었던 것도 사실이다.

本人은 生業이 古典專門이라 한때 經書를 飜譯하자는 勸誘를 받기도 하였으나 無能으로 거절하였다. 그러나 이 책은 사실 黃昏의 免責用으로 그나마 吾黨의 菊堂, 桐城, 東雲, 南山氏들의 도움을 얻어 출간하게 되었으니 所謂 功半其人이다.

오래전에 漢文을 工夫한다고 內塘精舍에서 時間을 어정대던 시절 過分한 사랑을 주신 선생님의 은혜와 언제나 後援해 주시고 묵묵히 기다리시기만 하신 나의 先親任의 墓前에 塞責料量으로 어리버리 이 책을 펴내면서 無色을 금하지 못한다.

2023년 7월

烽山 下 寓居에서

盧相福 쓰다

凡例

○ 이 책은 『論語集註大全』(庚辰新刊內閣藏板, 學民文化社 影印本)을 底本으로 하여 번역 및 주해한 것이다.

○ 經文은 『論語諺解』(宣祖命撰/庚辰新刊內閣藏板)를 참고하여 懸吐하였다. 단 현대 맞춤법에 따라 고쳤고 현대말에 없는 吐는 뜻을 살리기 위해 그대로 두었다. '한대' 등 오랫동안 익숙하게 쓰여와서 입에 붙은 것도 그대로 두었다.

○ 經文의 원 뜻을 최대한 살리기 위하여 번역문은 '孔子께서 말씀하시기를 ~'로 시작하고 그대로 끝맺었으며 또한 문장부호를 사용하지 않음으로써 깊은 여운이 남도록 하였다.

○ 集註 부분은 이어받은 대로 吐를 달았고 약간의 보완을 하였다.

○ 集註 번역에서 經文의 글자나 句節을 해설하는 경우 대부분, 한두 음절의 경우 漢字를 그대로 쓰고, 句節을 설명하는 경우는 經文의 번역을 썼다.

○ 번역문에서 뜻과 의미를 분명히 하기 위해 필요한 경우 漢字를 썼다.

○ 譯註는 원문에 달았고 필요한 경우 출전을 밝히었으며, 자세한 내용은 해당 구절을 소개하여 공부하는 이가 쉽게 찾아볼 수 있도록 하였다.

○ 둘 이상의 음을 가지고 있으며 대표음이 아닌 음으로 읽어야 하는 한자의 경우에는 동일 절 내에 맨 처음 나오는 자에 한번 어깨글자로 독음을 달아주었으며, 이름 등 고유명사는 번역문에 한번 더 알려주었다. 단, 見, 復 등 자주 쓰이는 글자 중 문리로 이해 가능한 부분은 생략하였다.

○ 책명은 『   』, 편명은 「   」로 묶어서 표기하였다.

目次 下册

目次 上冊

先進第十一

此篇은 多評弟子賢否라 凡二十五章이라

胡氏曰此篇에 記閔子騫言行者四요 而其一은 直稱閔子라하니 疑

閔氏門人所記也니라

—

이 篇은 제자들의 훌륭하고 그렇지 못함을

평한 것이 많다. 합해서 이십오 章이다. 胡氏가 말하였다.

"이 篇에 閔子騫의 언행을 기록한 곳이 네 군데나 되고,

그 한 군데는 바로 閔子라고 칭하였으니,

아마도 閔氏 門人이 기록한

것인 듯하다."

① 子曰先進이於禮樂에野人也요後進이於禮樂에君子
也라하나니

孔子께서 말씀하시기를 先進이 禮와 樂에 촌사람이고 後進이 禮와
樂에 군자라고 하나니

先進後進은猶言前輩後輩라野人은謂郊外之民이요君子는謂賢
士大夫也라程子曰先進이於禮樂에文質得宜어늘今反謂之質朴
而以爲野人이요後進之於禮樂에文過其質이어늘今反謂之彬彬[1]
而以爲君子라하니蓋周末엔文勝故로時人之言이如此하여不自知
其過於文也니라

—

先進, 後進은 前輩, 後輩와 같은 말이다. 野人은 변두리의 백성이
고, 君子는 훌륭한 士, 大夫를 말한다. 程子가 말하였다. "先進이
禮와 樂에 양식이나 바탕이 알맞음을 얻었는데도 오늘날은 도리어
바탕이 순박하다고 여겨서 촌사람이라고 말하고, 後進이 禮와 樂에
있어서 양식이 그 바탕보다 지나치거늘 오늘날에는 도리어 양식과
바탕이 알맞게 섞였다고 여겨서 군자라고 말하니, 대체로 周나라 말
엽에는 양식이 지나치기 때문에 당시 사람들의 말이 이와 같아서,
그들이 양식에 지나친 것을 스스로 알지 못했다."

---

1) 彬彬 : 文(세련미, 양식)과 質(바탕, 순박함)이 알맞게 섞임.

如用之則吾從先進하리라

만일 쓴다면 내 先進을 좇겠다

用之는 謂用禮樂이니 孔子旣述時人之言하고 又自言其如此는 蓋
欲損過以就中也라

—

用之는 禮와 樂을 쓰는 것을 말하니, 孔子께서 이미 당시 사람들
의 말을 기술하시고, 또 스스로 이와 같이 말씀하신 것은 대개 지나
침을 덜어서 中道에 나아가게 하고자 하신 것이다.

②子曰從我於陳蔡者皆不及門也로다

孔子께서 말씀하시기를 나를 陳나라 蔡나라에서 따르던 자들이 모두
門에 있지는 아니하도다

孔子嘗厄於陳蔡之間에 弟子多從之者러니 此時皆不在門故로
孔子思之시니 蓋不忘其相從於患難之中也라

—

孔子께서 일찍이 陳나라 蔡나라 사이에서 困厄을 만나셨을 적에
제자가 따르는 사람이 많았더니, 이때에는 모두 門下에 있지는 않
았기 때문에 孔子께서 그들을 생각하신 것이니, 대체로 환란 속에
서 서로 따르던 사람을 잊지 못하신 것이다.

德行엔顏淵閔子騫冉伯牛仲弓이요言語엔宰我子貢이
요政事엔冉有季路요文學엔子游子夏니라

德行에는 顏淵과 閔子騫과 冉伯牛와 仲弓이고 言語에는 宰我와 子
貢이고 政事에는 冉有와 季路이고 文學에는 子遊와 子夏이다

弟子因孔子之言하여記此十人이요而並目其所長하되分爲四科
하니孔子敎人에各因其材를於此可見이라○程子曰四科는乃從夫
子於陳蔡者爾니門人之賢者固不止此라曾子傳道而不與예焉
故로知²)十哲은世俗論也니라

—

제자가 孔子의 말씀으로 인해서 이 열 사람을 기록했고, 그 장점되
는 바를 함께 지목하되 네 과목으로 나누었으니, 孔子께서 사람을
가르칠 적에 각각 그 인품에 따랐던 것을 여기에서 엿볼 수 있다.
○ 程子가 말하였다. "네 과목은 곧 陳나라 蔡나라에서 孔子를 따
르던 사람일 뿐이니, 門人 중에서 훌륭한 사람이 진실로 이에 그치
지 않는다. 曾子는 孔子의 道를 전했는데도 여기에 들지 못했기
때문에 十哲이라고 주장하는 것은 世俗의 論議이다."

③子曰回也는非助我者也로다於吾言에無所不說옄이
온여

---

2) 知 : 주장하다.

孔子께서 말씀하시기를 回는 나를 돕는 사람이 아니로다 내 말에 기뻐하지 아니하는 것이 없구나

助我는若子夏之起予3)니因疑問而有以相長4)也라顏子는於聖人之言에黙識心通하여無所疑問故로夫子云然이니其辭若有憾焉이나其實은乃深喜之라○胡氏曰夫子之於回에豈眞以助我로望之리오蓋聖人之謙德이요又以深贊顏氏云爾니라

助我는 마치 子夏의 起予와 같으니, 의심나서 묻는 것으로 인해서 서로 성장할 수 있는 것이다. 顏子는 聖人의 말씀에 말없이 인식하고 마음으로 통해서, 의심나서 묻는 것이 없기 때문에 孔子께서 그렇게 말씀하셨으니, 그 말씀이 마치 유감이 있는 듯하나 그 실상은 곧 매우 기뻐하신 것이다. ○ 胡氏가 말하였다. "孔子께서 顏子에 대하여 어찌 진실로 나를 도와주기를 바라셨겠는가. 대체로 聖人의 겸손한 德이고, 또 顏氏를 깊이 칭찬해서 말씀하셨을 뿐이다."

---

④子曰孝哉라閔子騫이여人不間5)於其父母昆弟之言이로다

孔子께서 말씀하시기를 효성스럽다 閔子騫이여 사람들이 그 부모 형제간의 말에는 끼어들지 못하도다

---

3) 起予 : 「八佾」篇, 三章, '起予者 商也' 참고.

4) 相長 : 敎學相長. 가르치는 과정에 가르치는 사람과 배우는 사람이 서로 성장함.

5) 間 : 끼어들다, 이간질하다, 헐뜯다.

胡氏曰父母兄弟에稱其孝友를人皆信之요無異辭者는蓋其孝
友之實이有以積於中而著於外故로夫子嘆而美之니라

—

胡氏가 말하였다. "부모형제에 효도하고 우애스럽다고 칭찬하는 것
을 사람마다 다 믿고 다른 말이 없는 것은 대체로 그 효도와 우애
의 진실이 가슴 속에 가득 쌓여 외부에 드러날 수 있었기 때문에
孔子께서 탄식해서 칭찬하신 것이다."

⑤南容이三復白圭어늘孔子以其兄之子로妻之하시다
南容이 白圭詩를 세 번씩 반복하거늘 孔子께서 그 형의 자식으로 妻
되게 하시었다

詩大雅抑之篇에曰白圭之玷은尚可磨也어니와斯言之玷은不可
爲也라하니南容이一日三復此言은事見^현家語하니蓋深有意於謹
言也라此邦有道에所以不廢하고邦無道에所以免禍6)라故로孔子
以兄子로妻之라○范氏曰言者는行之表요行者는言之實이니未有
易^이其言而能謹於行者라南容의欲謹其言이如此則必能謹其行
矣니라

—

『詩經』「大雅」抑詩에 "白圭의 흠은 오히려 갈아 없앨 수 있지
만 이 말의 瑕疵는 고칠 수 없다."고 하였다. 南容이 하루에 이 말
을 세 번 반복한 일은 『孔子家語』에 나타나니, 대체로 말을 삼가

---

6) 邦有道 所以不廢 邦無道 所以免禍 :「公冶長」篇, 一章, '子謂南容 邦有道 不廢 邦
無道 免於刑戮 以其兄之子 妻之' 참고.

는 데에 깊이 뜻을 두고 있는 것이다. 이것이 나라에 道가 있을 적에는 버림받지 아니하는 이유이고, 나라에 道가 없을 적에는 禍를 면할 수 있는 이유이다. 그래서 孔子께서 형의 자식으로 妻 되게 하시었다. ○ 范氏가 말하였다. "말은 행동의 표현이고 행동은 말의 실천이니, 그 말을 쉽게 하고 행동을 삼갈 수 있는 자는 있지 않다. 南容이 말을 삼가고자 함이 이와 같다면 반드시 그 행동을 삼갈 수 있을 것이다."

⑥季康子問弟子孰爲好學이니잇고孔子對曰有顔回者好學하더니不幸短命死矣라今也則亡ᄆ하니라

季康子가 묻기를 제자 누가 학문을 좋아합니까 孔子께서 대답하여 말씀하시기를 顔回라는 자가 있어 학문을 좋아하더니 불행하게두 命이 짧아서 죽은지라 지금은 없다

范氏曰哀公康子問同而對有詳略者는臣之告君엔不可不盡이요若康子者는必待其能問이라야乃告之니此敎誨之道也니라

范氏가 말하였다. "哀公과 康子가 물음은 같은데 대답에 상세함과 간략함이 있는 것은 신하가 임금에게 告할 적에는 극진하지 아니할 수 없고 康子 같은 사람은 반드시 물을 수 있기를 기다려서 告해 주는 것이니, 이것은 가르쳐 주는 방법이다."

⑦顔淵이死커늘顔路請子之車하여以爲之槨⁷⁾한대

顔淵이 죽었거늘 顔路가 孔子의 수레로써 椁을 장만하려고 요청하였는데

顔路는 淵之父니 名이 無繇니 少孔子六歲요孔子始教而受學焉이라椁은 外棺也라請爲椁은 欲賣車以買椁也라

—

顔路는 顔淵의 아버지이니, 이름이 無繇이다. 孔子보다 여섯 살 적고, 孔子께서 처음 교육하였을 적에 배움을 받았다. 椁은 外棺이다. 椁을 장만하기를 요청했다는 것은 수레를 팔아서 椁을 사고자 한 것이다.

子曰才不才에 亦各言其子也니鯉也死커늘有棺而無椁하니吾不徒行하여以爲之椁은以吾從大夫之後라不可徒行也니라

孔子께서 말씀하시기를 재주 있거나 재주 없거나에 역시 각각 그 자식으로 말할 수 있으니 鯉가 죽었거늘 棺은 있고 椁은 없었으니 내가 그냥 걸어 다니더라도 椁을 만들지 아니한 것은 내가 大夫의 後尾를 좇는지라 그냥 걸어 다니지 못해서였다

鯉는 孔子之子伯魚也니先孔子卒이라言鯉之才雖不及顔淵이나然이나己與顔路以父로視之則皆子也라孔子時已致仕8)로되尚從

---

7) 椁 : 시체를 넣은 棺을 다시 넣는 것이 椁이다. 椁은 뚜껑이 없다.

8) 致仕 : 벼슬을 그만두다.

大夫之列이니 言後는 謙辭라 ○胡氏曰孔子遇舊館人9)之喪하여 嘗脫驂10)以賻之矣러니 今乃不許顔路之請은 何邪오 葬可以無椁이며 驂可以脫而復求요 大夫는 不可以徒行이며 命車11)는 不可以與人而鬻*諸市也니라 且爲所識窮乏者得我12)하여 而勉强以副其意豈誠心與直道哉리오 或者以爲君子行禮는 視吾之有無而已라하니 夫君子之用財는 視義之可否라 豈獨視有無而已哉리오

—

鯉는 孔子의 아들 伯魚이니, 孔子보다 먼저 죽었다. 鯉의 재주가 비록 顔淵에 미치지 못하나, 孔子 자신과 顔路가 아버지로서 본다면 모두 자식임을 말한 것이다. 孔子께서 당시에 이미 벼슬은 그만두었으나 아직도 大夫의 班列에 소속되어 있으니, 뒤라고 말씀하신 것은 겸사이다. ○胡氏가 말하였다. "孔子께서 舊館人의 喪을 만나서 일찍이 驂馬를 떼어 내어서 賻儀하셨더니, 지금은 곧 顔路의 요청을 들어주지 아니하신 것은 왜인가. 葬事에는 椁이 없을 수도 있고 驂馬는 떼어 내었다가 다시 구할 수도 있으며, 大夫는 그냥 걸어 다닐 수 없고 임금이 내려준 수레는 남에게 주어 저자에서 팔 수 없는 것이다. 또 내가 아는 바의 궁핍한 사람이 나에게 얻었다는 말을 위해서 억지로 힘써서 그 뜻에 부응하는 것이 어찌 진심이며 정직한 도리이겠는가. 或者는 '군자가 禮를 행하는 것은 나에게 있고 없는 것을 볼 뿐이다.'라고 말하니, 대저 군자가 재물 쓰는 것은

---

9) 舊館人 : 옛날 舍館의 주인. 孔子께서 어느 나라에 머물 때 寄食했던 집의 주인. 예를 들면 衛나라 大夫 蘧伯玉과 같은 사람.

10) 驂馬 : 수레를 끄는 네 마리의 말 중 바깥 쪽에 있는 말. 가운데 있는 두 마리의 말은 服馬라고 한다.

11) 命車 : 임금이 신하에게 내린 수레.

12) 爲所識窮乏者得我 : 『孟子』, 「告子章句上」, 十章 참고.

의리상 옳은지 아닌지를 보는 것이다. 어찌 단지 있고 없는 것을 볼
뿐이리오”

---

⑧顔淵이 死커늘 子曰噫라 天喪予삿다 天喪予삿다

顔淵이 죽었거늘 孔子께서 말씀하시기를 아 하늘이 나를 죽임이로다
하늘이 나를 죽임이로다

噫는傷痛聲이라悼道無傳이若天喪己也라

—

噫는 마음 상하고 아파하는 소리이다. 道를 전할 사람이 없어진 것
을 슬퍼함이 마치 하늘이 자신을 죽인 것과 같이 여기신 것이다.

---

⑨顔淵이 死커늘 子哭之慟하신대 從者曰子慟矣사소이다

顔淵이 죽었거늘 孔子께서 울기를 통곡하셨는데 從子 말하기를 선생
님께서 통곡하고 계십니다

慟은哀過也라

—

慟은 슬픔이 지나친 것이다.

曰有慟乎아

말씀하시기를 통곡함이 있었더냐

哀傷之至에不自知也라

—

슬프고 마음 상한 것이 지극하여 스스로 알지 못하신 것이다.

非夫人之爲慟이요而誰爲리오

이 사람을 위하여 통곡하지 아니하고 누구를 위하여 하리오

夫人은謂顏淵이니言其死可惜이라哭之宜慟이요非他人之比也라
○胡氏曰痛惜之至에施當其可니皆情性之正也니라

—

夫人은 顏淵을 말하니, 그의 죽음이 애석할 만한지라 울기를 의당
통곡하였고, 다른 사람과는 비교되지 아니함을 말한 것이다. ○ 胡氏
가 말하였다. "애통하고 애석함이 지극하여 당연히 그래야 함을 행하
신 것이니, 모두 人情과 本性의 정당함이다."

---

⑩**顏淵이死커늘門人이欲厚葬之한대子曰不可하니라**
顏淵이 죽었거늘 門人들이 후하게 葬事지내고자 하였는데 孔子께서
말씀하시기를 옳지 않다

喪具는稱家之有無니貧而厚葬은不循理也故로夫子止之라

—

喪禮의 도구는 집의 있고 없음에 걸맞게 하는 것이니, 가난하면서 후하게 장사지내는 것은 順理가 아니기 때문에 孔子께서 저지하시었다.

門人이 厚葬之한대

門人들이 후하게 葬事지냈는데

蓋顔路를聽之라

—

아마도 顔路의 요청을 들어준 듯하다.

子曰回也는視予猶父也어늘予不得視猶子也하니非我也라夫二三子也니라

孔子께서 말씀하시기를 回는 나를 아버지같이 보았거늘 나는 자식같이 보지 못하였으니 나 때문이 아니라 너희들 때문이다

嘆不得如葬鯉之得宜하여以責門人也라

—

鯉를 장사지낼 때의 마땅함을 얻은 것처럼 하지 못하였음을 탄식해서 門人들을 꾸짖으시었다.

---

⑪季路問事鬼神한대子曰未能事人이면焉能事鬼리오

敢問死하노이다 曰未知生이면 焉知死리오

季路가 귀신섬김을 물었는데 孔子께서 말씀하시기를 살아있는 사람을 섬기지 못하면 어찌 귀신을 섬길 수 있으리오 감히 죽음을 묻습니다 말씀하시기를 삶을 알지 못하면 어찌 죽음을 알리오

問事鬼神은 蓋求所以奉祭祀之意며 而死者는 人之所必有라 不可不知니 皆切問也나 然이나 非誠敬이 足以事人이면 則必不能事神이요 非原始而知所以生이면 則必不能反終而知所以死니 蓋幽明始終이 初無二理로되 但學之有序는 不可躐等故로 夫子告之如此라 ○程子曰 晝夜者는 死生之道也니 知生之道則知死之道요 盡事人之道則盡事鬼之道니 死生人鬼는 一而二요 二而一者也니라 或이 言夫子不告子路는 不知케라 此乃所以深告之也니라

—

귀신섬김을 물음은 제사 받드는 조건의 의미를 물은 것이고, 죽음은 사람에게 반드시 있는 것이라 알지 못해서는 안되는 것이니 모두 절실한 물음이다. 그러나 정성과 공경이 살아있는 사람을 섬기는 데 충분하지 못하면 반드시 귀신을 섬길 수 없고, 始를 근원해서 태어나는 까닭을 알지 못하면 반드시 終으로 돌아가서 죽는 까닭을 알 수 없으니, 대체로 저승과 이승, 나고 죽음이 처음부터 두 가지 이치는 아니지만 단지 배움에 순서를 두는 것은 등급을 뛰어 넘어서는 안되기 때문에 孔子께서 이와 같이 告하신 것이다. ○ 程子가 말하였다. "晝夜는 死生의 道이니, 生의 道를 알면 死의 道를 알고, 사람 섬기는 도리를 다하면 귀신 섬기는 도리를 다하는 것이니, 죽음과 삶, 사람과 귀신은 하나이면서도 둘이고 둘이면서 하나인 것

이다.” 或者는 “孔子께서 子路에게 告해 주지 아니하신 것은, 잘 알지 못하겠지만, 이것이 곧 깊이 告해 주는 방법이다.”라고 하였다.

---

⑫閔子는 侍側에 誾誾[13]如也하고 子路는 行ʰ行如也하고 冉有子貢은 侃侃[14]如也어늘 子樂ᵃ하시다

閔子는 곁에서 모실 적에 和氣가 있는 듯하고 子路는 강한 듯하고 冉有와 子貢은 강직한 듯하거늘 孔子께서 즐거워하시었다

行行은 剛强之貌라 子樂者는 樂得英才而教育之라

—

行行은 굳세고 강한 모습이다. 孔子께서 즐거워하신 것은 英才를 얻어서 교육함을 즐거워하신 것이다.

若由也는 不得其死然이로다

由 같은 사람은 바른 죽음을 얻지 못할 듯하다

尹氏曰子路는 剛强하여 有不得其死之理故로 因以戒之라 其後에 子路卒死於衛孔悝ˢⁱ之難[15]이니라 洪氏曰漢書에 引此句上에 有

---

13) 誾誾:「鄕黨」篇, 二章, '誾誾 和悅而諍也' 참고.

14) 侃侃:「鄕黨」篇, 二章, '侃侃 剛直也' 참고.

15) 衛孔悝之難: 衛나라 靈公의 부인 南子는 음탕하기로 유명하였다. 태자 蒯聵는 이를 수치스럽게 생각하여 南子를 죽이려 하였는데 사전에 발각되어 결국 이웃나라로 도망가는 신세가 되었다. 그러다 靈公이 죽자 南子는 蒯聵가 還國하는 것을 두려워하여 靈公의 손자이자 蒯聵의 아들인 輒을 임금으로 만들었다. 孔悝는 輒의 權臣이었고 子路가 바로 이 孔悝의 밑에서

曰字하니라或云上文樂字는卽曰字之誤니라

—

尹氏가 말하였다. "子路는 굳세고 강해서 올바른 죽음을 얻지 못할 이치가 있기 때문에 인해서 경계시키셨다. 그 뒤에 子路가 끝내 衛나라 孔悝^{공회}의 난리에 죽었다." 洪氏는 "『漢書』에는 이 글귀를 인용하면서 (若字) 위에 曰字가 있다."라고 하였다. 혹자는 윗글의 樂字가 바로 曰字의 잘못이라고 하였다.

---

⑬魯人이爲長府러니
魯나라 사람들이 長府를 고쳐 만들려 하더니

長府는藏名이라藏貨財曰府라爲는蓋改作之라

—

長府는 창고의 명칭이다. 재물 간수하는 곳을 府라고 한다. 爲는 아마도 고쳐 만드는 것이다.

閔子騫이曰仍舊貫如之何오何必改作이리오
閔子騫이 말하기를 옛 일을 그대로 놔둠이 어떨까 어찌 반드시 고쳐서 만들리오

벼슬을 하였다. 뒷날 蒯聵가 군사를 동원하여 孔悝의 집을 공격하여 國權을 탈환하게 된다. 子路는 이 난리에서 죽음을 맞이하게 되며, 결국 子路는 벼슬해서는 안될 곳에 벼슬하다 죽었기 때문에 不得其死라는 汚名을 듣게 되었다. 『春秋左傳』, 「哀公」, 十五年條 참고

仍은因也요貫은事也라王氏曰改作이면勞民傷財리니在於得已則
不如仍舊貫之善이니라

—

仍은 계속함이고, 貫은 일이다. 王氏가 말하였다. "고쳐 만들려면
백성들을 수고롭게 하고 재물을 손상할 것이니, 그냥 둘 수 있는 입
장이라면 옛날 일대로 그대로 두는 것의 좋음만 같지 못하다."

子曰夫人이不言이언정言必有中이니라
孔子께서 말씀하시기를 그 사람이 말하지 않을 뿐이언정 말하면 반드
시 적중함이 있느니라

言不妄發이요發必當理는惟有德者야能之라

—

말을 함부로 내지 아니하고, 말하면 반드시 이치에 합당한 것은 德
있는 사람만이 할 수 있다.

---

⑭子曰由之瑟을奚爲於丘之門고
孔子께서 말씀하시기를 由의 비파를 어찌 나의 門에서 타는고

程子曰言其聲之不和與己不同也라家語에云子路鼓瑟이有北
鄙殺伐之聲이라하니蓋其氣質剛勇하여而不足於中和故로其發於
聲者如此라

程子가 말하였다. "그 소리의 조화롭지 않음이 자신과 같지 않다고 말씀하신 것이다." 『孔子家語』에 "子路가 비파를 연주함에 북쪽 변두리의 살벌한 소리가 있다."라고 기록되어 있으니, 대체로 그의 기질이 강하고 용감해서 中和에 부족하기 때문에 그 소리에서 發해지는 것이 이와 같다.

門人이 不敬子路한대 子曰由也는 升堂矣요 未入於室也니라

門人들이 子路를 공경하지 아니한데 孔子께서 말씀하시기를 由는 堂에 올랐고 室에는 들지 못하였느니라

門人이 以夫子之言으로 遂不敬子路故로 夫子釋之라 升堂入室은 喩入道之次第니 言子路之學이 已這乎正大高明之域이요 特未深入精微之奧耳니 未可以一事之失而遽忽之也라

—

門人들이 孔子께서 하신 말씀 때문에 마침내 子路를 공경하지 아니하였으므로 孔子께서 풀어주시었다. 堂에 오르고 室에 들어감은 道에 들어가는 순서에 비유한 것이니, 子路의 학문이 이미 바르고 크고 높고 밝은 경지에 이르렀고, 단지 정밀하고 미묘한 오묘함에까지 깊이 들어가지 못하였을 뿐이니, 한 가지 일의 실수를 가지고 문득 그를 만홀히 여겨서는 안됨을 말씀하신 것이다.

⑮子貢이問師與商也孰賢이니잇고子曰師也는過하고商
也는不及이니라

子貢이 묻기를 師와 商이 누가 낫습니까 孔子께서 말씀하시기를 師
는 넘치고 商은 미치지 못한다

子張은才高意廣하고而好爲苟難故로常過中이요子夏는篤信謹守
하고而規模狹隘故로常不及이라

—

子張은 재주가 높고 뜻이 넓어서 구차하고 어려운 일을 하기를 좋
아하기 때문에 항상 中道를 지나치고, 子夏는 돈독하게 믿고 삼가
지켜서 규모가 좁기 때문에 항상 미치지 못한다.

曰然則師愈與잇가
말하기를 그렇다면 師가 낫습니까

愈는猶勝也라

—

愈는 나음과 같다.

子曰過猶不及이니라

孔子께서 말씀하시기를 넘침이 미치지 못함과 같다

道는以中庸으로爲至니賢知之過雖若勝於愚不肖之不及이나然
이나其失中則一也라○尹氏曰中庸之爲德也其至矣乎인저夫過
與不及이均也니差之毫釐에繆以千里故로聖人之敎는抑其過하
고引其不及하여歸於中道而已니라

道는 中庸을 최고로 여기니, 훌륭하고 지혜로움의 넘침이 어리석고
불초한 이의 미치지 못함보다는 비록 나을 듯하지만, 그러나 그 中을
잃은 것은 똑같은 것이다. ○ 尹氏가 말하였다. "中庸의 德됨이 아
마도 최고일 것이다. 대저 넘침과 미치지 못함이 똑같으니, 털끝만큼
의 차이가 千里나 어긋나기 때문에 聖人의 가르침은 그 넘침은 누르
고 그 미치지 못함은 끌어올려 中道에 돌아가게 할 뿐이다."

⑯季氏富於周公이어늘而求也爲之聚斂而附益之한대
季氏가 周公보다 부유하거늘 求가 그를 위해 聚斂하여 더욱 더해지
게 하였는데

周公은以王室至親으로有大功位冢宰니其富宜矣어니와季氏는以
諸侯之卿으로而富過之하니非攘奪其君하고刻剝其民이면何以得
此리오冉求爲季氏宰하여又爲之急賦稅하여以益其富라

周公은 왕실의 至親으로서 큰 공을 세우고 지위도 冢宰이니 그의

부유함은 마땅하지만, 季氏는 諸侯나라의 卿으로서 부유함이 지나치니, 그 임금의 것을 도둑질하여 빼앗고 그 백성들의 것을 착취하지 아니하였다면, 무엇을 가지고 이런 富를 얻었으리오 冉求가 季氏의 家臣이 되어서, 또 그를 위해 세금받기를 急迫하게 하여 그의 富를 더하여 주었다.

子曰非吾徒也로소니 小子아鳴鼓而攻16)之可也니라
孔子께서 말씀하시기를 우리 무리가 아니니 제자들아 북을 울리고 바로잡는 것이 옳다

非吾徒는絶之也요小子鳴鼓而攻之는使門人으로聲其罪以責之也니聖人之惡오黨惡而害民也如此라然이나師嚴而友親故로己絶之요而猶使門人으로正之하시니又見其愛人之無已也라○范氏曰冉有는以政事之才로施於季氏故로爲不善이至於如此하니由其心術不明하여不能反求諸제身하고而以仕爲急故也니라

—

우리 무리가 아니라 함은 끊는 것이고, 제자들아 북을 울리고 바로잡으라 함은 門人들로 하여금 그 죄를 聲討하고 꾸짖게 함이니, 聖人이 惡을 무리지어 백성을 해침을 미워하는 것이 이와 같다. 그러나 스승은 엄하고 벗은 친하기 때문에 아예 끊어 놓고도 오히려 門人들로 하여금 바로잡게 하셨으니, 또 사람을 사랑함이 끝이 없음을 발견한다. ○ 范氏가 말하였다. "冉有는 政事의 재질로써 季

---

16) 攻 : 바로잡다.

氏에게 쓰였기 때문에 不善을 행함이 이와 같음에 이르렀으니, 그
마음 쓰는 방법이 밝지 못하여 자기 자신에게 반성해서 찾지 못하고
벼슬만 중하게 여긴 연유 때문이다.”

---

⑰柴也는愚하고
柴는 어리석고

柴는孔子弟子니姓은高요字는子羔라愚者는知不足而厚有餘라家
語에記其足不履影하고啓蟄不殺하며方長不折하고執親之喪하얀
泣血三年에未嘗見^현齒하며避難而行에不徑不竇라하니可以見其
爲人矣라

—

柴는 孔子 제자이니, 姓은 高이고 字는 子羔이다. 어리석다 함은
지혜는 부족하지만 후함은 남음이 있는 것이다. 『孔子家語』에 “그
는 발로 남의 그림자를 밟지 아니하고 갓 나온 벌레는 죽이지 아니
하며 한창 자라는 것은 꺾지 아니하고 부모의 喪을 치를 적에는 피
눈물 삼년에 이를 드러내고 웃은 적이 없으며 난리를 피해서 갈 적
에도 지름길로 가지 아니하고 구멍으로 가지 아니하였다.”고 기록되
어 있으니, 그 사람됨을 엿볼 수 있다.

參也는魯하고
參은 둔하고

魯는鈍也라程子曰參也는竟以魯得之니라又曰曾子之學은誠篤
而已니聖門學者聰明才辨이不爲不多로되而卒傳其道는乃質魯
之人爾라故로學은以誠實로爲貴也니라尹氏曰曾子之才魯故로其
學也確하니所以能深造乎道也니라

—

魯는 둔함이다. 程子가 말하였다. "參은 끝내 魯鈍함 때문에 터득
하였다." 또 말하였다. "曾子의 학문은 성실과 돈독뿐이니, 聖人의
문하에 학자가 총명하고 재주 뛰어난 이가 많지 아니함이 되지 않
으나, 마침내 그 道를 전한 것은 곧 바탕이 魯鈍한 사람일 뿐이었
다. 그러므로 학문은 성실을 으뜸으로 여긴다." 尹氏가 말하였다.
"曾子의 재주가 魯鈍하였기 때문에 그 학문이 확고하니, 道에 깊
이 나아갈 수 있었던 이유이다."

師也는辟하고
師는 편벽하고

辟은便辟也니謂習於容止하여少誠實也라

—

辟은 편벽함이니, 몸가짐에 익숙해서 성실성은 적음을 이름이다.

由也는喭이니라
由는 거치니라

嘐는粗俗也라傳에稱嘐者는謂俗論也라○楊氏曰四者는性之偏이니語之하여使知自勵也라吳氏曰此章之首에脫子曰二字라或이疑下章子曰이當在此章之首니而通爲一章이라

—

嘐은 거칠고 속됨이다. 傳에 嘐을 칭함은 俗論을 말한다. ○ 楊氏가 말하였다. "이 네 가지는 성질이 편벽된 것이니, 告해 주어서 스스로 힘쓸 곳을 알게 하신 것이다." 吳氏가 말하였다. "이 章의 머리에 子曰 두 글자가 빠졌다." 어떤 사람은 다음 章의 子曰이 당연히 이 章의 첫머리에 있어야 하니, 합해서 한 章이 되어야 할 것 같다고 하였다.

⑱子曰回也는其庶乎요屢空이니라

孔子께서 말씀하시기를 回는 그 가까워졌고 자주 비었다

庶는近也니言近道也라屢空은數至空匱也니不以貧窶로動心而求富故로屢至於空匱也라言其近道요又能安貧也라

—

庶는 가까움이니, 道에 가까워졌음을 말한다. 자주 비었음은 빈 뒤주에 자주 이름이니, 가난하고 구차함에 마음이 동요되어 富를 구하지 않았기 때문에 빈 뒤주에 자주 이른 것이다. 그는 道에 가까워졌고, 또 가난을 편안히 여길 수 있음을 말한 것이다.

賜는不受命이요而貨殖焉이나億則屢中이니라

賜는 天命을 받아들이지 아니하고 재물을 불렸으나 억측하면 자주 맞느니라

命은謂天命이라貨殖은貨財生殖也라億은意度^탁也라言子貢이不如
顔子之安貧樂道나然이나其才識之明은亦能料事而多中也라程
子曰子貢之貨殖이非若後人之豐財로되但此心未忘耳라然이나
此亦子貢少時事요至聞性與天道則不爲此矣니라○范氏曰屢
空者는簞食^사瓢飮이屢絶이라도而不改其樂^락也니天下之物이豈有
可動其中者哉아貧富在天이어늘而子貢이以貨殖으로爲心則是不
能安受天命矣요其言而多中者는億而已라非窮理樂天者也니라
夫子嘗曰賜는不幸言而中하니是使賜多言也라하시니聖人之不貴
言也如是니라

命은 天命을 말한다. 貨殖은 財貨를 생산해서 불리는 것이다. 億은
뜻하고 헤아림이다. 子貢이 顔子처럼 가난을 편안히 여기고 道를 즐
거워하지는 못하나 그 재주와 지식의 밝음은 또한 일을 헤아려서 많
이 적중시킬 수 있었음을 말한 것이다. 程子가 말하였다. "子貢이
재화를 불린 것이 후인들이 재물을 풍성하게 함과는 같지 않으나 단
지 이 마음을 잊지 아니했을 뿐이다. 그러나 이 또한 子貢이 젊을 때
일이고, 性과 天道를 들음에 이르러서는 이런 행위를 하지 아니하였
다." ○ 范氏가 말하였다. "자주 비었음은 한 그릇의 밥과 한 바가지
의 물이 여러 번 끊어진다 할지라도 그 樂은 고치지 아니하였으니,
천하의 물건이 어찌 그 마음을 움직일 수 있겠는가. 貧富는 하늘에
있는 것이거늘 子貢이 재물 불리는 것을 가지고 마음을 삼았다면 이

것은 天命을 편안히 받아들이지 못한 것이고, 그가 말을 해서 많이 맞추는 것은 억측일 뿐인지라 이치를 궁구하고 天命을 즐거워한 사람은 아니다. 孔子께서 일찍이 '賜는 불행하게도 말하면 맞으니 이것이 賜로 하여금 말이 많게 한다.'고 말씀하시니, 聖人이 말을 귀하게 여기지 아니함이 이와 같다."

---

⑲子張이問善人之道한대子曰不踐迹이나亦不入於室
이니라

子張이 善人의 道를 물었는데 孔子께서 말씀하시기를 자취를 밟지 못하였으나 역시 室에 들어가지 못하였느니라

善人은質美而未學者也라程子曰踐迹은如言循途守轍[17]이니善人이雖不必踐舊迹이나而自不爲惡이요然이나亦不能入聖人之室也니라○張子曰善人은欲仁而未志於學者也니欲仁故로雖不踐成法이나亦不蹈於惡이요有諸己[18]也로되由不學故로無自而入聖人之室也니라

—

善人은 바탕은 아름다우면서도 아직 배우지 못한 자이다. 程子가 말하였다. "踐迹은 循途守轍과 같은 말이니, 善人이 비록 옛 자취를 밟는 것은 기필치 못하더라도 스스로 惡은 행하지 아니한다. 그러나 역시 聖人의 室에는 들어가지 못하는 것이다." ○ 張子가 말

---

17) 循途守轍 : 옛날 聖人의 길을 그대로 따르고, 옛날 聖人의 자취를 그대로 지키는 것.

18) 有諸己 : 내 몸에 실제로 소유한 信을 말한다. 『孟子』, 「盡心章句下」 참고.

하였다. "善人은 仁을 하고자 하면서도 학문에는 뜻을 두지 않은 사람이니 仁을 하고자 하기 때문에 비록 이루어진 방법은 실천하지 못하더라도 역시 惡은 밟지 아니하고, 사람이 미덥기는 하지만 배우지 아니한 연유 때문에 어디로부터 해서 聖人의 室에 들어가지 못하는 것이다."

⑳子曰論篤을是與면君子者乎아色莊者19)乎아

孔子께서 말씀하시기를 言論만 篤實한 이를 이에 인정하면 군자다운 사람일지 외모만 단정한 사람일지

言但以其言論篤實로而與之면則未知爲君子者乎아爲色莊者乎아言不可以言貌로取人也라

—

단지 그의 언론이 독실한 것으로써 그를 인정하면 군자다운 사람인지 외모만 단정한 사람인지를 알지 못함을 말한다. 말솜씨와 외모를 가지고 사람을 취해서는 안됨을 말한 것이다.

㉑子路問聞斯行諸저잇가子曰有父兄이在하니如之何其聞斯行之리오冉有問聞斯行諸잇가子曰聞斯行之니라公西華曰由也問聞斯行諸어늘子曰有父兄在라하시고求也問聞斯行諸어늘子曰聞斯行之라하시니赤也惑하

---

19) 色莊者 : 마음은 篤實하지 못하면서 외모만 嚴肅端整한 사람.

여 敢問하노이다 子曰 求也는 退故로 進之하고 由也는 兼人故
로 退之호라

子路가 묻기를 들으면 바로 행하는 것입니까 孔子께서 말씀하시기를
父兄이 있으니 어찌 그 들으면 바로 행하리오 冉有가 묻기를 들으면
바로 행하는 것입니까 孔子께서 말씀하시기를 들으면 바로 행할 것이
니라 公西華가 말하기를 由가 들으면 바로 행하는 것입니까 묻거늘
선생님께서 말씀하시기를 父兄이 있다라고 하시고 求가 들으면 바로
행하는 것입니까 묻거늘 선생님께서 말씀하시기를 들으면 바로 행할 것
이니라고 하시니 赤이 의혹스러워서 감히 묻습니다 孔子께서 말씀하시
기를 求는 물러나기 때문에 나아가게 하고 由는 지나친 사람이기 때문
에 물러나게 하였다

兼人은 謂勝人也라 張敬夫曰 聞義면 固當勇爲니 然이나 有父兄在則
有不可得而專者니 若不禀命而行이면 則反傷於義矣라 子路는 有
聞이요 未之能行하여서 惟恐有聞이면 則於所當爲에 不患其不能爲
矣라 特患爲之之意或過하여 而於所當禀命者에 有闕耳요 若冉求
之資禀은 失之弱이니 不患其不禀命也라 患其於所當爲者에 逡巡
畏縮하여 而爲之不勇耳라 聖人이 一進之一退之에도 所以約之於義
理之中하여 而使之無過不及之患也니라

—

兼人은 지나친 사람을 말한다. 張敬夫가 말하였다. "義理를 들으면
진실로 마땅히 용감하게 해야 하나, 그러나 父兄이 있는 입장이라면
마음대로 할 수 없는 것이 있으리니 만약에 命을 아뢰지 아니하고 행
하면 도리어 의리에 손상될 것이다. 子路가 들은 것이 있고 그것을

능히 행하지 못해서 오직 또 들은 것이 있을까 두려워하는 사람이라면, 당연히 해야 할 바에 할 수 없을까 걱정할 것이 아니라 단지 그것을 하려는 의지가 혹시라도 지나쳐서 당연히 명령을 물어보아야 할 것을 빠뜨리는 일이 있을까 걱정할 뿐이다. 冉求의 타고난 자질은 유약함에서 실수가 생기니, 명령을 물어보지 아니할까 걱정할 것이 아니라 당연히 해야 할 것에 머뭇거리며 두려워하고 위축되어서 행하기를 용감히 하지 못할까 걱정할 뿐이다. 聖人은 한번 나아가게 하고 한번 물러나게 하는 것에도 義理 속에 묶어서 사람들로 하여금 지나치거나 미치지 못하는 병폐가 없게 하는 것이다."

㉒子畏於匡하실새 顔淵이 後러니 子曰吾以女爲死矣라호라 曰子在어시니 回何敢死리잇고

孔子께서 匡 땅에서 두려워하실 적에 顔淵이 뒤처졌더니 孔子께서 말씀하시기를 나는 너를 죽었다고 여겼노라 顔淵이 말하기를 선생님께서 살아 계시니 回가 어찌 과감히 죽겠습니까

後는 謂相失在後라 何敢死는 謂不赴鬪而必死也라 胡氏曰先王之制에 民生이 於三에 事之如一이라하니 惟其所在則致死焉이라 況顔淵之於孔子에 恩義[20]兼盡이요 又非他人之爲師弟子者而已라 卽夫子不幸而遇難이면 回必捐生以赴之矣요 捐生以赴之하여 幸而不死면 則必上告天子하고 下告方伯하여 請討以復讎不但已也어니와 夫子而在則回何爲而不愛其死하여 以犯匡人之鋒乎아
—

20) 恩義 : 부모의 은혜와 사제지간의 의리.

後는 서로 위치를 잃어버려서 뒤처진 것을 말한다. 어찌 과감히 죽는다 함은 싸움판에 달려가서 죽음을 期必하지 아니함을 말하는 것이다. 胡氏가 말하였다. "先王의 제도에 '인생이 세 가지에 섬기기를 한결같이 한다.'라고 하니, 그 입장에 있으면 죽음을 맞는 것이다. 더구나 顔淵은 孔子에 대하여 恩義가 함께 극진하고, 또 다른 사람의 스승과 제자가 되는 것만은 아니다. 만약에 孔子께서 불행하게도 난리를 만났다면 回는 반드시 生을 버리고 달려갔을 것이고, 生을 버리고 달려가서 다행히 죽지 않는다면 반드시 위로는 天子에게 告하고 아래로는 方伯들에게 告하여 토벌을 요청해서 복수하고 말 뿐만 아니거니와, 孔子께서 곧 살아 계시면 回가 어찌 그 죽음을 아끼지 않고 匡 땅 사람들의 칼날을 범할 수 있겠는가."

㉓季子然이問仲由冉求는可謂大臣與잇가
季子然이 묻기를 仲由와 冉求는 大臣이라 이를 수 있겠습니까

子然은季氏子弟라自多其家에得臣二子故로問之라
—
子然은 季氏의 자제이다. 그의 집에 두 사람을 家臣으로 얻은 것을 스스로 만족하여 물은 것이다.

子曰吾以子爲異之問이러니曾由與求之問이로다
孔子께서 말씀하시기를 나는 그대가 특이한 것을 물을까 여겼더니 곧 由와 求를 묻는구나

異는非常也라曾은猶乃也라輕二子하여以抑季然也라

—

異는 보통이 아님이다. 曾은 곧[乃]과 같다. 두 사람을 가볍게 여겨서 季子然을 누른 것이다.

所謂大臣者는以道事君하다가不可則止하나니

이른바 大臣은 道로써 임금을 섬기다가 가능하지 못하면 멈추나니

以道事君者는不從君之欲이요不可則止者는必行己之志라

—

道로써 임금을 섬김은 임금의 욕심을 따르지 아니하는 것이고, 가능하지 못하면 멈춤은 반드시 자기의 뜻을 행하는 것이다.

今由與求也는可謂具臣矣니라

지금 由와 求는 具臣이라 이름직하니라

具臣은謂備臣數而已라

—

具臣은 신하의 숫자만 갖출 뿐임을 말한다.

曰然則從之者與잇가

말하기를 그렇다면 따르는 사람입니까

意二子旣非大臣이면則從季氏之所爲而已라

—

두 사람이 이미 大臣이 아니라면, 季氏의 소행을 따를 뿐이라고 여긴 것이다.

子曰弑父與君은亦不從也리라

孔子께서 말씀하시기를 아비와 임금을 弑害함은 역시 따르지 아니하리라

言二子雖不足於大臣之道나然이나君臣之義則聞之熟矣니弑逆
大故는必不從之니蓋深許二子는以死難으로不可奪之節이요而又
以陰折季氏不臣之心也라○尹氏曰季氏專權僭竊이어늘二子仕
其家而不能正也하고知其不可而不能止也하니可謂具臣矣라是
時에季氏已有無君之心故로自多其得人하여意其可使從己也라
故로曰弑父與君은亦不從也라하시니其庶乎二子는可免矣로다

—

두 사람이 비록 大臣의 도리에는 부족하더라도 그러나 君臣간의 의리라면 듣기를 익숙하게 하였으니, 임금을 죽이고 역적질 하는 큰일에는 반드시 따르지 아니할 것임을 말한 것이다. 대체로 두 사람은 난리에 죽음으로는 절개를 빼앗을 수 없음을 깊이 인정하시고 또 季氏의, 신하가 아니라는 마음을 은근히 꺾어버리신 것이다. ○ 尹氏가 말하였다. "季氏가 권력을 독차지해서 僭濫하게 도둑질하고 있거늘 두 사람이 그 집에 벼슬하면서 바로잡지도 못하고 그것이 불가하다는 것을 알면서도 그만두지도 못하니 신하 숫자만 갖추었다고 말할 수 있을 것이다. 이 당시에 季氏는 이미 임금을 무시하는 마음을 두었기

때문에 그 사람(子路와 冉求) 얻은 것을 자만해서 그들이 자기를 따르게 할 수 있다고 생각하였다. 그러므로 '아비와 임금을 弑害하는 것은 역시 따르지 아니하리라.'고 말씀하셨으니, 아마도 이 두 사람은 (季氏를 도와 逆賊이 되는 것은) 면할 수 있었을 것이다."

㉔ 子路使子羔로爲費宰한대

子路가 子羔로 하여금 費 땅의 읍장이 되게 하였는데

子路爲季氏宰而擧之也라

—

子路가 季氏의 家臣이 되어 그를 薦擧하였다.

子曰賊夫人之子로다

孔子께서 말씀하시기를 남의 자식을 해치게 되겠도다

賊은害也라言子羔는質美而未學이어늘遽使治民이면適以害之라

—

賊은 해침이다. 子羔는 바탕은 아름답지만 배우지 못하였거늘, 갑자기 백성을 다스리게 하면 그를 해치는 데 알맞다는 말이다.

子路曰有民人焉하며有社稷焉하니何必讀書然後에爲

學이리잇고

子路가 말하기를 백성이 있으며 社稷이 있으니 어찌 반드시 책을 읽
은 연후에 학문이 되겠습니까

言治民事神이皆所以爲學이라

—

백성을 다스리고 귀신을 섬기는 것이 모두 학문을 하는 것이라는
말이다.

子曰是故로惡夫佞者하노라

孔子께서 말씀하시기를 이런 연고로 말 잘하는 사람을 미워하노라

治民事神이固學者事나然이나必學之已成然後可仕는以行其學
이요若初未嘗學而使之卽仕하여以爲學이면其不至於慢神而虐
民者幾希矣리라子路之言이非其本意로되但理屈詞窮에而取辦
於口以禦人耳라故로夫子不斥其非요而特惡其佞也라○范氏
曰古者에學而後入政이요未聞以政學者也니蓋道之本은在於脩
身이요而後及於治人이니其說이具於方冊하여讀而知之然後에能
行이니何可以不讀書也리오子路는乃欲使子羔로以政爲學하니失
先後本末之序矣어늘不知其過하고而以口給으로禦人21)故로夫子
惡其佞也니라

—

---

21) 口給禦人 : 「公冶長」篇, 四章 참고.

백성을 다스리고 귀신을 섬기는 것이 본디 학자의 일이지만, 그러나 반드시 학문을 이미 이룬 연후에 벼슬할 수 있는 것은 그 배운 것을 행함이고, 만약에 처음부터 배운 적도 없으면서 그 사람으로 하여금 바로 벼슬하게 해서 학문하게 하면 귀신을 별것 아니게 여기고 백성을 학대하는 데 이르지 아니할 자가 거의 드물 것이다. 子路의 말이 그의 본의는 아니지만 단지 이치가 모자라고 말이 궁해서 입으로만 처리함을 취해서 사람을 다그칠 뿐이다. 그러므로 孔子께서 그 잘못은 지적하지 아니하고 단지 그 말 잘하는 것만 미워하셨다. ○ 范氏가 말하였다. "옛날에는 배운 뒤에 정치에 들어가고, 정치를 가지고 배운다는 소리는 듣지 못했으니, 대체로 道의 근본은 몸을 닦는 데 있고 그런 뒤에 사람을 다스리는 데 미치는 것이니, 그 설명이 方冊에 갖추어져 있어서 읽어서 안 연후에 행할 수 있으니, 어찌 독서하지 아니할 수 있겠는가. 子路는 곧 子羔로 하여금 정치를 가지고 학문으로 삼게 하고자 하였으니 先後·本末의 순서를 상실하였거늘 그 허물은 알지 못하고 말재주로만 사람을 응대하기 때문에 孔子께서 그 말 잘하는 것을 미워하셨다."

㉕子路曾晳冉有公西華侍坐러니

子路와 曾晳과 冉有와 公西華가 모시고 앉았더니

晳은 曾參父니 名은 點이라

—

晳은 曾參의 아버지이니, 이름은 點이다.

子曰以吾一日長乎爾나毋吾以也하라

孔子께서 말씀하시기를 내가 하루 너희들보다 어른이라고 하나 나를 그렇게 여기지 말라

言我雖年少長於女나然이나汝勿以我長而難言이니蓋誘之盡言하여以觀其志니而聖人和氣謙德을於此에亦可見矣라

—

내가 비록 나이가 너희들보다 조금 어른이나 그러나 너희들은 나를 어른이라고 여겨서 말하기 어려워하지 말라는 말이니, 대체로 말 다하기를 誘導해서 그들의 뜻을 관찰하려 하였으니 聖人의 온화한 기운과 겸손한 德을 이런 데에서도 역시 엿볼 수 있다.

居則曰不吾知也라하나니如或知爾면則何以哉오

평소에는 말하기를 나를 알아주지 아니한다고 하니 만일 혹시 너희들을 알아주면 무엇을 할 것이냐

言女平居則言人不知我라하나니如或有人知女면則女將何以爲用也오

—

너희들이 평소 거처할 때는 사람들이 나를 알아주지 아니한다고들 말하니, 만일에 혹시 너희들을 알아주는 이가 있다면 너희들은 장차

무엇을 가지고 쓰임에 보답하겠느냐는 말이다.

子路率爾而對曰千乘之國이攝乎大國之間하여加之
以師旅요因之以饑饉이어든由也爲之면比及三年하여可
使有勇이요且知方也케하리이다夫子哂之하시다

子路가 경솔히 대답하여 말하기를 千乘의 나라가 대국 사이에 끼여서
군사로써 더하고 기근으로써 거듭되거든 由가 다스리면 삼년쯤 미쳐서
백성들로 하여금 용기가 있고 또 방향을 알게 하겠습니다 孔子께서 웃
으시었다

率爾는輕遽之貌라攝은管束也라二千五百人이爲師요五百人이爲
旅라因은仍也라穀不熟曰饑요菜不熟曰饉이라方은向也니謂向義
也니民이向義則能親其上死其長矣라哂은微笑也라

—

率爾는 경솔하고 갑자기 하는 모습이다. 攝은 관리받고 속박받음이
다. 이천오백 사람이 師가 되고 오백 사람이 旅가 된다. 因은 계속
됨이다. 곡식이 익지 못하면 饑라 하고 채소가 익지 못하면 饉이라
한다. 方은 방향이니 의리로 향하는 것을 말하니 백성들이 의리를
향하면 그 윗사람을 친애하고 그 우두머리를 위해서 죽을 수 있다.
哂은 미소이다.

求아爾는何如오對曰方六七十과如五六十에求也爲之

면比及三年하여可使足民이어니와如其禮樂엔以俟君子
호리이다

求야 너는 어떻느냐 대답하여 말하기를 사방 육칠십 리 되는 나라와
혹 오륙십 리 되는 나라를 제가 다스리면 삼년쯤 미쳐서 백성들을 풍
족하게 할 수 있거니와 그 禮와 樂 같은 것은 군자를 기다리겠습니다

求爾何如는孔子問也라下放此라方六七十里는小國也라如는猶
或也라五六十里則又小矣라足은富足也라俟君子는言非己所能
이니冉有謙退요又以子路見哂故로其辭益遜이라

求야 너는 어떻느냐는 孔子의 물음이다. 아래의 글도 이와 같다. 사
방 육칠십 리는 작은 나라이다. 如는 或과 같다. 오육십 리는 더 작
다. 足은 풍부하고 만족하게 함이다. 군자를 기다림은 자기의 능한 바
가 아님을 말한 것이니, 冉有가 겸손하게 물러서는 것이고, 또 子路
가 웃음을 당했기 때문에 그 말이 더욱 공손하다.

赤아爾는何如오對曰非曰能之라願學焉하노이다宗廟之
事와如會同에端章甫로願爲小相焉하노이다

赤아 너는 어떻느냐 대답하여 말하기를 능하다고 말하는 것이 아니라
배우기를 원합니다 宗廟의 일과 諸侯들의 모임에 예복을 갖추어 입고
작은 相이 되기를 원합니다

公西華志於禮樂之事로되 嫌以君子로 自居故로 將言己志에 而先爲遜辭하되 言未能而願學也라 宗廟之事는 謂祭祀라 諸侯時見^현曰會요 衆覜曰同이라 端은 玄端服이요 章甫는 禮冠이라 相은 贊君之禮者라 言小도 亦謙辭라

—

公西華가 禮樂의 일에 뜻을 두고 있지만, 군자로 자처하는 것을 혐의스럽게 여겼기 때문에 장차 자기의 뜻을 말할 적에 먼저 겸손한 말을 하되 능하다는 것이 아니라 배우기를 원한다고 말하였다. 宗廟의 일은 제사를 말한다. 제후가 수시로 만나는 것을 會라 하고 여럿이 보는 것을 同이라고 한다. 端은 玄端服이고 章甫는 禮를 행할 때 쓰는 冠이다. 相은 임금의 禮를 돕는 자이다. 작다고 말한 것도 역시 겸사이다.

點아 爾는 何如오 鼓瑟希러니 鏗爾舍瑟而作하여 對曰異乎三子者之撰^선호이다 子曰何傷乎리오 亦各言其志也니라 曰莫^모春者에 春服이 旣成이어든 冠者五六人과 童子六七人으로 浴乎沂하여 風乎舞雩하여 詠而歸호리이다 夫子喟然嘆曰吾與點也하노라

點아 너는 어떻느냐 비파를 타는 소리가 뜸하더니 징 하며 비파를 놓고 일어나 대답하여 말하기를 세 사람의 진술과 다릅니다 孔子께서 말씀하시기를 무엇이 걱정이리오 또한 각각 자기 뜻을 말한 것이니라 말하기를 늦은 봄에 봄옷이 이미 이루어졌거든 冠 쓴 자 대여섯 사람과 동자 예닐곱 사람으로 沂水에서 목욕하고 舞雩에서 바람 쐬고 시를

읊으면서 돌아오겠습니다 孔子께서 소리내어 탄식하면서 말씀하시기를
나는 點을 인정하노라

四子侍坐에以齒爲序則點當次對로되以方鼓瑟故로孔子先問
求赤이오而後及點也라希는間歇也요作은起也며撰은具也라莫春은
和煦之時라春服은單袷之衣라浴은盥濯也니今上巳祓除[22]是也
라沂는水名이니在魯城南이라地志에以爲有溫泉焉이라하니理或然
也라風은乘凉也라舞雩는祭天禱雨之處니有壇墠樹木也라詠은歌
也라曾點之學이蓋有以見夫人欲盡處에天理流行이隨處充滿하
여無少欠闕故로其動靜之際에從容如此요而其言志則又不過
卽其所居之位하여樂其日用之常하여初無舍己爲人[23]之意요
而其胸次悠然하여直與天地萬物로上下同流하여各得其所之妙
隱然自見於言外라視三子規規[24]於事爲之末者면其氣象이不
侔矣라故로夫子嘆息而深許之요而門人이記其本末하되獨加詳
焉은蓋亦有以識此矣라

—

네 사람이 모시고 앉았을 적에 나이를 가지고 순서를 한다면 曾點이
당연히 두 번째로 대답해야 할 것이로되 바야흐로 비파를 타고 있었기
때문에 孔子께서 冉求와 公西赤에게 먼저 묻고 그 뒤에 曾點에게
미치게 되었다. 希는 잠깐 뜸한 것이고, 作은 일어남이며, 撰은 진술
함이다. 莫春은 온화하고 따뜻할 시기이다. 春服은 홑옷이나 겹옷이
다. 浴은 손발 씻는 것이니 오늘날 上巳祓除가 이것이다. 沂는 강

---

22) 上巳祓除 : 삼월 첫 巳日을 上巳라 한다. 祓除는 厄을 제거하는 것이다.

23) 舍己爲人 : 자기의 발전을 버리고 남의 이목이나 명예 등을 의식하는 것.

24) 規規 : 매달리다.

이름이니 魯나라 성 남쪽에 있다. 『地理志』에 '온천이 있다.'라고 기록되어 있으니, 이치가 어쩌면 그럴 듯하다. 風은 바람 쐬는 것이다. 舞雩는 하늘에 제사하여 비를 비는 곳이니, 제사지내는 壇과 樹木이 있다. 詠은 노래함이다. 曾點의 학문이 대체로 사람의 욕심이 다한 곳에 天理가 유행하여 곳마다 가득차서 조금도 모자라거나 빈 틈이 없음을 볼 수 있다. 그러므로 그가 움직이는 즈음에서 차분하기가 이와 같고, 그 뜻을 말함에는 또 자기가 처한 바의 위치에 나아가서 일상생활의 떳떳함을 즐기는 데 지나지 않아서 처음부터 자기를 버리고 남을 위하는 뜻은 없었고, 그 가슴에 품은 생각이 넉넉해서 곧바로 천지만물과 더불어 위아래가 함께 흘러서 각각 제자리를 얻는 묘리가 은연히 말 밖에 저절로 드러난다. 세 사람이 하는 일의 지엽적인 것에 매달림에 비교하면 그 기상이 같지 않다. 그러므로 孔子께서 탄식하고 그를 깊이 인정하셨고, 門人들이 그 본말을 기록하되 유독 더욱 상세하게 한 것은 아마도 그들도 역시 이런 것을 인식할 수 있었음이다.

三子者出커늘曾晳이後러니曾晳이曰夫三子者之言이何如하니잇고子曰亦各言其志也已矣니라曰夫子何哂由也시니잇고

세 사람이 나가거늘 曾晳이 뒤처져 있었더니 曾晳이 말하기를 세 사람의 말이 어떠하였습니까 孔子께서 말씀하시기를 역시 각각 그 뜻을 말하였을 뿐이니라 말하기를 선생님께서 어찌 由를 웃으셨습니까

點이以子路之志乃所優爲어늘而夫子哂之故로請其說이라

―

曾點이 子路의 뜻이 곧 우수한 바가 되거늘 孔子께서 웃으신 이
유 때문에 그 설명을 요청한 것이다.

曰爲國以禮어늘其言이不讓이라是故로哂之호라

말씀하시기를 나라를 다스림은 禮로써 하거늘 그 말이 겸손하지 못한
지라 이 때문에 웃었다

夫子蓋許其能이요特哂其不遜이라

―

孔子께서는 대체로 그의 능력은 인정하고, 단지 그가 공손하지 못
한 점을 웃으셨다.

唯求則非邦也與잇가安見方六七十과如五六十而非
邦也者리오

冉求는 나라가 아닙니까 사방 육칠십 리와 혹 오륙십 리이라도 나라가
아닌 것을 어디에서 보리오

曾點이以冉求도亦欲爲國이로되而不見哂故로微問之요而夫子之
答이無貶詞는蓋亦許之라

―

曾點이 冉求도 역시 나라를 다스리고자 하였으나 웃음을 당하지

않았기 때문에 은근히 물었고, 孔子의 답이 깎아내리는 말이 없는
것은 대체로 역시 허락하신 것이다.

唯赤則非邦也與잇가 宗廟會同이 非諸侯而何오 赤也
爲之小면 孰能爲之大리오

赤은 나라가 아닙니까 宗廟와 會同이 諸侯가 아니고 무엇이겠느냐
赤을 작다고 하면 누구를 크다고 하리오

此亦曾晳問而夫子答也라 孰能爲之大는 言無能出其右者[25]니
亦許之之詞라○程子曰古之學者優柔厭飫[26]하여 有先後之序
하니如子路冉有公西赤이 言志如此에 夫子許之는 亦以此로도自是
實事니라後之學者는 好高하여如人이 游心千里之外나然이나自身은
却只在此니라 又曰孔子與點은蓋與聖人之志로同이니便是堯舜
氣象也라誠異三子之撰이로되特行有不掩焉耳니此所謂狂也니
라子路等이所見者小로되子路는只爲不達爲國以禮道理라是以
로哂之니若達이면却便是這氣象也니라 又曰三子는皆欲得國而治
之故로夫子不取요曾點은狂者也라未必能爲聖人之事로되而能
知夫子之志故로曰浴乎沂風乎舞雩詠而歸라하니言樂[락]而得其
所也라孔子之志在於老者安之朋友信之少者懷之[27]하여使萬
物로莫不遂其性이니曾點이知之故로孔子喟然嘆曰吾與點也니

---

25) 出其右者 : 그 사람의 오른쪽에 나서는 사람. 즉, 그 사람보다 나은 사람.
26) 優柔厭飫 : '優柔'는 인품이 충분히 너그러운 것. '厭飫'는 실컷 배부르게 학문의 맛을 보
    는 것.
27) 老者安之 朋友信之 少者懷之 : 「公冶長」篇, 二十五章 참고.

라又曰曾點漆雕開는已見^현大意28)니라

―

이 말도 역시 曾晳이 묻고 孔子께서 답하신 것이다. 누구를 크다고
하리오는 그 사람의 오른쪽에 나설 수 있는 사람이 없음을 말하니,
역시 그를 허여하는 말이다. ○ 程子가 말하였다. "옛날의 학자들은
인품이 너그럽고 학문에 배불러서 선후의 순서가 있었으니, 예컨대 子
路와 冉有와 公西赤이 뜻을 말하기를 이와 같이 했을 적에, 孔子께
서 그것을 인정하신 것은 역시 이것으로도 나름대로 實地 사건들이
다. 후세의 학자들은 높은 것만 좋아해서, 마치 사람이 마음은 천리
밖에 노닐지만 그러나 스스로의 몸은 단지 이곳에 있는 것과 같다."
또 말하였다. "孔子께서 曾點을 인정하신 것은 대체로 聖人의 뜻과
같아서이니 곧 이것은 堯舜의 기상이라 진실로 세 사람의 진술과는
다르지만 단지 행동이 그 말을 감당하지 못함이 있을 뿐이니, 이것이
이른바 狂者이다. 子路 등이 소견은 작지만, 子路는 단지 나라를 다
스림은 禮로써 한다는 도리를 알지 못한 것이다. 이 때문에 웃으신
것이니, 만약 알았더라면 문득 그런 기상일 것이다." 또 말하였다.
"세 사람은 모두 나라를 얻어서 다스리고자 하였기 때문에 孔子께서
취하지 않으셨고, 曾點은 狂者인지라 聖人의 일을 할 수 있음은 기
필치 못하지만, 孔子의 뜻은 알 수 있기 때문에 '沂水에서 목욕하고
舞雩에서 바람 쐬고 시를 읊으면서 돌아오겠다.'라고 말했으니, 즐겁
게 제자리를 얻음을 말하였다. 孔子의 뜻은 늙은 사람을 편안히 하고
벗을 믿게 하고 젊은 사람을 사랑해서, 천하 만물로 하여금 그 본성
을 이루지 못함이 없게 하는 데 있으니, 曾點이 그것을 알았기 때문

---

28) 曾點漆雕開 已見大意 : 「公冶長」篇, 五章 참고.

에 孔子께서 소리내어 탄식하면서 '나는 點을 인정한다.'라고 말씀하시었다." 또 말하였다. "曾點과 漆彫開는 이미 큰 뜻을 드러내었다."

[先進 第十一]

顏淵第十二

凡二十四章이라

—

모두 이십사 章이다.

①顔淵이 問仁한대 子曰克己復禮爲仁이니 一日克己復禮면 天下歸仁焉하나니 爲仁이 由己니 而由人乎哉아

顔淵이 仁을 물었는데 孔子께서 말씀하시기를 자기의 私欲을 이겨서 본연의 禮에 돌아옴을 仁이라고 하니 어느 하루에 자기의 私欲을 이겨서 禮에 돌아오면 천하가 仁에 돌아오나니 仁을 행함이 자기로 말미암나니 남을 말미암겠느냐

仁者는 本心之全德이라 克은 勝也요 己는 謂身之私欲也라 復은 反也요 禮者는 天理之節文也라 爲仁者는 所以全其心之德也니 蓋心之全德이 莫非天理로되 而亦不能不壞於人欲故로 爲仁者必有以勝私欲而復於禮면 則事皆天理요 而本心之德도 復全於我矣라 歸는 猶與也라 又言一日克己復禮則天下之人이 皆與其仁은 極言其效之甚速而至大也라 又言爲仁由己요 而非他人所能預는 又見其機之在我而無難也니 日日克之를 不以爲難이면 則私欲淨盡하고 天理流行하여 而仁不可勝用矣리라 程子曰 非禮處便是私意니 旣是私意면 如何得仁이리오 須是克盡己私하여 皆歸於禮면 方始是仁이니라 又曰克己復禮則事事皆仁故로 曰天下歸仁이니라 謝氏曰 克己는 須從性偏難克處하여 克將去니라

—

仁은 본심의 완전한 德이다. 克은 이김이고, 己는 자신의 사욕을 말한다. 復은 되돌아옴이고, 禮는 天理의 절차와 양식이다. 爲仁은 그 마음의 德을 완전히 하는 조건이니, 대체로 마음의 완전한 德은

天理 아님이 없지만 역시 사람 욕심에 파괴되지 아니할 수 없기 때문에, 仁을 행하는 자가 반드시 사사로운 욕심을 이겨서 본연의 禮를 회복할 수 있으면 일마다 모두 天理이고 본심의 德도 다시 내게서 완전해질 것이다. 歸는 참여함과 같다. 또 '어느 하루에 자기의 私欲을 이겨서 禮에 돌아오면 온 천하 사람이 모두 그 仁에 참여한다.'고 말한 것은 그 효과가 매우 빠르고 지극히 큼을 극대화해서 말한 것이다. 또 仁을 행함이 자기로 말미암으니 다른 사람이 간여할 바가 아니라고 말씀하신 것은 그 機微가 나에게 있어서 어렵지 아니함을 또한 발견하는 것이니, 하루하루 私欲을 이겨나가는 것을 어렵다고 여기지 아니하면 私欲은 깨끗이 없어지고 (마음속의) 天理가 유행하여 仁을 이루 다 쓸 수 없을 것이다. 程子가 말하였다. "禮 아닌 곳이 곧 사사로운 뜻이니, 이미 이것이 사사로운 뜻이면 어떻게 仁일 수 있으리오 모름지기 능히 자기의 私欲을 다 이겨내어 모두 본연의 禮에 돌아오면 바야흐로 비로소 이것이 仁이다." 또 말하였다. "자기를 이겨서 禮에 돌아오면 일마다 모두 仁이기 때문에 천하가 仁으로 돌아온다고 말씀하신 것이다." 謝氏가 말하였다. "克己는 모름지기 타고난 성품이 편벽되어 극복하기 어려운 곳부터 극복해 나가는 것이다."

顔淵이日請問其目하노이다子日非禮勿視하며非禮勿聽하며非禮勿言하며非禮勿動이니라顔淵이日回雖不敏이나請事斯語矣로리이다

顔淵이 말하기를 청컨대 그 條目을 묻습니다 孔子께서 말씀하시기를

禮 아니면 보지 말며 禮 아니면 듣지 말며 禮 아니면 말하지 말며 禮
아니면 움직이지 말지니라 顔淵이 말하기를 回가 비록 不敏하나 바라
건대 이 말씀을 일삼겠습니다

───────────────────────

目은條件也라顔淵이聞夫子之言하고則於天理人欲之際에已判然
矣라故로不復有所疑問이요而直請其條目也라非禮者는己之私
也요勿者는禁止之辭니是人心之所以爲主而勝私復禮之機也
요私勝則動容周旋이無不中禮하여而日用之間에莫非天理之流
行矣리라事는如事事之事니請事斯語는顔淵이默識其理요又自知
其力이有以勝之故로直以爲己任而不疑也라○程子曰顔淵이
問克己復禮之目한대子曰非禮勿視非禮勿聽非禮勿言非禮勿
動이라하시니四者는身之用也니由乎中이면而應乎外하나니制於外는
所以養其中也니라顔淵이事斯語는所以進於聖人이니後之學聖
人者도宜服膺而勿失也라因箴以自警하노니其視箴에曰心兮本
虛하니應物無迹이라操之有要하니視爲之則이라蔽交於前하면其
中則遷이니制之於外하여以安其內하고克己復禮하면久而誠矣니라
其聽箴에曰人有秉彝1)는本乎天性이나知誘物化하여遂亡其正이
라卓彼先覺은知止有定이니閑邪存誠하여非禮勿聽하라其言箴에
曰人心之動은因言以宣하나니發禁躁妄이라사內斯靜專하나니라矧
是樞機2)라興戎出好하나니吉凶榮辱이惟其所召니라傷易則誕하
고傷煩則支라己肆物忤하고出悖來違하나니非法不道하여欽哉訓
辭어다其動箴에曰哲人知幾하여誠之於思하고志士勵行하여守之

────────────

1) 秉彝 : 秉常, 타고난 양심.
2) 樞機 : 가장 중요한 부분. 樞는 문의 지도리, 문고리. 機는 기틀, 방아쇠.

於爲하나니順理則裕요從欲惟危라造次克念하여戰兢3)自持하라習與性成은聖賢同歸하나니라愚는按此章問答이乃傳授心法의切要之言이니非至明이면不能察其幾요非至健이면不能致其決故로惟顏子아得聞之로되而凡學者도亦不可以不勉也요程子之箴이發明親切하니學者尤宜深玩이니라

—

目은 條件이다. 顏淵이 孔子의 말씀을 듣고 곧 天理之公과 人欲之私의 사이가 이미 판단이 났다. 그러므로 다시 의심나서 묻는 바가 있지 않고, 바로 그 條目을 요청한 것이다. 非禮는 자기의 私欲이고 勿은 금지사이니 이것이 사람 마음의 주가 되는 조건이고 자기의 私를 이겨서 禮에 되돌아오는 기틀이다. 私欲을 이기면 움직이고 주선하는 일들이 禮에 맞지 않음이 없어서 일상생활 속에 天理의 유행이 아님이 없을 것이다. 事는 어떤 일에 힘쓴다의 事와 같다. 바라건대 이 말씀을 일삼겠습니다라 함은 顏淵이 말없이 그 이치를 알았고, 또 스스로 자기의 공부하는 힘이 그것을 이겨낼 수 있음을 알았기 때문에 단지 자기의 책임으로 여기고 의심하지 않은 것이다. ○ 程子가 말하였다. "顏淵이 克己復禮의 條目을 물었는데, 孔子께서 '禮가 아니면 보지 말고 禮가 아니면 듣지 말고 禮가 아니면 말하지 말고 禮가 아니면 움직이지 말라'고 말씀하셨으니, 네 가지는 내 자신의 응용이니 내 가슴 속에 있으면 외부와 호응하는 것이니, 외부에서 통제함은 그 마음을 기르는 조건이다. 顏淵이 '이 말씀을 일삼겠습니다'라고 한 것은 聖人에 나아가는 조건이니, 후세에 聖人을 배우려는 자도 의당 가슴에 새겨서 잃지 말아야 할

---

3) 戰兢 : 戰戰兢兢. 戰戰은 두려워하는 모습. 兢兢은 조심하는 모습.

것이다. 因하여 箴을 지어 스스로를 경계하노니, 그 視箴에 이르기를 '마음은 본디 虛靈한 것이니, 物에 응하여도 자취가 없다. 조종하는 데에는 요령이 있으니, 보는 것이 법칙이 된다. 눈앞에 物을 만나면 그 마음이 옮겨지는 것이니, 외부에서 통제하여 그 내면을 편안히 하고, 자기의 사욕을 이겨서 본래의 禮를 회복하면 오래되면 진실해질 것이다.' 그 聽箴에 이르기를 '사람이 타고난 양심을 소유하는 것은 천성에 근본하나, 知覺이 유혹되고 物에 동화되어 드디어 그 正道를 잃게 된다. 우뚝한 저 선각자들은 그침을 알아서 마음에 안정이 있으니, 간사함은 막고 진실은 마음에 보존하여 禮가 아니면 듣지 말라.' 그 言箴에 이르기를 '사람 마음의 움직임은 말 때문에 선동되는 것이니, 발언할 때 경솔하고 함부로 함을 금해야 내면이 이에 안정되고 專一하게 된다. 하물며 이 말은 중요한 기틀인지라, 전쟁도 일으키고 우호도 나올 수 있으니, 길하고 흉하고 영화롭고 욕됨이 오직 그 말이 부르는 것이다. 쉽게 해서 잘못되면 요란스럽고, 번거롭게 해서 잘못되면 지루해진다. 내가 방자하면 상대도 거슬리고, 나가는 말이 이치에 어긋나면 돌아오는 말도 이치에 어긋나니, 법이 아니면 말하지 아니하여 (옛 성인들의) 훈계의 말을 공경해야 한다.' 그 動箴에 이르기를 '명철한 사람은 기미를 알아서 생각에서 진실하고, 뜻 있는 사람은 행동을 가다듬어서 행위에서 지키니, 이치를 따르면 여유롭고 욕심을 따르면 위태롭다. 잠깐 동안에도 능히 생각해서 두려워하고 조심하여 스스로를 유지하라. 습관이 성품과 더불어 이루어지는 것은 聖賢이 함께 돌아가는 것이다.' 라 하였다." 나는 고찰해 보건대, 이 章의 문답이 心法을 전해주는 절실하고 요긴한 말이니 지극히 밝은 사람이 아니면 그 기미를 관찰할 수 없고 지극히 강건한 사람이 아니면 그 결단을 이룰 수 없기 때문에, 顔子만이라야 얻어 들을 수 있었지만 무릇 학자들도 역시 힘쓰지 아니해서는 안되고 程子의 箴이 밝혀내기를 친근하고 절실하게 하였으니, 학자들은 더욱 깊이 완미해야 할 것이다.

---

②仲弓이問仁한대子曰出門如見大賓하며使民如承大祭하고己所不欲을勿施於人이니在邦無怨하며在家無怨이니라仲弓이曰雍雖不敏이나請事斯語矣로리이다

仲弓이 仁을 물었는데 孔子께서 말씀하시기를 문을 나섬에 큰 손님을 뵈옵듯 하며 백성을 부리되 큰 제사를 받들듯 하고 자기의 하고자 하지 아니하는 바를 남에게 베풀지 말지니 나라에 있어서 원망이 없으며 집에 있어서도 원망이 없을 것이다 仲弓이 말하기를 雍이 비록 不敏하지만 바라건대 이 말씀을 일삼겠습니다

敬以持己하고恕以及物이면則私意無所容而心德이全矣리니內外無怨은亦以其效로言之니使以自考也라○程子曰孔子言仁하되只說出門如見大賓使民如承大祭라하시니看其氣象에便^변須心廣體胖[4]하여動容周旋이中禮니唯謹獨이라야便是守之之法이니라或이問出門使民之時엔如此可也어니와未出門使民之時엔如之何잇고曰此儼若思[5]時也니有諸^저中而後에見^현於外니觀其出門使民之時에其敬이如此則前乎此者도敬可知矣니非因出門使民然後에有此敬也니라愚는按克己復禮는乾道[6]也요主敬

---

4) 心廣體胖 : 마음은 한없이 너그럽고 몸은 위축되지 않고 쭉 펴지다.
5) 儼若思 : 늘 엄숙해서 마치 무언가를 생각하듯 하는 것, 愼獨.

行恕는 坤道⁷⁾也니 顔冉之學의 其高下淺深을 於此可見이나 然學
者誠能從事於敬恕之間而有得焉이면 亦將無己之可克矣리라

—

敬으로써 자기를 유지하고 恕로써 상대에게 미치면 사사로운 뜻이 용
납되는 바가 없어서 心德이 완전해질 것이다. 안팎에 원망이 없는 것
은 역시 그 효험을 가지고 말한 것이니, 스스로 상고하게 한 것이다.
○ 程子가 말하였다. "孔子께서 仁을 말씀하시면서, 단지 '문을 나섬
에 큰 손님을 뵈옵듯 하며 백성을 부리되 큰 제사를 받들듯 하라.'라
고 말씀하셨으니, 그 기상을 관찰해 보면 문득 모름지기 마음은 한없
이 너그럽고 몸은 위축되지 않아서 모습을 움직이거나 모든 일을 주
선하는 것이 禮에 적중되니, 오직 혼자 있을 때 삼가는 것이 곧 그것
을 지키는 방법이다." 어떤 사람이 묻기를, "문에 나갈 때나 백성을
부릴 때는 이와 같이 하면 되겠지만, 문에 나가지 않을 때나 백성을
부리지 아니할 때는 어떻게 해야 합니까." 하니 말하기를, "이때는 엄
숙하게 무엇을 생각하듯 하는 때이니, 가슴속에 소유한 뒤에 외부에
드러나는 것이다. 문에 나갔을 때나 백성을 부릴 때에 그 敬이 이와
같음을 보면 이보다 앞에서도 敬하였음을 알 수 있으니, 문에 나가고
백성을 부린 것을 인연한 연후에 이런 敬을 소유하는 것은 아니다."
나는 고찰해 보건대, 克己復禮는 乾道이고, 敬을 위주로 하고 恕를
행하는 것은 坤道이니, 顔子와 冉有의 학문의 높고 낮고 얕고 깊은
것을 이런 데에서도 엿볼 수 있지만, 그러나 학자들이 진실로 敬하고
恕하는 사이에 힘써서 깨달음이 있을 수 있으면 역시 장차 자기가 극
복할 대상도 없어질 것이다.

---

6) 乾道 : 奮發而有爲, 나 혼자 분발하여 할 일을 하는 것.

7) 坤道 : 靜重而持守, 조용하게 유지해서 자기 몸을 지키는 것.

③司馬牛問仁한대

司馬牛가 仁을 물었는데

司馬牛는孔子弟子요名은犁니向^{상퇴}魋之弟라

—

司馬牛는 孔子 제자이고, 이름은 犁이니, 向魋^{상퇴}의 동생이다.

子曰仁者는其言也訒이니라

孔子께서 말씀하시기를 仁한 사람은 그 말을 참는다

訒은忍也며難也라仁者는心存而不放故로其言이若有所忍而不
易^이發이니蓋其德之一端也라夫子以牛多言而躁故로告之以此
하여使其於此而謹之니則所以爲仁之方도不外是矣라

—

訒은 참음이며, 어렵게 여김이다. 仁者는 마음에 보존해 두고 함부로
발설하지 않기 때문에 그 말이 마치 참는 바가 있어서 쉽게 발언하지
아니하는 듯하니 대체로 仁德의 한 가지 단서이다. 孔子께서 司馬牛
가 말이 많고 조급하다고 여겼기 때문에 이 말을 가지고 告해 주어 司
馬牛로 하여금 이런 데에서 조심하게 하셨으니, 仁을 행하는 조건의
방법도 여기에서 벗어나지 아니한다.

曰其言也訒이면斯謂之仁矣乎잇가子曰爲之難하니言

之得無訒乎아

말하기를 그 말하는 것을 참으면 이에 仁이라 할 수 있습니까 孔子께서 말씀하시기를 실행하기가 어려우니 말함을 참지 아니할 수 있겠느냐

牛意仁道至大하여不但如夫子之所言故로夫子又告之以此니蓋心常存故로事不苟요事不苟故로其言이自有不得而易이者요非强閉之而不出也라楊氏曰觀此及下章再問之語면牛之易이其言을可知니라○程子曰雖爲司馬牛多言故로及此나然聖人之言은亦止此爲是니라愚는謂牛之爲人이如此하니若不告之以其病之所切이요而泛以爲仁之大槩로語之면則以彼之躁로必不能深思以去其病하여而終無自以入德矣라故로其告之如此하니蓋聖人之言이雖有高下大小之不同이나然其切於學者之身하여而皆爲入德之要則又初不異也니讀者其致思焉이니라

—

司馬牛는 仁의 道는 지극히 커서 孔子께서 말씀하신 바와 같을 뿐만은 아닐 것이라고 생각했기 때문에 孔子께서 또 이 말을 가지고 고해 주셨으니, 대체로 마음에 항상 보존되어 있기 때문에 일이 구차스럽지 않은 것이요 일이 구차스럽지 않기 때문에 그 말이 저절로 쉽게 할 수 없음이 있는 것이고 억지로 입을 막아서 말이 나오지 못하게 하는 것은 아니다. 楊氏가 말하였다. "이 章과 아래 章의 다시 묻는 말을 관찰해 보면 司馬牛가 그 말을 쉽게 하는 것을 알 수 있다." ○ 程子가 말하였다. "비록 司馬牛가 말이 많았기 때문에 이것을 언급했으나 그러나 聖人의 말씀은 또한 이 정도에서 그침이 옳다." 나는 생각해 보건대, 司馬牛의 사람됨이 이와

같으니, 만약에 그 병폐의 절실한 바를 가지고 告해 주지 아니하고, 일반적으로 仁의 큰 개념을 가지고 告해 주었더라면, 그의 조급함으로써 반드시 깊이 생각해서 그 병폐를 제거하지 못하고 끝내 스스로 德에 들어갈 수 없었을 것이다. 그러므로 告하기를 이와 같이 하신 것이니, 대체로 聖人의 말씀이 비록 높고 낮고 크고 작음의 같지 않음은 있다 하더라도, 그러나 학자들의 몸에 간절해서 모두 德에 들어가는 요점이 되는 것에는 또 처음부터 다르지 아니하니, 글을 읽는 사람들은 생각을 다해야 할 것이다.

---

④ 司馬牛問君子한대 子曰君子는 不憂[8]不懼니라

司馬牛가 군자를 물었는데 孔子께서 말씀하시기를 군자는 걱정하지 아니하고 두려워하지 아니하느니라

向^상魋^퇴作亂하여 牛常憂懼故로 夫子告之以此라

—

司馬向魋^{사마상퇴}가 亂을 일으켜서, 司馬牛가 항상 근심하고 두려워하기 때문에 孔子께서 이 말을 가지고 告해 주셨다.

曰不憂不懼면斯謂之君子矣乎잇가子曰內省不疚어니 夫何憂何懼리오

---

8) 憂 : 하루아침에 닥치는 근심. 군자는 평생 걱정은 있어도 하루아침 걱정은 없다고 한다. 평생 걱정은 仁을 행하는 것이고, 가뭄이 든다든지 집안에 우환이 생긴다든지 하는 하루아침 걱정은 군자는 걱정으로 여기지 않는다.

말하기를 근심하지 아니하며 두려워하지 아니하면 이에 군자라고 이르리이까 孔子께서 말씀하시기를 내면으로 반성하여 잘못이 없으니 대저 무엇을 근심하며 무엇을 두려워하리오

牛之再問이猶前章之意故로復告之以此라疚는病也라言由其平日所爲無愧於心故로能內省不疚하여而自無憂懼요未可遽以爲易而忽之也라○晁氏曰不憂不懼는由乎德全而無疵故로無入而不自得이요非實有憂懼而强排遣之也니라

司馬牛의 재차 물음이 앞 章의 뜻과 같기 때문에, 다시 이 말을 가지고 告해 주었다. 疚는 病이다. 평소의 소행이 마음에 부끄러움이 없는 이유 때문에 내면으로 반성해도 病 되지 아니할 수 있어서 저절로 근심이나 두려움이 없다는 말이고 갑자기 쉽다고 여겨서 그것을 漫忽히 여겨서는 안되는 것이다. ○ 晁氏가 말하였다. "근심하지 아니하고 두려워하지 아니함은 德이 완전해서 하자가 없는 이유 때문에 어디로 들어가도 스스로 터득하지 아니함이 없는 것이지 실제로는 근심과 두려움이 있으면서도 억지로 배척해서 보내는 것은 아니다."

---

⑤司馬牛憂曰人皆有兄弟어늘我獨亡로다
司馬牛가 근심하여 말하기를 사람들은 다 형제가 있거늘 나만 홀로 없도다

牛有兄弟而云然者는 憂其爲亂而將死也라

—

司馬牛는 형제가 있는데 이렇게 말한 것은 그 형이 亂을 일으켜서 장차 죽을 것을 걱정해서이다.

子夏曰商은聞之矣로니

子夏가 말하기를 商은 들으니

蓋聞之夫子라

—

아마도 孔子에게서 들었을 것이다.

死生이有命이요富貴在天이라호라

죽고 삶이 命이 있고 富와 貴는 하늘에 있다고 하더라

命은稟於有生之初니非今所能移요天은莫之爲而爲니非我所能必이라但當順受而已라

—

命은 生을 둔 처음에 부여되니 지금 옮길 수 있는 것이 아니고, 天은 하려 하지 아니해도 되는 것이니 내가 기필할 수 있는 것이 아니다. 단지 순하게 받아들여야 할 뿐이다.

君子敬而無失하며與人恭而有禮면四海之內皆兄弟
也니君子何患乎無兄弟也리오

군자가 敬하고 실수가 없으며 사람과 더불어 공손하되 禮가 있으면 四
海의 안이 다 형제이니 군자가 어찌 형제 없음을 걱정하리오

旣安於命이요又當脩其在己者故로又言苟能持己以敬而不間
斷하며接人以恭而有節文이면則天下之人이蓋愛敬之를如兄弟
矣리라蓋子夏欲以寬牛之憂하여而爲是不得已之辭니讀者不以
辭害意可也라○胡氏曰子夏四海皆兄弟之言은特以廣司馬牛
之意니意圓而語滯者也라唯聖人則無此病矣라且子夏知此而
以哭子喪明則以蔽於愛而昧於理라是以로不能踐其言爾니라

—

이미 天命을 편안히 하고 또 마땅히 자기에게 있는 것을 닦아야 하
기 때문에, 또 '진실로 자기를 敬으로써 유지하고 중간에 차단되지
않게 하며, 사람과 접하기를 공손으로써 하고 절차와 양식이 있으면
온 천하 사람이 모두 그를 사랑하고 공경하기를 형제와 같이 할 것
이다.'라고 말한 것이다. 대체로 子夏가 司馬牛의 근심을 누그러지
게 하려고 이런 부득이한 말을 한 것이니, 독자는 말 때문에 뜻을
해치지 않는 것이 옳다. ○ 胡氏가 말하였다. "子夏의 '四海가 모
두 형제'라는 말은 단지 司馬牛의 생각을 누그러뜨리려 하였으나,
뜻은 둥글어도 말은 막힌 것이다. 聖人이라면 이런 병폐는 없을 것
이다. 그리고 子夏는 이런 사실을 알면서도 자식의 죽음에 울어서

눈을 잃었다면 사랑에 가려서 이치에 어두운 것이다. 이 때문에 그 말을 실천하지 못한다고 하는 것이다."

---

⑥子張이問明한대子曰浸潤之譖과膚受之愬9)不行焉
이면可謂明也已矣니라浸潤之譖과膚受之愬不行焉이
면可謂遠也已矣니라

子張이 밝음을 물었는데 孔子께서 말씀하시기를 차츰차츰 젖게 하는 譖訴와 피부로 받아들이는 하소연이 행해지지 아니하면 밝다고 이를 수 있느니라 차츰차츰 젖게 하는 譖訴와 피부로 받아들이는 하소연이 행해지지 아니하면 멀리 본다 이를 수 있느니라

浸潤은如水之浸灌滋潤하여漸漬而不驟也라譖은毁人之行也라
膚受는謂肌膚所受利害切身이니如易역所謂剝床以膚니切近災
者也라愬는愬己之冤也라毁人者漸漬而不驟면則聽者不覺其
入而信之深矣요愬冤者急迫而切身이면則聽者不及致詳而發
之暴평矣리니二者는難察而能察之면則可見其心之明而不蔽於
近矣라此亦必因子張之失而告之故로其辭繁而不殺쇄하여以致
丁寧之意云이라○楊氏曰驟而語之와與利害不切於身者를不
行焉은有不待明者라도能之也라故로浸潤之譖과膚受之愬不行
然後에謂之明而又謂之遠이니遠則明之至也라書에曰視遠惟明
이라하니라

—

---

9) 膚受之愬 : 피부로 받아들이는 하소연, 즉 갑자기 해서 피부를 뚫는 것과 같은 간절한 하소연.

浸潤은 마치 물을 조금씩 부어서 젖어드는 것과 같이 점점 스며들게 하고 갑자기 하지 않는 것이다. 譖은 남의 행동을 헐뜯는 것이다. 膚受는 피부로 받아들이는 利害가 몸에 절실한 것을 말하니, 『周易』에서 말하는 '평상에 부딪혀서 피부가 벗겨지는 것'과 같으니, 재앙이 절실히 가까운 것이다. 愬는 자기의 원통을 하소연하는 것이다. 남을 헐뜯는 자가 차츰차츰 젖어들듯이 하고 갑자기 하지 아니하면 듣는 사람이 빨려 들어가는 것을 깨닫지 못하고 믿기를 깊이 할 것이고, 원통을 하소연하는 사람이 급박하게 해서 몸에 절실하게 하면 듣는 사람이 상세한 것을 미처 이루지 못해서 혜택 베풀기를 갑자기 할 것이니, 이 두 가지는 관찰하기 어려우나 관찰할 수 있으면 그 마음이 밝고, 가까운 데 가려지지 않음을 엿볼 수 있다. 이 말도 역시 반드시 子張의 단점으로 인해서 告해 준 것이기 때문에 그 말이 많으나 생략되지 아니해서, 알뜰 자상한 뜻을 이루었다고 할 것이다. ○ 楊氏가 말하였다. "갑자기 告해 주는 것과 利害가 몸에 절실하지 아니한 것을 行하지 아니하는 것은 밝음을 기다리지 아니해도 할 수 있다. 그러므로 차츰차츰 젖어드는 讒訴와 피부로 받아들이는 하소연이 행해지지 아니한 연후에 밝다고 말할 수 있고 또 멀리 본다고 말할 수 있으니, 멀리까지 본다면 밝음의 지극일 것이다. 『書經』에서도 '멀리 보는 것이 밝게 보는 것이다.'라고 하였다."

⑦子貢이問政한대子曰足食足兵이면民이信之矣리라
子貢이 정치를 물었는데 孔子께서 말씀하시기를 먹을 것을 풍족하게

하고 병력을 풍족하게 하면 백성들이 믿을 것이니라

言倉禀^를實而武備脩然後에敎化行而民信於我하고不離叛也라

—

(국가의) 창고가 가득차고 武力의 대비가 갖추어진 연후에 敎化가
행해지면 백성들이 나를 믿고 離叛하지 않는다는 말이다.

子貢이曰必不得已而去인댄於斯三者에何先이리잇고曰
去兵이니라
子貢이 말하기를 반드시 마지못하여 제거한다면 이 세 가지에서 무엇
을 먼저 하시겠습니까 말씀하시기를 병력을 제거할지니라

言食足而信孚則無兵而守固矣라

—

먹을 것이 풍족하고 백성이 믿으면 군대가 없어도 지킴이 견고함을
말한 것이다.

子貢이曰必不得已而去인댄於斯二者애何先이리잇고曰
去食이니自古皆有死어니와民無信不立이니라
子貢이 말하기를 반드시 마지 못하여 제거한다면 이 두 가지에서 무엇
을 먼저 하시겠습니까 말씀하시기를 먹을 것을 제거할지니 예로부터 다
죽음이 있거니와 백성이 믿음이 없으면 서지 못하느니라

民無食必死나然이나死者는人之所必不免이어니와無信則雖生이나而無以自立이니不若死之爲安이라故로寧死而不失信於民하여使民으로亦寧死而不失信於我也라○程子曰孔門弟子善問이로되直窮到底如此章者는非子貢이면不能問이요非聖人이면不能答也니라愚는謂以人情而言이면則兵食足而後에吾之信이可以孚於民이요以民德10)而言이면則信은本人之所固有니非兵食이所得而先也라是以로爲政者當身率其民하여而以死守之요不以危急而可棄也니라

—

백성이 먹을 것이 없으면 반드시 죽는다. 그러나 죽음은 사람이 반드시 면할 수 없는 것이지만, 믿음이 없으면 비록 살아있다 하더라도 스스로 설 수 없는 것이니, 죽는 것이 편함이 되는 것만 못하다. 그러므로 차라리 죽을지언정 백성들에게 믿음을 잃지 아니해서, 백성들로 하여금 역시 차라리 죽을지언정 나에게 믿음을 잃지 않게 하는 것이다. ○ 程子가 말하였다. "孔子 문하의 제자들이 묻기를 잘하는데도 단지 이 章처럼 끝까지 궁구한 것은 子貢이 아니면 묻지 못하고, 聖人이 아니면 답하지 못할 것이다." 나는 생각하건대, 人情을 가지고 말한다면 군대와 먹을 것이 충분한 뒤에 나의 믿음이 백성들을 미덥게 할 수 있고, 民德을 가지고 말한다면 믿음은 사람이 본디 소유하고 있는 것이니 군대와 먹을 것이 우선할 수 있는 것이 아니다. 이 때문에 정치를 하는 사람은 당연히 자신이 그 백성을 솔선해서 죽음으로써 믿음을 지키고, 위급하다고 해서 버려서는 안되는 것이다.

---

10) 民德(人德)은 백성의 구성요소를 말한다. 兵과 食과 信을 가지고 말하자면, 兵과 食은 내 몸 밖에 있고 信은 내 몸 안에 있다. 밖에서부터 제거하면 마지막 남는 것은 信이다.

⑧棘子成이 曰君子는 質11)而已矣니 何以文12) 爲리오

棘子成이 말하기를 군자는 質일 따름이니 어찌해서 文을 하리오

棘子成은 衛大夫라 疾時人의 文勝故로 爲此言이라

—

棘子成은 衛나라 大夫이다. 당시 사람들의 겉모습이 지나친 것을 미워하였기 때문에 이런 말을 하였다.

子貢이 曰惜乎라 夫子之說이 君子也나 駟不及舌이로다

子貢이 말하기를 애석하다 그 사람의 말이 군자다우나 駟馬도 혀에 미치지 못하리로다

言子成之言이 乃君子之意나 然이나 言出於舌이면 則駟馬도 不能追之니 又惜其失言也라

—

棘子成의 말이 곧 군자의 뜻이나, 그러나 말이 혀에서 나오면 駟馬도 따라갈 수 없음을 말하였으니, 또 그 失言을 안타까워 한 것이다.

文猶質也며 質猶文也니 虎豹之鞹이 猶犬羊之鞹이니라

---

11) 質 : 사물의 근본을 이루는 바탕 또는 그 내용.

12) 文 : 여러 형상이나 빛깔이 어우러진 무늬 또는 그 양식과 겉모습.

文이 質과 같으며 質이 文과 같으니 범이나 표범의 털을 제거한 가죽
이 개나 양의 털을 제거한 가죽과 같으니라

鞹은 皮去毛者也라 言文質等耳라 不可相無니 若必盡去其文而
獨存其質이면 則君子小人을 無以辨矣라 夫棘子成은 矯當時之弊
로되 固失之過요 而子貢은 矯子成之弊로되 又無本末輕重之差하니
胥失之矣로다

—

鞹은 껍질에서 털을 제거한 것이다. 文과 質이 동등할 뿐이니 서로
없어서는 안됨을 말한 것이다. 만약에 그 文을 다 제거하고 단지
그 質만 보존한다면, 군자와 소인을 구분할 수 없을 것이다. 棘子
成은 당시의 폐단을 교정하면서도 진실로 실수가 지나치고, 子貢은
棘子成의 폐단을 교정하면서도 또한 본말과 경중의 차이가 없으니
서로 잘못되었다.

---

⑨哀公이 問於有若曰 年饑用不足하니 如之何오

哀公이 有若에게 물어 말하기를 해가 흉년이 들어 쓰임새가 부족하니
어찌하리오

稱有若者는 君臣之詞라 用은 謂國用이라 公意는 蓋欲加賦以足用
也라

—

有若이라고 칭한 것은 군신간의 말이다. 用은 나라의 쓰임새를 말

한다. 哀公의 저의는 대체로 세금을 더 부과시켜서 쓰임새를 풍족하게 하고자 한 것이다.

有若對曰盍徹乎시니잇고

有若이 대답하여 말하기를 어찌 徹法을 쓰지 않으십니까

徹은通也며均也라周制에一夫受田百畝하고而與同溝共井之人[13]으로通力合作하여計畝均收하여大率民得其九요公取其一故로謂之徹이라魯自宣公으로稅畝[14]하니又逐畝什取其一이면則爲什而取二矣라故로有若이請但專行徹法이니欲公으로節用以厚民也라

—

徹은 통함이고 균등함이다. 周나라 제도에 한 남자가 전답 백 묘를 받고, 溝를 같이 쓰고 井을 함께하는 사람들과 힘을 통하고 작업을 함께해서 畝를 계산해서 수확을 고루 나누어, 대체적으로 백성이 그 아홉을 얻고 국가는 그 하나를 취하기 때문에 徹이라고 한다. 魯나라가 宣公 때부터 稅畝法을 쓰니, 또 畝마다 열에서 그 하나를 취하면 열에 둘을 취하는 것이 된다. 그러므로 有若이 단지 徹法만을

---

13) 同溝共井之人 : 함께 농사짓는 사람을 통틀어 말한 것이지만, 엄밀히 말하자면 同溝之人은 열 사람이고, 共井之人은 여덟 사람이다. 서울에 가까운 지역[畿內]에서는 井田法을 쓰지 않고, 천 묘의 전답을 열 사람이 백 묘씩 농사 지어서 豊凶에 관계없이 일정한 세금을 내는데, 이것이 徹法이다. 共井之人은 구백 묘의 전답을 井字形으로 나누어서 여덟 사람에게 각각 백 묘씩 나누어 주고, 중앙의 백 묘는 여덟 사람이 공동으로 농사 지어 세금으로 내는데, 이것이 井田法이다.

14) 稅畝法 : 井田法에서 여덟 사람이 백 묘를 공동으로 농사지어 세금 내는 것 이외에 개인에게 나누어준 백 묘에서 또 십 분의 일을 세금으로 내는 것.

오로지 행하기를 요청했으니, 哀公으로 하여금 쓰임새를 절약해서
백성들을 후하게 하고자 한 것이다.

曰二도吾猶不足이어니如之何其徹也리오
말하기를 둘도 내가 오히려 부족하거니 어찌 그 徹法을 하리오

二는即所謂什二也라公은以有若이不喩其旨故로言此하여以示加
賦之意라

—

二는 바로 이른바 10분의 2이다. 哀公은 有若이 그 뜻을 이해하지
못하였다고 여겼기 때문에, 이것을 말해서 세금을 더 부과하려는 뜻
을 보여준 것이다.

對曰百姓이足이면君孰與不足이며百姓이不足이면君孰
與足이리잇고
대답하여 말하기를 백성이 풍족하면 임금이 누구와 더불어 부족하겠으
며 백성이 부족하면 임금이 누구와 더불어 풍족하겠습니까

民富則君不至獨貧이요民貧則君不能獨富니有若이深言君民
一體之意하여以止公之厚斂하니爲人上者所宜深念也라○楊氏
曰仁政15)은必自經界始니經界正而後에井地均하고穀祿16)平하여

---

15) 仁政 : 井田法이 바로 仁한 정치이므로 井田法을 가리킨다.

而軍國之須17)를皆量是以爲出焉故로一徹而百度擧矣리니上下
寧憂不足乎리오以二로도猶不足이어늘而敎之徹하니疑若迂矣나然
이나什一은天下之中正이니多則桀이요寡則貊18)이라不可改也어늘
後世에不究其本하고而唯末之圖故로征斂無藝하고費出無經하여
而上下困矣니又惡ᄋ知盡徹之當務요而不爲迂19)乎리오

―

백성이 잘 살면 임금이 혼자 가난한 데에 이르지 아니하고 백성이
가난하면 임금이 혼자 부자 될 수 없으니, 有若이 君民一體의 뜻
을 깊게 말해서 哀公이 세금을 후하게 거두려 하는 것을 저지하였
으니, 남의 윗사람 된 자가 마땅히 깊이 생각해야 할 것이다. ○ 楊
氏가 말하였다. "仁政은 반드시 境界로부터 시작되는 것이니 境界
가 바루어진 뒤에 井地가 균등하고 穀祿이 공평해서 국가의 쓰임
새를 모두 헤아려서 이것으로 지출을 삼는 것이기 때문에 한 번 徹
法을 쓰면 온갖 법도가 거행될 것이니, 임금이나 백성들이 어찌 부
족을 근심하겠는가. 10분의 2를 받는 것으로도 오히려 부족하거늘
徹法을 하라고 말하니 아마도 현실과의 거리가 먼 듯하다. 그러나
10분의 1을 세금 받는 것은 천하의 가장 알맞고 올바른 것이니 많
이 받으면 桀이 되고 적게 받으면 貊이 되니 고칠 수 없는 것이거
늘, 후세에는 그 근본은 연구하지 아니하고 오직 말단만 도모하기
때문에 세금 받는 것도 법이 없고 비용 쓰는 것도 법이 없어서 위
아래가 다 피곤하니, 또 '어찌 徹法을 쓰지 않느냐'는 말이 힘써야

16) 穀祿 : 국가의 稅入.
17) 軍國之須 : 軍國은 국가, 須는 쓰임새.
18) 多則桀寡則貊 : 『孟子』, 「告子章句下」의 集注에 나온다.
19) 迂 : 현실과의 거리가 멀다, 즉 현실감이 없다.

할 일이고, 현실과 거리가 멀지 않음을 어찌 알겠는가.”

---

⑩子張이問崇德辨惑한대子曰主忠信하며徙義崇德也
니라

子張이 德을 높이며 의혹을 분별함을 물었는데 孔子께서 말씀하시기
를 忠과 信을 위주로 하며 義에 옮김이 德을 높임이니라

主忠信則本立이요徙義則日新이라

—

忠과 信을 위주로 하면 근본이 수립되고, 의리 쪽으로 옮기면 날마
다 새로워진다.

愛之란欲其生하고惡之란欲其死하나니旣欲其生이요又
欲其死是惑也니라

사랑할 적에는 그가 살았으면 하고 미워할 적에는 그가 죽었으면 하나니
이미 그가 살았으면 하고 또 그가 죽었으면 함이 이것이 疑惑이니라

愛惡는人之常情也니然이나人之生死는有命이니非可得而欲也어
늘以愛惡而欲其生死則惑矣요旣欲其生하고又欲其死則惑之
甚也라

—

사랑하고 미워하는 것은 사람의 常情이지만, 그러나 사람의 生死는

命에 있는 것이지 하고자 해서 할 수 있는 것이 아니거늘, 사랑하고 미워한다고 해서 그로 하여금 살게 하고 죽게 하고자 한다면 迷惑이고, 이미 그가 살았으면 하고 또 그가 죽었으면 한다면 그것은 迷惑의 심함이다.

誠不以富요亦祗以異로다

진실로 富者 때문이 아니고 역시 단지 특이함 때문이로다

此는詩小雅我行其野之詞也라舊說에夫子引之하여以明欲其生死者不能使之生死如此詩所言不足以致富요而適足以取異也라程子曰此는錯簡이니當在第十六篇[20]의齊景公有馬千駟之上이요因此下文에亦有齊景公字而誤也니라○楊氏曰堂堂乎張也여難與並爲仁矣則非誠善補過하여不蔽於私者故로告之如此니라

이 글은 『詩經』 「小雅」 我行其野篇의 가사이다. 舊說에는 "孔子께서 이 詩를 인용해서 그 사람으로 하여금 죽었으면, 살았으면 하면서도 그 사람으로 하여금 죽게도 살게도 하지 못함이 마치 이 詩에서 말한 富를 이루었기 때문이 아니고 특이함이 취하기에 알맞음을 밝힌 것이다."라고 하였다. 程子가 말하였다. "이 글은 편집이 잘못된 것이니 당연히 第十六篇의 '齊景公有馬千駟'의 위에 있어야 하고 이 아래 글에 또한 '齊景公'이라는 글자가 있는 것 때문에

---

20) 第十六篇:「季氏」篇, 十二章.

잘못된 것이다." ○ 楊氏가 말하였다. "'당당하구나 子張이여, 더불어 함께 仁하기 어렵다.'고 하였으니, 善을 진실로 하고 허물을 고쳐서 자기 사욕에 가리지 않을 사람이 아니기 때문에 이와 같이 告해 주시었다."

⑪齊景公이 問政於孔子한대

齊景公이 정치를 孔子께 물었는데

齊景公의 名은 杵臼라 魯昭公末年에 孔子適齊라

—

齊景公의 이름은 杵臼이다. 魯나라 昭公 말년에 孔子께서 齊나라로 가셨다.

孔子對曰君君臣臣父父子子니이다

孔子께서 대답하여 말씀하시기를 임금은 임금답고 신하는 신하답고 아버지는 아버지답고 자식은 자식다운 것입니다

此는 人道之大經이요 政事之根本也라 是時에 景公이 失政하여 而大夫陳氏厚施於國[21]하고 景公이 又多內嬖而不立太子하니 其君臣

---

21) 陳氏厚施於國 : 大夫 陳氏는 봄에 백성들에게 큰 말로 곡식을 빌려 주고 가을에 작은 말로 곡식을 받았다. 나중에 나라를 뒤엎고 임금이 되려고 하는 野心이 있어서 백성들의 마음을 사려고 하였으니, 이것은 후하게 은혜를 베푼 것이 아니라 欺瞞한 것이다. 『春秋左傳』, 「昭公」, 三年條, 二十六年條 참고.

父子之間이皆失其道故로夫子告之以此라

—

이것은 사람이 지켜야할 도리의 큰 법이고, 政事의 근본이다. 당시에 景公이 失政해서 大夫 陳氏가 후하게 나라에 은혜를 베풀고, 景公이 또 안으로 嬖人(妾)이 많고 태자를 세우지 아니하니, 그 군신과 부자의 사이가 모두 正道를 잃었기 때문에, 孔子께서 이 말을 가지고 告해 주셨다.

公曰善哉라信如君不君하며臣不臣하며父不父하며子不子면雖有粟이나吾得而食諸^저아

公이 말하기를 좋습니다 진실로 만일 임금이 임금답지 못하며 신하가 신하답지 못하며 아버지가 아버지답지 못하며 자식이 자식답지 못하면 비록 곡식이 있으나 내가 먹을 수 있겠습니까

景公이善孔子之言而不能用이러니其後에果以繼嗣不定으로啓陳氏弑君簒國之禍라○楊氏曰君之所以君과臣之所以臣과父之所以父와子之所以子是必有道矣어늘景公이知善夫子之言하고而不知反求其所以然하니蓋悅而不繹者라齊之所以卒於亂也니라

—

景公이 孔子의 말씀을 좋다고 여기면서 쓰지는 못하더니 그 뒤에 과연 태자를 결정하지 못한 것 때문에 陳氏가 임금을 죽이고 나라를 찬탈하는 禍를 열어 주었다. ○ 楊氏가 말하였다. "임금이 임금

되는 까닭과 신하가 신하되는 까닭과 부모가 부모되는 까닭과 자식이 자식되는 까닭에는 반드시 道가 있는 것이거늘, 景公이 孔子의 말씀을 좋다고 여길 줄만 알고 그렇게 된 까닭을 반성해서 찾을 줄은 알지 못하니, 대체로 기뻐하기만 하고 거슬러 보지 못하는 사람이다. 齊나라가 난리로 끝난 이유이다."

---

⑫ 子曰片言에 可以折獄者는 其由也與인저

孔子께서 말씀하시기를 반 마디 말에 獄事를 斷定할 수 있는 사람은 아마도 由일 것이다

片言은 半言이라 折은 斷也라 子路는 忠信明決故로 言出이면 而人이 信服之요 不待其辭之畢也라

—

片言은 반 마디 말이다. 折은 斷定함이다. 子路는 진실하고 미덥고 분명하고 결단성이 있기 때문에, 말이 나오면 사람들이 믿고 心服하여 그 말이 마치기를 기다리지 아니하였다.

子路는 無宿諾이러라

子路는 대답을 묵힌 적이 없다

宿은 留也니 猶宿怨22)之宿이니 急於踐言하여 不留其諾也라 記者因

22) 宿怨: 『孟子』, 「萬章章句上」, '仁人之於弟也 不藏怒焉不宿怨焉 親愛之而已矣' 참고.

夫子之言而記此하여以見^현子路之所以取信於人者니由其養之
有素也라○尹氏曰小邾射^역이以句繹²³⁾으로奔魯하여曰使季路로
要²⁴⁾我면吾無盟矣라하고千乘之國이不信其盟하고而信子路之一
言²⁵⁾이라하니其見信於人을可知矣라一言而折獄者는信在言前이
니人自信之故也요不留諾은所以全其信也니라

—

宿은 보류함이니 宿怨의 宿과 같다. 말을 실천하는 데 급해서 그
대답한 것을 보류하지 아니하는 것이다. 기록하는 사람이 孔子의
앞 말씀으로 인해서 이 말을 기록해서 子路가 남에게 신용을 얻는
까닭을 드러낸 것이니, 그가 자신 기르는 바탕이 있는 이유이다. ○
尹氏가 말하였다. "小邾 射^역이 句繹땅으로부터 魯나라에 달려가
서 말하기를, '子路로 하여금 나를 맞이하게 하면 내가 맹세할 것도
없다.'라 하고, '千乘의 나라가 그 맹세는 믿지 못하고 子路의 한마
디 말을 믿는다.'라고 하니, 그가 남에게 신임받았음을 알 수 있다.
한마디 말을 해서 獄事를 단정하는 것은 신용이 말하기 앞서서 있
었던 것이니, 사람들이 스스로 그를 믿기 때문이고, 대답을 보류하
지 아니한다는 것은 그 신용을 완전히 하는 방법이다."

⑬子曰聽訟이吾猶人也나必也使無訟乎인저
孔子께서 말씀하시기를 訟事를 듣는 것은 내 남과 같으나 반드시 訟
事를 없게 할 것이다

23) 以句繹 : 以는 부터의 뜻이다. 즉, 句繹으로부터. 句繹은 地名이다.
24) 要 : 맞이하다.
25) 小邾射~子路之一言 : 『春秋左傳』, 「哀公」, 十四年條 참고.

范氏曰聽訟者는治其末이니塞其流也요正其本하고淸其源이면則無訟矣리라○楊氏曰子路片言에可以折獄이로되而不知以禮遜爲國이면則未能使民으로無訟者也라故로又記孔子之言하여以見^현聖人은不以聽訟으로爲難이요而以使民無訟으로爲貴니라

—

范氏가 말하였다. "聽訟은 그 末을 다스리는 것이니, 그 末流를 막는 것이고, 그 근본을 바로잡고 그 근원을 맑게 하면 訟事가 없어질 것이다." ○ 楊氏가 말하였다. "子路는 반 마디 말에 獄事를 단정할 수 있지만, 禮遜으로써 나라를 다스릴 줄 알지 못한다면 백성들로 하여금 訟事가 없게 하지는 못하는 자이다. 그러므로 또 孔子의 말씀을 기록해서, 聖人은 訟事 들음을 가지고 어려움으로 여기지 아니하고, 백성으로 하여금 訟事가 없게 하는 것을 가지고 으뜸으로 여김을 드러냈다."

⑭子張이問政한대子曰居之無倦하며行之以忠이니라

子張이 정치를 물었는데 孔子께서 말씀하시기를 마음두기를 게을리함이 없으며 행하기를 진심으로써 할지니라

居는謂存諸^저心이니無倦則始終如一이요行은謂發於事니以忠則表裏如一이라○程子曰子張이少仁無誠心하여愛民則必倦而不盡心故로告之以此니라

—

居는 마음에 둠을 말하는 것이니 게으름이 없으면 처음과 끝이 한결같고, 行은 일에서 출발되는 것이니 진실로써 하면 안팎이 한결같다. ○ 程子가 말하였다. "子張은 仁이 적고 誠心이 없어서 백성

을 사랑할 적에는 반드시 게을리하고 마음을 다하지 않을 것이기 때문에 이 말을 가지고 告해 주시었다."

---

⑮子曰博學於文이요 約之以禮면 亦可以弗畔矣夫인저
孔子께서 말씀하시기를 文에 널리 배우고 禮로써 요약하면 또한 이치에 어긋나지 아니할 수 있을 것이다

重出[26]이라
—
거듭 나왔다.

---

⑯子曰君子는 成人之美하고 不成人之惡하나니 小人은 反是니라
孔子께서 말씀하시기를 군자는 남의 美를 이루어지게 하고 남의 惡은 이루어지지 못하게 하나니 소인은 이와 반대이다

成者는誘掖獎勸하여以成其事也라君子小人의所存이旣有厚薄之殊요而其所好도又有善惡之異故로其用心不同이如此라
—
成이란 誘導하고 부축하고 장려하고 권해서 그 일을 이루어지게 하는 것이다. 군자와 소인의 마음먹는 것이 처음부터 厚薄의 다름

---

26) 「雍也」篇, 二十五章 참고. 단지 그곳에는 '군자'라는 두 글자가 더 있다.

이 있고 그들이 좋아하는 것도 또 善惡의 다름이 있기 때문에 그들의 마음 쓰는 것의 같지 아니함이 이와 같다.

---

⑰季康子問政於孔子한대孔子對曰政者는正也니子帥^솔以正이면孰敢不正이리오

季康子가 孔子께 정치를 물었는데 孔子께서 대답하여 말씀하시기를 政은 바로잡음이니 그대가 正으로써 인솔하면 누가 감히 正하지 아니하리오

范氏曰未有己不正而能正人者니라○胡氏曰魯自中葉으로政由大夫하고家臣이效尤하여據邑背^배叛하니不正이甚矣라故로孔子以是告之하여欲康子로27)以正自克하여而改三家之故어늘惜乎라康子之溺於利欲而不能也여

—

范氏가 말하였다. "자기가 바르지 아니하면서 남을 바르게 할 수 있는 사람은 있지 않다." ○ 胡氏가 말하였다. "魯나라가 중엽부터 정치가 大夫에게서 나오고 家臣들이 허물을 본받아서 邑을 차지해서 배반하니 바르지 못함이 심하였다. 그러므로 孔子께서 이 말을 가지고 告해 주시어 季康子로 하여금 正道를 가지고 스스로를 극복해서 三家의 옛 버릇을 고치게 하고자 하시었거늘 애석하다, 季康子가 利欲에 빠져서 능치 못함이여."

---

27) 欲康子로 : 欲字 다음에 名詞가 있으면 그 사이에 使字가 생략된 것이다. 즉 '欲使康子'의 뜻이 되기 때문에 토를 '로'라고 다는 것이다.

⑱季康子患盜하여問於孔子한대孔子對曰苟子之不
欲이면雖賞之라도不竊하리라

季康子가 도적을 걱정하여 孔子께 물었는데 孔子께서 대답하여 말씀
하시기를 진실로 그대가 탐욕하지 아니하면 비록 賞을 준다 하여도 도
적질하지 아니하리라

言子不貪欲則雖賞民使之爲盜라도民亦知恥而不竊이라○胡
氏曰季氏竊柄하고康子奪嫡하니民之爲盜는固其所也어늘盍亦反
其本邪아孔子以不欲으로啓之하시니其旨深矣라奪嫡事는見 春
秋傳하니라

—

그대가 탐욕하지 아니하면 비록 백성에게 賞을 주어서 백성들로 하여
금 도적질하게 할지라도 백성들 역시 부끄러움을 알아서 도적질하지
아니할 것임을 말한 것이다. ○ 胡氏가 말하였다. " 季氏가 國權을
도적질하고 季康子가 嫡孫을 빼앗았으니 백성이 도적질하는 것은
진실로 당연한 것이거늘, 어찌 역시 그 근본을 반성하지 아니하는가.
孔子께서 탐욕하지 아니하는 것을 가지고 啓導해 주시니 그 뜻이 깊
다. 嫡孫을 빼앗은 일은 『春秋左傳』에 나타난다."

⑲季康子問政於孔子曰如殺無道하여以就有道인댄
何如하니잇고孔子對曰子爲政에焉用殺이리오子欲善이면

而民이善矣리니君子之德은風이요小人之德은草라草上
之風이면必偃하나니라

季康子가 정치를 孔子께 물어 말하기를 만일 無道한 이를 죽임으로
써 道 있는 데 나아가게 할진댄 어떻겠습니까 孔子께서 대답하여 말씀
하시기를 그대가 정치를 함에 어찌 죽임을 쓰리오 그대가 善을 하고자
하면 백성이 善해질 것이니 군자의 德은 바람이고 소인의 德은 풀이라
풀 위에 바람이 불면 반드시 쓰러지는 것이다

爲政者는民所視效니何以殺爲리오欲善則民善矣라上은一作尙
이니加也라偃은仆也라○尹氏曰殺之爲言이豈爲人上之語哉리오
以身敎者는從이요以言敎者는訟이니而況於殺乎아

—

爲政者는 백성들이 보고 본받는 바이니, 어찌 죽임으로 하리오 善을
하고자 하면 백성들이 善해질 것이다. 上은 어떤 데에서는 尙으로
쓰여 있으니, 더함이다. 偃은 쓰러짐이다. ○ 尹氏가 말하였다. "殺
의 말 됨이 어찌 남의 위 된 자가 할 말이겠느냐 몸으로 가르치는
것은 從이고, 말로 가르치는 것은 訟이니, 하물며 殺에 있어서랴."

---

⑳子張이問士何如라야斯可謂之達矣니잇고

子張이 묻기를 선비가 어떠하여야 이에 達이라 말할 수 있겠습니까

達者는德孚於人하여而行無不得之謂라

—

達은 德이 남에게 믿어져서, 행함에 얻지 못함이 없음을 말한다.

子曰何哉오爾所謂達者여

孔子께서 말씀하시기를 무엇이냐 네가 이른 바 達이라는 것이

子張은務外28)하니夫子蓋已知其發問之意故로反詰之하여將以發其病而藥之也라

—

子張은 외면에 힘을 쓰니 孔子께서 대체로 그 물음을 내는 뜻을 이미 아셨기 때문에 되물어서 장차 그 병폐를 발견해서 치료하려 하신 것이다.

子張이對曰在邦必聞하며在家必聞이니이다

子張이 대답하여 말하기를 나라에 있어서도 반드시 소문이 나며 집에 있어서도 반드시 소문나는 것입니다

言名譽著聞也라

—

명예가 드러나고 소문나는 것을 말한다.

子曰是는聞也라非達也니라

---

28) 務外 : 남의 이목, 명예, 소문 등에 힘쓰다.

孔子께서 말씀하시기를 이것은 명예이지 達이 아니니라

聞與達이相似而不同하니乃誠僞之所以分이라學者不可不審也
故로夫子旣明辨之하시고下文에又詳言之라

—

명예와 達이 서로 비슷하면서도 같지 아니하니, 곧 진실과 거짓이
나누어지는 조건이라 학자들이 살피지 아니해서는 안되기 때문에
孔子께서 이미 분명하게 구분하시고 아래 글에서 더욱 상세하게 말
씀하시었다.

夫達也者는質直而好義하며察言而觀色하여慮以下人
하나니在邦必達하며在家必達이니라

達이라는 것은 질박하며 정직하고 의리를 좋아하며 말을 살피며 안색
을 관찰하고 생각은 남보다 못하다고 낮추나니 나라에 있어서도 반드시
達하며 집에 있어서도 반드시 達하는 것이다

內主忠信하고而所行이合宜하며審於接物하여而卑以自牧하니皆
自脩於內하여不求人知之事나然이나德脩於己하여而人이信之則
所行이自無窒礙矣리라

—

내면은 忠과 信을 위주로 하고 행하는 것이 정의에 부합하며, 사람
상대하기를 자세히 살피며 낮춤으로 스스로를 기르니, 모두 마음속
으로 스스로를 닦아서 남이 알아주는 일은 원하지 않는다. 그러나

德이 자기 몸에 닦여서 남이 믿게 되면 행하는 것이 저절로 막히거나 걸림이 없을 것이다.

夫聞也者는色取仁而行違요居之不疑하나니在邦必聞하며在家必聞이니라

명예라는 것은 외모는 仁을 취하되 행동이 어긋나고 자처하기를 의심하지 아니하나니 나라에 있어서도 반드시 소문이 나고 집에 있어서도 반드시 소문이 나느니라

善其顏色하여以取於仁이로되而行實背之요又自以爲是而無所忌憚하나니此는不務實而專務求名者라故로虛譽雖隆이나而實德則病矣라○程子曰學者須是務實이요不要近名이니有意近名이면大本已失이라更學은何事오爲名而學則是는僞也라今之學者는大抵爲名하니爲名與爲利雖淸濁不同이나然이나其利心則一也니라尹氏曰子張之學이病在乎不務實故로孔子告之皆篤實之事니充乎內면而發乎外者也라當時門人이親受聖人之敎로되而差失이有如此者온況後世乎아

—

안색을 좋게 해서 仁에서 취하면서도 행동은 실제로 위배되고, 또 스스로 이렇게 하는 것이 옳다고 여겨서 忌憚하는 바가 없으니, 이는 진실에는 힘쓰지 아니하고 오로지 명예를 찾는 데만 힘쓰는 것이다. 그러므로 헛된 명예가 비록 높다 하더라도 실제의 德은 초라하다. ○ 程子가 말하였다. "배우는 사람은 모름지기 진실에 힘써

야 되고 명예를 가까이하는 것은 필요하지 아니하니, 명예를 가까이 하는 데 뜻이 있으면 큰 근본은 이미 상실한 것이니 다시 배운들 무엇을 일삼겠는가. 명예를 위해서 학문을 하면 이것은 거짓이다. 오늘날 학자들은 대체로 명예를 위하니, 명예를 위하는 것과 이익을 위하는 것이 비록 淸濁은 같지 않다 하더라도 그러나 이익을 추구 하는 마음은 마찬가지이다." 尹氏가 말하였다. "子張의 학문이 그 병폐가 진실에 힘쓰지 아니하는 데 있기 때문에 孔子께서 모두 독 실한 일을 가지고 告해 주셨으니 내면에 가득차면 외면에 드러나는 것이다. 당시에 門人들이 직접 聖人의 교육을 받았는데도 차질이 나고 잘못되는 것이 이와 같음이 있으니 하물며 후세에 있어서랴."

㉑樊遲從遊於舞雩之下러니曰敢問崇德29)脩慝30)辨 惑31)하노이다

樊遲가 舞雩 아래에서 따라 노닐더니 말하기를 감히 德을 높이며 사 특함을 없애며 惑을 분변함을 묻겠습니다

胡氏曰慝之字從心從匿은蓋惡之匿於心者라脩者는治而去之라
—

胡氏가 말하였다. "慝이라는 글자가 心字에 匿字가 붙어 있는 것 은 아마도 惡이 마음에 숨어 있는 것이다. 脩란 다스려서 제거시키 는 것이다."

---

29) 崇德 : 자신의 德을 높이는 것.
30) 脩慝 : 내 마음속의 간사함을 닦아서 없애는 것.
31) 辨惑 : 의혹을 분명하게 分辨해 내는 것.

子曰善哉라問이여
孔子께서 말씀하시기를 좋다 물음이여

善其切於爲己라

—

그 물음이 자기 자신을 위하는 데 절실하여 좋다고 하신 것이다.

先事後得이非崇德與아攻其惡이요無攻人之惡이非脩
慝與아一朝之忿으로忘其身하여以及其親이非惑與아

일을 먼저 하고 얻음은 뒤로 여김이 德을 높임이 아니겠느냐 자기의
惡은 다스리고 남의 惡은 다스리지 아니함이 사특함을 없앰이 아니겠
느냐 하루아침의 忿으로 자신을 잊어서 허물이 부모에게 미치게 함이
惑이 아니겠느냐

先事後得은猶言先難後獲也니爲所當爲하고而不計其功이면則
德日積而不自知矣요專於治己하고而不責人이면則己之惡이無
所匿矣요知一朝之忿은爲甚微로되而禍及其親은爲甚大면則有
以辨惑而懲其忿矣라樊遲는麤鄙近利故로告之以此니三者는皆
所以救其失也라○范氏曰先事後得은上義而下利也니人惟有
利欲之心故로德不崇이요惟不自省己過하고而知人之過故로慝
不脩요感物而易動者莫如忿이니忘其身하여以及其親이면惑之甚
者也라惑之甚者는必起於細微니能辨之於早면則不至於大惑

矣라故로懲忿이所以辨惑也니라

一

일을 먼저 하고 얻음은 뒤로 여김은 어려운 것을 먼저하고 얻음은
생각하지 않음과 같은 말이다. 당연히 해야 할 것을 하고 그 功은
계산하지 아니한다면 德이 날마다 쌓이면서도 스스로 알지 못할 것
이고, 자기를 다스리는 데는 오로지하고 남을 문책하지 아니하면 자
기의 惡이 숨을 곳이 없을 것이고, 하루아침의 忿은 매우 작은 것
이지만 그 禍가 부모에게까지 미침은 매우 큰 것이 됨을 알면 의혹
을 分辨하여 그 忿을 억누를 수 있을 것이다. 樊遲는 거칠고 인색
하고 이익을 가까이 하기 때문에 이 말을 가지고 告해 주셨으니,
세 가지는 모두 樊遲의 단점을 구제해 주는 조건이다. ○ 范氏가
말하였다. "일을 먼저 하고 얻음은 뒤로 여김은 의리를 으뜸으로 여
기고 이익을 하찮게 여기는 것이니, 사람은 오직 利欲의 마음이 있
기 때문에 德이 높아지지 아니하고, 오직 자기의 허물은 스스로 반
성하지 아니하고 남의 허물만 알기 때문에 마음속의 惡이 제거되지
아니하고, 사물과 감응하여 쉽게 움직이는 것은 忿心만한 것이 없
으니, 자신을 망각해서 그 부모에게까지 미치게 하면 의혹이 심한
것이다. 의혹이 심한 것은 반드시 작은 데에서 일어나니, 무期에 의
혹을 分辨할 수 있으면 큰 의혹에 이르지 아니할 것이다. 그러므로
忿을 참는 것이 의혹을 分辨하는 조건이다."

㉒樊遲問仁한대子曰愛人이니라問知한대子曰知人이니라
樊遲가 仁을 물었는데 孔子께서 말씀하시기를 사람을 사랑하는 것이

다 知를 물었는데 孔子께서 말씀하시기를 사람을 아는 것이다

愛人은仁之施요知人은知之務라

—

愛人은 仁의 베풂이고 知人은 智慧의 일이다.

樊遲未達이어늘

樊遲가 이해하지 못하거늘

曾氏曰遲之意는蓋以愛는欲其周요而知는有所擇故로疑二者之
相悖耳라

—

曾氏가 말하였다. "樊遲의 뜻은 대체로 사랑은 두루 하고자 하는
것이고 智慧는 선택하는 것이 있다고 여겼기 때문에 두 가지가 서
로 어긋난다고 의심한 것이다."

子曰擧直錯저諸枉이면能使枉者直이니라

孔子께서 말씀하시기를 곧은 이를 쓰고 모든 굽은 이를 버리면 굽은
이로 하여금 곧게 할 수 있느니라

擧直錯枉者는知也요使枉者直이면則仁矣니如此則二者不惟不
相悖라而反相爲用矣라

—

곧은 사람을 쓰고 굽은 사람을 버림은 智慧이고 굽은 사람으로 하
여금 곧게 하면 仁이니 이와 같이 한다면 이 두 가지는 서로 어긋
나지 아니할 뿐만 아니라 도리어 서로 응용이 되는 것이다.

樊遲退하여 見子夏曰鄕也에吾見^현於夫子而問知하니
子曰擧直錯^조諸枉이면能使枉者直이라하시니何謂也오

樊遲가 물러나서 子夏를 보고 말하기를 지난번에 내가 선생님을 뵈옵
고 知를 물었더니 선생님께서 곧은 이를 쓰고 모든 굽은 이를 버리면
굽은 이로 하여금 곧게 할 수 있느니라 하시니 무엇을 이르심입니까

遲는以夫子之言으로專爲知者之事요又未達所以能使枉者直
之理라

—

樊遲는 孔子의 말씀을 가지고 오로지 지혜로운 자의 일이라 여기고,
또 굽은 사람을 곧게 만들 수 있는 조건의 이치를 깨닫지 못하였다.

子夏曰富哉라言乎여

子夏가 말하기를 풍부하다 말씀이여

歎其所包者廣하여不止言知라

—

그 포함된 뜻이 넓어서 智慧를 말할 뿐만 아님을 감탄한 것이다.

舜有天下에 選於衆하시어 擧皐陶요하시니 不仁者遠矣요
湯有天下에 選於衆하시어 擧伊尹하시니 不仁者遠矣니라

舜임금이 천하를 두심에 대중에서 선발하시어 皐陶^{고요}를 쓰시니 仁하지 아니한 사람이 멀어졌고 湯임금이 천하를 두심에 대중에서 선발하시어 伊尹을 쓰시니 仁하지 아니한 사람이 멀어졌느니라

伊尹은 湯之相也라 不仁者遠은 言人皆化而爲仁이요 不見有不仁者若其遠去爾니 所謂使枉者直也라 子夏는 蓋有以知夫子之兼仁知而言矣라 ○程子曰 聖人之語는 因人而變化하여 雖若有淺近者로되 而其包含은 無所不盡을 觀於此章에 可見矣요 非若他人之言은 語近則遺遠하고 語遠則不知近也니라 尹氏曰 學者之問也는 不獨欲聞其說이라 又必欲知其方이며 不獨欲知其方이라 又必欲爲其事니 如樊遲之問仁知也에 夫子告之盡矣어늘 樊遲未達故로 又問焉이요 而猶未知其何以爲之也라 及退而問諸^저子夏然後에 有以知之니 使其未喩면 則必將復^부問矣리라 旣問於師하고 又辨於友하니 當時學者之務實也如是니라

—

伊尹은 湯임금의 丞相이다. 仁하지 아니한 사람이 멀어짐은 사람마다 변화되어 仁을 행하고, 仁하지 아니한 사람이 있는 것을 보지 못함이 마치 그들이 멀리 떠난 것과 같다는 말이니, 앞에서 말한 굽은 사람으로 하여금 곧게 하는 것이다. 子夏는 대체로 孔子께서

仁과 知를 겸해서 말씀하신 것을 알 수 있었다. ○ 程子가 말하였
다. "聖人의 말씀은 사람에 따라 변화하여 비록 얕고 가까운 것이
있는 듯하지만, 그 포함된 내용에는 극진하지 아니함이 없음을 이
章에서 관찰해 보면 알 수 있다. 다른 사람의 말은 가까운 것을 말
하면 먼 것은 빠뜨리고 먼 것을 말하면 가까운 것은 알지 못하는
것과는 같지 않다." 尹氏가 말하였다. "학자가 물을 적에는 그 설명
을 듣고자 할 뿐만 아니라 또 반드시 그 방법을 알고자 하며, 그
방법을 알고자 할 뿐만 아니라 또 반드시 그 일을 행하고자 하는
것이니, 예를 들면 樊遲가 仁과 知를 물었을 적에 孔子께서 告해
주기를 다 하셨거늘 樊遲가 알아듣지 못했기 때문에 또다시 물었고,
아직도 어떻게 행할 것인지를 알지 못한지라 물러남에 미쳐서 子夏
에게 물은 연후에 알 수 있었으니, 만일 그가 깨닫지 못했더라면 반
드시 장차 다시 물었을 것이다. 이미 스승에게 묻고 또 벗에게 分
辨하니, 당시 학자들이 진실에 힘쓴 것이 이와 같았다.

㉓子貢이 問友한대 子曰忠告而善道之하되 不可則止하
여無自辱焉이니라
子貢이 벗을 물었는데 孔子께서 말씀하시기를 진심으로 告하고 좋게 인
도하되 가능하지 아니하거든 멈추어 스스로 욕됨이 없게 할지니라

友는所以輔仁故로盡其心以告之하고善其說以道之라然以義合
者也故로不可則止요若以數而見疏則自辱矣라
―

벗은 仁을 돕는 조건이기 때문에 그 마음을 극진히 해서 告하고, 그 설명을 잘 해서 인도한다. 그러나 의리로써 부합된 자이기 때문에 가능하지 않으면 멈추어야 하고 만약에 자주 해서 멀어지게 되면 스스로를 욕되게 하는 것이다.

㉔ 曾子曰君子는以文會友하고以友輔仁이니라

曾子께서 말씀하시기를 군자는 글로써 벗을 모으고 벗으로써 仁을 돕느니라

講學以會友則道益明하고**取善以輔仁則德日進**이라

―

학문을 講함으로 벗을 모으면 道는 더욱 밝아지고, 善을 취해서 仁을 도우면 德이 날마다 진보한다.

[顔淵 第十二]

論語集註大全卷之十三

子路第十三

凡三十章이라

—

모두 삼십 章이다.

①子路問政한대子曰先之勞之니라

子路가 정치를 물었는데 孔子께서 말씀하시기를 率先하며 수고할지니라

蘇氏曰凡民之行을以身先之면則不令而行하고凡民之事를以身勞之면則雖勤不怨이니라

—

蘇氏가 말하였다. "모든 백성의 행위를 내 자신이 率先하면, 명령하지 아니해도 행해지고, 모든 백성의 일을 내 자신이 수고로이 하면, 아무리 고생스럽더라도 원망하지 아니한다."

請益한대曰無倦이니라

더 해주기를 청하였는데 말씀하시기를 게을리함이 없게 할지니라

吳氏曰勇者는喜於有爲로되而不能持久故로以此告之니라○程子曰子路問政에孔子旣告之矣어늘及請益則曰無倦而已요未嘗復有所告는姑使之深思也니라

—

吳氏가 말하였다. "용감한 사람은 일하기를 기뻐하면서도 오래 버티지 못하기 때문에 이 말을 告해 주신 것이다." ○ 程子가 말하였다. "子路가 정치를 물었을 적에 孔子께서 이미 告해 주셨거늘, 더 해주기를 요청하는 데 미쳐서는 '게을리함이 없게 하라.'고 말씀

하실 뿐이고, 다시 告해 주신 것이 있지 아니한 것은 우선 子路로 하여금 깊이 생각하게 하신 것이다."

---

②仲弓이爲季氏宰¹⁾라問政한대子曰先有司요赦小過하며擧賢才니라

仲弓이 季氏의 家臣이 되었는지라 정치를 물었는데 孔子께서 말씀하시기를 有司에게 먼저 시키고 작은 허물을 용서하며 훌륭한 사람과 재능 있는 사람을 등용할지니라

有司는衆職也니宰兼衆職이나然이나事必先之於彼而後에考其成功이면則己不勞而事畢擧矣라過는失誤也니大者는於事에或有所害라不得不懲이요小者를赦之則刑不濫而人心悅矣라賢은有德者요才는有能者니擧而用之則有司皆得其人하여而政益脩矣라

—

有司는 여러 직책이니, 家臣은 여러 직책을 겸하지만, 그러나 일은 반드시 有司에게 먼저 하게 한 뒤에 그 일이 성공된 것을 살피면 자기가 수고하지 아니해도 일은 모두 거행되는 것이다. 過는 잘못된 것이니, 큰 것은 일에 혹시라도 방해되는 것이 있는지라 징계하지 아니할 수 없고, 작은 것을 용서하면 형벌도 넘치지 아니하고 人心도 기뻐할 것이다. 賢은 德 있는 사람이고, 才는 능력 있는 사람이니, 薦擧하여 그들을 등용하면 有司를 모두 알맞은 사람으로 얻어서 정치가 더욱 닦여질 것이다.

---

1) 宰 : 家臣과 邑長의 통칭이다.

曰焉知賢才而擧之리잇고曰擧爾所知면爾所不知를人
其舍諸^제아

말하기를 어떻게 훌륭한 사람과 재능 있는 사람을 알아 登用하겠습니
까 말씀하시기를 네가 아는 바를 擧用하면 네가 알지 못하는 바를 사
람들이 그냥 두겠느냐

仲弓이 慮無以盡知一時之賢才故로孔子告之以此라程子曰人
各親其親然後에不獨親其親이니仲弓曰焉知賢才而擧之오하니
子曰擧爾所知爾所不知人其舍諸에便見仲弓與聖人의用心之
大小니推此義則一心이可以興邦이요一心이可以喪邦이라只在
公私之間爾니라○范氏曰不先有司則君行臣職矣요不赦小過
則下無全人矣요不擧賢才則百職廢矣리니失此三者면不可以
爲季氏宰은況天下乎아

—

仲弓이 당시의 德 있는 사람과 재능 있는 사람을 다 알 수 없음을
염려했기 때문에 孔子께서 이 말을 가지고 告해 주셨다. 程子가 말
하였다. "사람은 각각 그가 친해야 할 사람을 친한 연후에 그가 친해
야 할 사람을 친할 뿐만 아니니, 仲弓이 '어떻게 훌륭한 사람과 재능
있는 사람을 알아 登用하겠습니까'라고 하니, 孔子께서 '네가 아는
바를 擧用하면 네가 알지 못하는 바를 사람들이 그냥 두겠느냐'고
하신 말씀에서 문득 仲弓과 聖人의 마음 쓰는 것의 크고 작음을 발
견하게 된다. 이 의미를 미루어 본다면 한번 마음먹는 것이 나라를

흥하게 할 수도 있고, 한번 마음먹는 것이 나라를 망하게 할 수도 있으니 오로지 公과 私의 사이에 있을 뿐이다." ○ 范氏가 말하였다. "有司에게 먼저 시키지 아니하면 임금이 신하의 직책을 행해야 할 것이고, 작은 허물을 용서하지 아니하면 아래에 완전한 사람이 없을 것이고, 德 있는 사람과 재능 있는 사람을 쓰지 아니하면 온갖 직책이 폐지될 것이니, 이 세 가지를 잃으면 季氏의 家臣도 될 수 없거늘 하물며 천하를 다스리는 데 있어서랴."

③子路曰衛君이待子而爲政하나니子將奚先이시리잇고
子路가 말하기를 衛나라 임금이 선생님을 기다려 정치를 하려 하니 선생님께서는 장차 무엇을 먼저 하시겠습니까

衛君은謂出公輒也라是時는魯哀公之十年이니孔子自楚反乎衛라
衛君은 出公 輒을 말한다. 이때는 魯나라 哀公 10년이니, 孔子께서 楚나라에서 衛나라에 돌아오셨다.

子曰必也正名乎인저
孔子께서 말씀하시기를 반드시 名分을 바로잡을 것이다

是時에出公이不父其父而禰其祖하니名實이紊矣라故로孔子以正名爲先이라謝氏曰正名은雖爲衛君而言이나然이나爲政之道는皆

當以此爲先이니라

이 당시에 出公이 그 아버지를 아버지로 여기지 아니하고 그 할아 버지를 아버지로 여기고 있으니, 名分과 實狀이 문란하였다. 그러 므로 孔子께서 名分 바로잡는 것을 가지고 우선으로 여기셨다. 謝 氏가 말하였다. "名分을 바로잡는 것은 비록 衛나라 임금을 위한 말이지만, 그러나 정치를 하는 道는 모두 이것을 가지고 우선으로 삼아야 한다."

子路曰有是哉라子之迂也여奚其正이시리잇고
子路가 말하기를 이러함이 있도다 선생님의 현실과 멂이여 어떻게 바 로잡으시겠습니까

迂는謂遠於事情이니言非今日之急務也라

迂는 일의 實情에 먼 것을 말하니, 오늘날 급선무가 아님을 말한다.

子曰野哉라由也여君子於其所不知에蓋闕如也니라
孔子께서 말씀하시기를 촌스럽다 由여 군자는 그 알지 못하는 것에는 대체로 말하지 않는 것이니라

野는謂鄙俗이니責其不能闕疑而率爾妄對也라

野는 비루하고 속됨을 말하니, 의심나는 것을 빼놓지 못하고 경솔하
게 함부로 대답함을 꾸짖으신 것이다.

名不正則言不順하고言不順則事不成하고

名分이 바르지 못하면 말이 순조롭지 못하고 말이 순조롭지 못하면 일
이 이루어지지 못하고

楊氏曰名不當其實이면則言不順하고言不順이면則無以考實하여
而事不成이니라

—

楊氏가 말하였다. "名分이 實狀에 부합하지 않으면 말이 순조롭지
못하고, 말이 순조롭지 못하면 實狀을 詳考할 수 없어서 일이 이루
어지지 못한다."

事不成則禮樂이不興하고禮樂이不興則刑罰이不中하
고刑罰이不中則民無所措手足이니라

일이 이루어지지 못하면 禮樂이 일어나지 못하고 禮樂이 일어나지 못
하면 형벌이 적중되지 못하고 형벌이 적중되지 못하면 백성이 手足을
둘 곳이 없게 된다

范氏曰事得其序之謂禮요物得其和之謂樂이니事不成則無序
而不和故로禮樂이不興이요禮樂이不興則施之政事에皆失其道
故로刑罰이不中이니라

—

范氏가 말하였다. "일이 그 순서를 얻은 것을 禮라 말하고, 사물이 그 조화를 얻은 것을 樂이라고 말하니, 일이 이루어지지 못하면 秩序가 없고 조화롭지도 못하기 때문에 禮樂이 일어나지 못하고, 禮樂이 일어나지 못하면 政事를 베풀 적에 모두 正道를 상실하기 때문에 형벌이 적중하지 못한다."

故로君子名之인댄必可言也며言之인댄必可行也니君子
於其言에無所苟而已矣니라

그러므로 군자가 명분이 있을진댄 반드시 말할 수 있으며 말할진댄 반드시 실행할 수 있으니 군자는 그 말에 구차함이 없을 따름이니라

程子曰名實相須니一事苟則其餘皆苟矣니라○胡氏曰衛世子
蒯聵恥其母南子之淫亂하여欲殺之라가不果而出奔하니靈公이欲
立公子郢한대郢이辭러니公卒에夫人이立之나又辭어늘乃立蒯聵之
子輒하여以拒蒯聵라夫蒯聵는欲殺母라가得罪於父하고而輒은據
國以拒父하니皆無父之人也라其不可有國也는明矣라夫子爲政
而以正名爲先은必將具其事之本末하여告諸^저天王하고請于方
伯하여命公子郢而立之면則人倫正하고天理得하며名正言順하여
而事成矣리라夫子告之之詳이如此어늘而子路終不喩也라故로事
輒不去라가卒死其難하니徒知食焉이라不避其難2)之爲義요而不
知食輒之食이爲非義也니라

---

2) 食焉不避其難 : 孔悝의 難에서 자로가 죽음을 당하여 한 말로서, 『先進』篇 十二章 주석에
   도 이 고사가 인용되었다. 『春秋左傳』, 「哀公」, 十五年條 참고

程子가 말하였다. "명분과 실상은 서로 필요한 것이니, 한 가지 일이 구차해지면 그 나머지는 모두 구차해진다." ○ 胡氏가 말하였다. "衛나라 世子 蒯聵가 그 어머니 南子의 음란함을 부끄럽게 여겨 죽이고자 하다가 결행하지 못하고 도망하여 달아났다. 靈公이 公子 郢을 세우고자 하였으나 郢이 거절하였다. 靈公이 죽자 夫人이 郢을 세우려 하였으나 또 거절하거늘, 곧 蒯聵의 아들 輒을 세워서 蒯聵를 거절하게 하였다. 蒯聵는 어머니를 죽이려고 하다가 아버지에게 죄를 얻었고, 輒은 나라를 차지하고 아버지를 거절하였으니, 모두 아버지 없는 사람이니 그들이 나라를 소유할 수 없는 것은 분명하다. 孔子께서 정치를 하면 명분을 바로잡는 것을 우선으로 하려 하심은 반드시 장차 그 일의 本末을 갖추어서 天子에게 告하고 方伯들에게 요청해서 公子 郢을 명령해서 세우고자 하신 것이다. 그러면 人倫이 바로잡히고 天理에 알맞으며 명분도 바르게 되고 말도 순조로워져서 國事가 이루어졌을 것이다. 孔子께서 子路에게 告하신 상세함이 이와 같았거늘 子路가 끝내 깨닫지 못하였다. 그러므로 輒을 섬기면서 떠나지 아니하다가 마침내 그 난리에 죽었으니, 단지 '祿을 먹고 있는지라, 그 난리를 피해서는 안된다.'는 것이 의리가 되는 줄만 알고, 輒의 祿을 먹는 것이 정의롭지 못한 것이 되는 줄은 알지 못하였다."

---

④樊遲請學稼한대子曰吾不如老農호라請學爲圃한대
曰吾不如老圃호라

樊遲가 농사일 배우기를 요청하였는데 孔子께서 말씀하시기를 내가 老農만 같지 못하노라 채소 심는 일을 배우고자 요청하였는데 말씀하시기를 내가 老圃만 같지 못하노라

種五穀曰稼요種蔬菜曰圃라

—

오곡 심는 것을 稼라 하고, 채소 심는 것을 圃라 한다.

樊遲出커늘子曰小人哉라樊須也여

樊遲가 나가거늘 孔子께서 말씀하시기를 소인답구나 樊須여

小人은謂細民이니孟子所謂小人之事3)者也라

—

小人은 보잘것없는 백성을 말하니, 孟子가 이른바 '小人의 일이 있다.'라고 한 것이다.

上이好禮則民莫敢不敬하고上이好義則民莫敢不服하고上이好信則民莫敢不用情이니夫如是則四方之民이襁負其子而至矣리니焉用稼리오

윗사람이 禮를 좋아하면 백성이 감히 존경하지 아니할 이 없고 윗사람이 義를 좋아하면 백성이 감히 心服하지 아니할 이 없고 윗사람이 信을 좋

---

3)『孟子』,「滕文公章句上」, '有大人之事 有小人之事' 참고.

아하면 백성이 감히 實情을 쓰지 아니할 이 없으리니 이렇듯 하면 사방의 백성이 그 자식을 포대기로 업고 달려올 것이니 어찌 농사를 쓰리오

禮義信은大人之事也라好義則事合宜情誠實也라敬服用情은
蓋各以其類而應也라襁은織縷爲之하여以約小兒於背者라○
楊氏曰樊須遊聖人之門而問稼圃하니志則陋矣라辭而闢之可
也어늘待其出而後에言其非는何也오蓋於其問也에自謂農圃之
不如則拒之者至矣어늘須之學이疑不及此而不能問하니不能
以三隅反矣라故로不復*4)요及其旣出則懼其終不喩也하여求
老農老圃而學焉이면則其失愈遠矣라故로復言之하여使知前所
言者는意有在也니라

禮, 義, 信은 大人의 일이다. 義를 좋아하면 일은 의리에 부합되고
人情은 성실해진다. 존경하고 심복하고 실정을 씀은 모두 각각 類대
로 응하는 것이다. 襁은 실을 짜서 만들어서 어린 아이를 등에 묶는
것이다. ○ 楊氏가 말하였다. "樊須가 聖人의 문하에 노닐면서 농사
짓고 채소 기르는 것을 물으니 뜻이 보잘것없다. 거절하여 물리치는
것이 옳거늘, 그가 나가기를 기다린 뒤에 그의 잘못을 말하는 것은
왜인가. 대체로 그가 물었을 적에 스스로 老農老圃만 같지 못하다고
말씀하셨으면 거절함이 지극하거늘 樊須의 학문이 아마도 여기에 미
치지 못하여 묻지도 못하니 세 모퉁이를 반증하지 못하는 사람이다.
그러므로 다시 告해 주지 아니하셨고 그가 이미 나감에 미쳐서는 그
가 끝내 깨닫지 못해서 老農老圃를 찾아가서 배운다면 그 실수가 더

---

4) 不能以三隅反矣故不復: 「述而」篇, 四章, '擧一隅 不以三隅反 則不復也' 참고.

욱 멀어질 것을 두려워하신 것이다. 그러므로 다시 말씀하시어 앞에서 말한 것은 뜻이 달리 있었음을 알게 하신 것이다."

---

⑤子曰誦詩三百하되授之以政에不達하며使시於四方에 不能專對하면雖多나亦奚以爲리오

孔子께서 말씀하시기를 詩經 삼백 편을 외우되 政治를 주었을 적에 알지 못하며 四方에 심부름 가서 혼자 대답하지 못하면 비록 많이 외운다 하나 또 무엇에 쓰리오

專은獨也라詩는本人情該物理니可以驗風俗之盛衰하고見政治 之得失하며其言이溫厚和平하여長於風諭故로誦之者必達於政 而能言也라○程子曰窮經은將以致用也니世之誦詩者果能從 政而專對乎아然則其所學者는章句之末耳니此學者之大患也 니라

—

專은 單獨이다. 詩는 사람의 情을 근본으로 하고 사물의 이치를 갖추었으니, 풍속의 성쇠를 증험할 수 있고, 정치의 잘잘못을 볼 수 있으며, 그 내용이 온후하고 화평해서 넌지시 깨닫게 하는 데 장점 이 있기 때문에 詩를 외우는 사람은 반드시 정치에 통달하고 말을 잘한다. ○ 程子가 말하였다. "經書를 연구하는 것은 장차 실제에 응용하려는 것이니, 세상에서 詩를 외우는 자들이 과연 정치에 종사 하여 혼자 대답할 수 있겠는가. 그렇다면 그들이 배운 것은 문장, 구절의 末端일 뿐이니, 이것이 학자들의 큰 병폐이다."

⑥子曰其身이正이면不令而行하고其身이不正이면雖令
不從이니라

孔子께서 말씀하시기를 그 자신이 바르면 명령하지 아니하여도 행하고
그 자신이 바르지 못하면 아무리 명령해도 따르지 아니하느니라

⑦子曰魯衛之政이兄弟也로다

孔子께서 말씀하시기를 魯나라와 衛나라의 정치가 형제로다

魯는周公之後요衛는康叔之後니本兄弟之國이요而是時에衰亂하
여政亦相似故로孔子嘆之라

—

魯나라는 周公의 후예이고, 衛나라는 康叔의 후예이니, 본디 형제
의 나라이고, 이 당시에 쇠퇴하고 문란해서 정치가 역시 서로 비슷
하였기 때문에 孔子께서 탄식하신 것이다.

⑧子謂衛公子荊하시되善居室이로다始有에曰苟合矣라
하고少有에曰苟完矣라하고富有에曰苟美矣라하니라

孔子께서 衛나라 公子인 荊을 이르시되 집 처리를 잘하도다 처음 가
졌을 적에 그런대로 모았다 하고 조금 가졌을 적에 그런대로 갖추어졌

다 하고 많이 가졌을 적에 그런대로 아름다워졌다 하였다

公子荊은衛大夫라苟는聊니且粗略之意라合은聚也요完은備也라
言其循序而有節이요不以欲速盡美로累其心이라○楊氏曰務爲
全美則累物而驕吝之心이生이니公子荊이皆曰苟而已則不以
外物로爲心이니其欲이易足故也니라

公子 荊은 衛나라 大夫이다. 苟는 그런대로이니, 우선 대략의 의미
이다. 合은 모임이고 完은 갖추어짐이다. 그가 질서를 따르고 절도가
있고, 속히 하고 아름다움을 완전히 하고자 하는 것에 마음이 얽매이
지 아니함을 말한 것이다. ○ 楊氏가 말하였다. "아름다움을 완전하
게 함에 힘쓰면 물욕에 얽매여서 교만하고 인색한 마음이 생긴다. 公
子 荊이 모두 '그런대로'라고 말했을 뿐이라면 외물을 가지고 마음을
얽매지 아니한 것이니, 그 욕심이 쉽게 만족되기 때문이다."

⑨子適衛하실새冉有僕이러니
孔子께서 衛나라에 가실 적에 冉有가 수레를 몰았더니

僕은御車也라

僕은 수레를 모는 것이다.

子曰庶矣哉라

孔子께서 말씀하시기를 많구나

庶는衆也라

—

庶는 많은 것이다.

冉有曰旣庶矣어든又何加焉이리잇고曰富之니라
冉有가 말하기를 이미 많거든 또 무엇을 더해야 합니까 말씀하기를 잘
살게 해야 하느니라

庶而不富則民生不遂故로制田里薄賦斂하여以富之라

—

많은데도 잘살지 못하면 백성들의 삶이 이루어지지 못하기 때문에
전답과 주택을 제정해 주고 세금 부과를 엷게 해서 잘살 수 있게
하는 것이다.

曰旣富矣어든又何加焉이리잇고曰敎之니라
말하기를 이미 잘살거든 또 무엇을 더해야겠습니까 말씀하시기를 가르
쳐야 할 것이니라

富而不敎則近於禽獸故로必立學校明禮義하여以敎之라○胡
氏曰天生斯民하사立之司牧5)하여而寄以三事라然이나自三代之

---

5) 司牧 : 맡아서 길러주는 사람, 임금을 말한다.

後로能擧此職者百無一二하니漢之文明과唐之太宗이亦云庶且富矣라西京之敎6)는無聞焉이요明帝는尊師重傅하고臨雍拜老7)하니宗戚子弟莫不受學이요唐太宗은大召名儒하여增廣生員하니敎亦至矣로되然而未知所以敎也하니三代之敎는天子公卿이躬行於上이라言行政事皆可師法이니彼二君者其能然乎리오

—

잘사는데 교육하지 아니하면 禽獸에 가까워지기 때문에 반드시 학교를 설립하고 禮義를 밝혀서 교육해야 한다. ○ 胡氏가 말하였다. "하늘이 이 사람들을 생산해서 司牧을 세워서 세 가지 일(庶, 富, 敎)을 가지고 맡기셨다. 그러나 三代(夏, 商, 周)로부터 그 이후로 이 직책을 거행할 수 있는 사람은 백에 한둘도 없었으니, 漢나라의 文帝, 明帝와 唐나라의 太宗이 역시 백성이 많고 부유하게 하였다고 말할 수 있다. 西京의 교육은 들은 적이 없고, 明帝는 師傅를 존중하고 雍에 親臨해서 스승에게 절을 하였으니, 종친과 인척의 자제들이 학문을 배우지 아니함이 없었고, 唐 太宗은 이름난 선비들을 크게 불러들여 生員 시험을 늘렸으니, 교육은 역시 지극했지만 그러나 교육하는 까닭은 알지 못했던 것이다. 三代의 교육은 天子와 公卿들이 몸소 위에서 실천하여 언행과 政事가 모두 스승과 법이 될 만하였으니, 저 두 임금(漢 明帝, 唐 太宗)은 어찌 그럴 수 있었겠는가."

⑩子曰苟有用我者면朞月而已라도可也니三年이면有

---

6) 西京之敎 : 漢나라 文帝 때의 교육을 뜻한다.

7) 臨雍拜老 : 雍은 辟雍을 말하는데, 천자가 교육을 받는 곳이다. 老는 三老 즉 천문, 지리, 인사에 능한 스승을 말한다.

成이리라

孔子께서 말씀하시기를 진실로 나를 쓸 자가 있으면 일 년뿐일지라도
가능하리니 삼 년이면 이루어짐이 있으리라

朞月은 謂周一歲之月也라 可者는 僅辭니 言紀綱布也요 有成은 治
功成也라 ○尹氏曰孔子歎當時莫能用己也故로 云然이니라 愚는
按史記컨대 此蓋爲衛靈公不能用而發이니라

—

朞月은 한 해를 한 바퀴 돈 세월을 말한다. 可라 함은 겨우라는 말
이니 紀綱이 펴짐을 말한 것이고, 有成은 다스림의 성공이다. ○
尹氏가 말하였다. "孔子께서 당시에 자기를 쓸 수 있는 사람이 없음
을 한탄했기 때문에 이렇게 말씀하시었다." 내가 『史記』를 고찰해 보
건대, 이 말은 아마도 衛 靈公이 쓰지 못한 것을 위하여 발언한 것
인 듯하다.

---

⑪子曰善人이 爲邦百年이면 亦可以勝殘去殺矣라하니
誠哉라 是言也여

孔子께서 말씀하시기를 善人이 나라를 백 년 동안 다스리면 역시 잔
악한 사람을 이겨내어 殺法을 없앨 수 있으리라 하였으니 진실하도다
이 말이여

爲邦百年은 言相繼而久也라 勝殘은 化殘暴ᵖ之人하여 使不爲惡
也요 去殺은 謂民化於善하여 可以不用刑殺也니 蓋古有是言而夫

子稱之라程子曰漢自高惠로至于文景히 黎民이醇厚하여 幾致刑措[8]하니 庶乎其近之矣니라○尹氏曰勝殘去殺은 不爲惡而已니 善人之功도如是어늘 若夫聖人則不待百年이요其化도亦不止此리라

—

나라를 백 년 동안 다스림은 서로 계승됨이 오래되었음을 말한다. 勝殘은 잔악하고 포악한 사람들을 감화시켜서 惡을 행하지 못하게 하는 것이고, 去殺은 백성들이 善에 감화되어 刑殺(死刑)을 쓰지 아니할 수 있음을 말하는 것이니, 대체로 옛날부터 이런 말이 있었는데 孔子께서 일컬으신 것이다. 程子가 말하였다. "漢나라가 高祖, 惠帝로부터 文帝, 景帝에 이르도록까지 백성들이 순박하고 후해서 거의 형벌을 버리고 쓰지 아니함에 이르렀으니 거의 그것(勝殘去殺)에 가까웠다." ○ 尹氏가 말하였다. "잔악한 사람을 이겨내어 殺法을 없앰은 惡을 행하지 못하게 할 뿐이니, 善人의 功效도 이와 같거늘 만약 聖人이라면 백 년까지도 기다리지 아니할 것이고 백성들의 감화도 역시 여기에 멈추지 아니할 것이다."

⑫子曰如有王者라도必世而後仁이니라

孔子께서 말씀하시기를 만일에 王天下하는 사람이 있을지라도 반드시 삼십 년이 경과한 뒤에 仁해질 것이다

王者는謂聖人受命而興也라三十年이爲一世라仁은謂敎化浹也라程子曰周自文武로至于成王而後에禮樂興이니卽其效也니라○或

---

8) 刑措 : 형벌이 있으면서도 버려지고 쓰이지 아니하는 것.

이問三年必世에遲速不同은何也오程子曰三年有成은謂法度紀綱
이有成而化行也오漸民以仁하고摩民以義하여使之浹於肌膚하고淪
於骨髓하여而禮樂可興이所謂仁也니此非積久면何以能致리오

—

王이라는 것은 聖人이 天命을 받아서 일어나는 것을 말한다. 삼십
년이 一世가 된다. 仁은 敎化가 무젖음을 말한다. 程子가 말하였
다. "周나라가 文王, 武王으로부터 成王에 이른 뒤에 禮樂이 일어
났으니 바로 그 효험이다." ○ 어떤 사람이 "삼년과 必世(반드시 삼
십 년이 지나야 함)에 더디고 빠른 것이 같지 않음은 왜입니까."하고
물으니 程子가 말하였다. "삼 년쯤 되면 이루어짐이 있다는 것은
법도와 기강이 이루어지는 것이 있어서 감화가 행해짐을 말하며, 백
성을 仁을 가지고 물들게 하고 백성을 義를 가지고 어루만져서 그
들로 하여금 피부에 배어들게 하고 골수에 스며들게 해서 禮樂이
일어날 수 있음이 이른바 仁이다. 이것은 오랫동안 쌓이지 아니하면
어떻게 이루어질 수 있겠느냐"

⑬子曰苟正其身矣면於從政乎에何有⁹⁾며不能正其
身이면如正人에何오
孔子께서 말씀하시기를 진실로 그 몸을 바르게 하면 정치에 종사함에
무슨 어려움이 있으며 그 몸을 바르게 하지 못하면 남을 어떻게 바로
잡으리오

---

9) 何有: 何難之有(무슨 어려움이 있겠는가)의 준말.

⑭冉子退朝어늘子曰何晏也오對曰有政이러이다子曰其
事也로다如有政인댄雖不吾以나吾其與예聞之니라

冉子가 조회에서 물러나왔거늘 孔子께서 말씀하시기를 어찌 늦었느냐
대답하여 말하기를 國政이 있었습니다 孔子께서 말씀하시기를 아마도
家事일 것이다 만약 國政이 있을진댄 비록 나를 쓰지 아니하나 내 아
마도 미리 들었을 것이다

冉有時爲季氏宰라朝는季氏之私朝也라晏은晚也라政은國政이요
事는家事라以는用也라禮에大夫雖不治事나猶得與예聞國政이라是
時에季氏專魯하여其於國政에도蓋有不與同列하고議於公朝로되而
獨與家臣으로謀於私室者故로夫子爲不知者而言호되此必季氏
之家事耳로다若是國政인댄我嘗爲大夫라雖不見用이나猶當與예聞
이니今旣不聞則是非國政也라하니語意與魏徵獻陵之對10)로略相
似하니其所以正名分抑季氏요而敎冉有之意深矣라

—

冉有가 당시에 季氏의 家臣이 되었다. 朝는 季氏의 私朝이다. 晏
은 늦음이다. 政은 國政이고 事는 家事이다. 以는 쓰임이다. 禮에,
大夫는 비록 國事를 다스리지 아니하더라도 오히려 미리 國政을
들을 수 있다. 이때에 季氏가 魯나라를 마음대로 해서 그 國政에

---

10) 魏徵獻陵之對 : 唐 太宗이 부인이 죽자 궐 안에 높은 臺를 쌓아 놓고 매일 그 臺에 올
라가서 부인의 무덤이 있는 곳을 바라보았다. 이때에 신하 魏徵은 임금님이 효성이 지극하여
매일같이 어머니의 능인 獻陵을 바라보시는 줄 알았다고 말하여 은근하게 太宗의 버릇을 고
친 故事를 말한다.

있어서도 대체로 同列들과 더불어 국가의 조정에서 의논하지 않고 단지 家臣들과 더불어 私室에서 도모함이 있었기 때문에, 孔子께서 알지 못하는 것처럼 해서 말씀하시되, "이것은 반드시 季氏의 家事일 것이다. 만약 國政이라면 내가 일찍이 大夫가 되었는지라 비록 쓰이지는 못한다 하더라도 오히려 당연히 미리 들었을 것이니, 지금 이미 듣지 못했다면 이것은 國政이 아닐 것이다."라고 하시니, 말의 底意가 魏徵이 獻陵으로 대답한 고사와 대략 서로 비슷하니 그것은 명분을 바로잡고 季氏를 누르려 하심이고 冉有를 교육하시려는 뜻도 깊다.

⑮ 定公이問一言而可以興邦이라하나니有諸^저잇가孔子對曰言不可以若是其幾也어니와

定公이 묻기를 한마디 말로 나라를 일으킬 수 있다 하니 있습니까 孔子께서 대답하여 말씀하시기를 말을 이렇듯이 기약하지는 못하겠지만

幾는期也라詩曰如幾如式이라言一言之間에未可以如此而必期其效라

—

幾는 기약함이다. 『詩經』에 '기약하듯 法하듯 한다'라 하였다. 말 한마디 사이에 이와 같이 반드시 그 효험을 기약할 수 없음을 말한 것이다.

人之言曰爲君難하며爲臣不易^이라하나니

사람들 말에 말하기를 임금되기도 어려우며 신하되기도 쉽지 아니하다
하였으니

當時에**有此言也**라

—

당시에 이런 말이 있었다.

如知爲君之難也인댄**不幾乎一言而興邦乎**잇가
만약 임금되기가 어려운 줄을 알진댄 한마디 말로 나라를 일으킴을 기
약하지 아니하겠습니까

因此言而知爲君之難이면**則必戰戰兢兢**하고**臨深履薄**[11]**하여而**
無一事之敢忽이리니**然則此言也豈不可以必期於興邦乎**아**爲**
定公言故로**不及臣也**라

—

이 말로 인해서 임금되기가 어려움을 안다면 반드시 늘 두려워하고
조심하고, 깊은 연못에 임하듯 엷은 얼음을 밟듯 해서 한 가지 일도
감히 함부로 함이 없을 것이니, 그렇다면 이 말이 어찌 반드시 나라
를 일으킴을 기약할 수 있지 않겠는가. 定公을 위한 말이기 때문에
신하에 대한 것은 언급하지 아니하였다.

曰一言而喪邦이라하나니**有諸**[제]**잇가孔子對曰言不可以**

---

11) 臨深履薄: 如臨深淵 如履薄氷의 줄임말.

若是其幾也어니와人之言曰予無樂^락乎爲君이요唯其
言而莫予違也라하나니

말씀하시기를 한마디 말로 나라를 망하게 한다고 하니 있습니까 孔子
께서 대답하여 말씀하시기를 말을 이렇듯이는 기약하지 못하겠거니와
사람들 말에 말하기를 내 임금된 것을 즐거워함은 없고 오직 그 말을
하였을 적에 내 말을 어기는 자가 없는 것이다라고 하니

言他無所樂이요惟樂此耳라

—

다른 것은 즐거워할 것이 없고, 오직 이것을 즐거워할 뿐이라는 말
이다.

如其善而莫之違也인댄不亦善乎잇가如不善而莫之
違也인댄不幾乎一言而喪邦乎잇가

만약 말이 善하여서 어기는 자 없을진댄 역시 좋지 아니하겠습니까만
만약 善하지 못한데도 어기는 자 없을진댄 한마디 말로 나라를 망하게
함을 기약하지 아니하겠습니까

范氏曰如不善而莫之違則忠言이不至於耳하여君日驕而臣日
諂하리니未有不喪邦者也니라○謝氏曰知爲君之難이면則必敬謹
以持之요唯其言而莫予違則讒諂面諛之人이至矣리니邦未必
遽興喪也로되而興喪之源은分於此라然이나此非識微之君子면何
足以知之리오

范氏가 말하였다. "만약 (임금의 말이) 善하지 아니한대도 어김이 없다면 忠言이 귀에 이르지 아니해서 임금은 날마다 교만해지고 신하는 날마다 아첨할 것이니, 나라를 망하게 하지 않음이 있지 아니할 것이다." ○ 謝氏가 말하였다. "임금되기가 어려움을 알면 반드시 공경하고 삼가는 것으로 자신을 유지할 것이고, 오직 그 말을 해서 나를 어김이 없다면 모함하고 아첨하고 얼굴로 비위 맞추는 사람만이 이를 것이니, 나라가 갑자기 흥하거나 망하는 것은 기필치 못하겠지만 흥하고 망하는 근원은 여기에서 구분될 것이다. 그러나 이는 은미한 것을 인식하는 군자가 아니면 어찌 족히 알 수 있으리오"

⑯葉^섭公이 問政한대

葉公^{섭공}이 정치를 물었는데

音義는並見^현第七篇12)이라

—

음과 뜻은 모두 第七篇에 나타났다.

子曰近者說^열하며 遠者來니라

孔子께서 말씀하시기를 가까운 사람은 기쁘게 하며 먼 사람은 오게 함이니라

---

12) 第七篇 : 「述而」篇, 十八章.

被其澤則說하고聞其風則來라然이나必近者說^열而後에遠者來也라

—

그 혜택을 입으면 기뻐하고 그 소문을 들으면 오는 것이다. 그러나 반드시 가까운 사람이 기뻐한 뒤에 먼 사람이 오는 것이다.

⑰子夏爲莒父^보宰라問政한대子曰無欲速하며無見小利니欲速則不達하고見小利則大事不成이니라

子夏가 莒父^{거보}의 邑長이 되었는지라 정치를 물었는데 孔子께서 말씀하시기를 속히 하고자 하지 말며 작은 이익을 보지 말지니 속히 하고자 하면 달성하지 못하고 작은 이익을 보면 큰 일이 이루어지지 못하느니라

莒父는魯邑名이라欲事之速成則急遽無序하여而反不達이요見小者之爲利則所就者小하고而所失者大矣라○程子曰子張이問政에子曰居之無倦行之以忠13)이라하시고子夏問政에子曰無欲速無見小利라하시니子張은常過高而未仁하고子夏之病은常在近小故로各以切己之事로告之니라

—

莒父는 魯나라 邑의 이름이다. 일을 속히 이루고자 하면 급하고 갑작스러워 순서가 없어서 도리어 이루어지지 못하고, 작은 것의 이익됨을 보면 성취하는 것은 작고, 상실하는 것은 크다. ○ 程子가 말하였다. "子張이 정치를 물었을 적에 孔子께서 '自處하기를 게을리

---

13) 居之無倦行之以忠：「顏淵」篇, 十四章 참고.

함이 없이 하고 행동하기를 진실로써 하라.'고 말씀하시고, 子夏가
정치를 물었을 적에 孔子께서 '속히 하고자 하지 말고 작은 이익은
보지 말라.'고 말씀하시니, 子張은 언제나 지나치게 고상하여 사랑
이 없고, 子夏의 병폐는 항상 近小한 데 있기 때문에 각각 자기에
게 절실한 일을 가지고 告해 주시었다."

────────────────────

⑱葉^섭公이語孔子曰吾黨에有直躬者하니其父攘羊이어
늘而子證之하니이다

葉公^{섭공}이 孔子께 告하여 말하기를 우리 黨에 몸가짐을 정직하게 하
는 사람이 있으니 그 아버지가 羊을 훔쳤거늘 자식이 증언하였습니다

────────────────────

直躬은直身而行者라有因而盜曰攘이라

—

直躬은 몸가짐을 정직하게 행동하는 사람이다. 인연이 있어서 도둑
질하는 것을 攘이라 말한다.

────────────────────

孔子曰吾黨之直者는異於是하니父爲子隱하며子爲父
隱하나니直在其中矣니라

孔子께서 말씀하시기를 우리 黨의 정직한 자는 이와 다르니 아버지가
자식을 위하여 숨겨 주며 자식이 아버지를 위하여 숨겨 주나니 정직이
그 속에 있느니라

────────────────────

父子相隱은天理人情之至也라故로不求爲直而直在其中이라○

謝氏曰順理爲直이니父不爲子隱하고子不爲父隱이면於理順邪아아瞽瞍殺人이면舜이竊負而逃하여遵海濱而處14)라하니當是時하여愛親之心이勝이니其於直不直에何暇計哉리오

—

부자간에 서로 숨겨 주는 것은 天理와 人情의 지극이다. 그러므로
정직하기를 구하지 아니해도 정직이 그 속에 있다. ○ 謝氏가 말하
였다. "이치를 따르는 것이 정직이 되니, 아버지가 자식을 위해서
숨겨 주지 아니하고 자식이 아버지를 위해서 숨겨 주지 아니한다면,
이치에 順調롭겠느냐. '瞽瞍가 살인을 했다면 舜임금은 몰래 업고
도망가서 바닷가를 따라가서 거기에 살았을 것이다.'라 하였으니, 이
때를 당해서 부모를 사랑하는 마음이 가득차 있을 것이니, 그 정직
하고 정직하지 않은 것에 대하여 어느 겨를에 계산하겠느냐."

⑲樊遲問仁한대子曰居處恭하며執事敬하며與人忠을雖之夷狄이라도不可棄也니라

樊遲가 仁을 물었는데 孔子께서 말씀하시기를 居處를 공손히 하며
일을 집행하기를 조심하며 사람을 함께하기를 忠心으로 하기를 비록
夷狄 땅에 갈지라도 버려서는 안될 것이니라

恭은主容이요敬은主事며恭은見於外하고敬은主乎中이라之夷狄不可棄는勉其固守而勿失也라○程子曰此是徹上徹下15)語니聖人은初無二語也하니充之則睟面盎背16)요推而達之則篤恭而天

14) 瞽瞍殺人~遵海濱而處 : 『孟子』, 「盡心章句上」, 三十五章 참고.
15) 徹上徹下 : 徹上은 형이상학, 즉 이치를 뜻하고 徹下는 형이하학, 즉 현실을 뜻한다.

下平17)矣니라胡氏曰樊遲問仁者三에此最先이요先難18)이次之요愛人19)이其最後乎인저

一

恭은 용모를 위주로 하고 敬은 일을 위주로 하며, 恭은 외부에 드러나며 敬은 마음속을 위주로 하는 것이다. 夷狄 땅에 갈지라도 버려서는 안됨은 그것을 굳게 지키고 잃지 말아야 함에 힘쓰게 한 것이다. ○ 程子가 말하였다. "이것은 형이상학과 형이하학에 관철되는 말이다. 聖人은 처음부터 두 말씀은 없으시니 (聖人의 말씀을) 가득 채우면 얼굴에도 빛이 나고 뒷모습에도 충만하여, 미루어서 끝까지 도달시키면 돈독하고 공경하여 천하가 저절로 태평하게 된다." 胡氏가 말하였다. "樊遲가 仁을 물은 세 가지에서 이 말이 가장 먼저이고, 어려운 일을 먼저함이 그다음이고, 사람을 사랑함이 아마도 가장 나중일 것이다."

---

⑳子貢이問曰何如라야斯可謂之士矣잇고子曰行己有恥하며使시於四方하여不辱君命이면可謂士矣니라

子貢이 물어 말하기를 어떻게 해야 이에 선비라고 말할 수 있겠습니까 孔子께서 말씀하시기를 자기를 행함이 부끄러움이 있으며 四方에 심

---

16) 晬面盎背 : 德이 완성되어 얼굴과 등에 빛이 나고 가득한 모습. 『孟子』, 「盡心章句上」 '君子所性 仁義禮智根於心 其生色也 晬然見於面 盎於背 施於四體 四體不言而喩' 참고.

17) 篤恭而天下平 : 聖人의 행동을 서술한 말로, 聖人이 무슨 큰 일을 하지 않고 돈독하고 공손한 모습으로만 있어도 천하가 저절로 태평해지는 것.

18) 先難 : 「雍也」篇, 二十章, '仁者先難而後獲 可謂仁矣' 참고.

19) 愛人 : 「顏淵」篇, 二十二章, '樊遲問仁 子曰愛人' 참고.

부름 가서 임금의 명령을 욕되게 하지 아니하면 선비라고 말할 수 있을지니라

此는其志는有所不爲로되而其材는足以有爲者也라子貢은能言故로以使事로告之니蓋爲使之難이不獨貴於能言而已라

—

이 경우는 그 뜻은 하지 아니하는 바가 있되, 그 재능은 큰일을 할 수 있는 사람이다. 子貢은 말을 잘하기 때문에 심부름하는 일을 가지고 告한 것이니, 대체로 심부름하는 어려움이 말 잘하는 것을 귀하게 여기고 말 뿐만은 아니다.

曰敢問其次하노이다曰宗族이稱孝焉하며鄕黨이稱弟焉이니라

말하기를 감히 그 다음을 묻겠습니다 말씀하시기를 宗族이 효성스럽다고 稱하며 鄕黨이 공손하다고 稱함이니라

此는本立而材不足者라故로爲其次라

—

이 경우는 근본은 수립되어 있으나 재능이 부족한 사람이다. 그렇기 때문에 그 다음이 된 것이다.

曰敢問其次하노이다曰言必信하며行必果硜硜然小人哉니抑亦可以爲次矣니라

말하기를 감히 그 다음을 묻겠습니다 말씀하시기를 말을 반드시 믿음직
하게 하며 행동을 반드시 과감하게 함이 융통성 없는 소인다우나 역시
다음은 될 수 있느니라

果는 必行也라 硜은 小石之堅確者라 小人은 言其識量之淺狹也니
此其本末은 皆無足觀이나 然이나 亦不害其爲自守也故로 聖人이 猶
有取焉이니 下此則市井之人이라 不復可爲士矣라

果는 반드시 행함이다. 硜은 작은 돌이 단단하고 확실한 것이다. 小
人은 그 지식과 도량이 얕고 좁은 것을 말하니 이는 시작과 결과는
모두 볼만한 것이 없으나 역시 그 스스로를 지키는 데는 방해되지
아니하므로 聖人이 오히려 취함이 있으니, 여기에서 더 내려가면
저잣거리 사람이라, 다시는 선비가 되지 못한다.

曰今之從政者는 何如하니잇고 子曰噫라 斗筲之人을 何足
算也리오
말하기를 오늘날의 정치에 종사하는 자는 어떻습니까 孔子께서 말씀하
시기를 아 도량이 좁은 사람들을 어찌 족히 헤아리리오

今之從政者는 蓋如魯三家之屬이라 噫는 心不平聲이라 斗는 量名이니
容十升이요 筲는 竹器니 容斗二升이라 斗筲之人은 言鄙細也라 算은 數
也라 子貢之問이 每下故로 夫子以是警之라 ○程子曰子貢之意는
蓋欲爲皎皎之行하여 聞於人者니 夫子告之皆篤實自得之事니라

—

오늘날의 정치에 종사하는 자는 대체로 盧나라 三家(孟氏, 叔氏, 季氏)와 같은 등속들이다. 噫는 마음이 편치 못한 소리이다. 斗는 들이의 명칭이니, 열 되 들이고, 筲는 대로 만든 그릇이니, 한 말 두 되 들이이다. 도량이 좁은 사람들은 보잘것없고 작음을 말한다. 算은 헤아림이다. 子貢의 물음이 매번 내려가기 때문에 孔子께서 이 말을 가지고 깨우쳐 주셨다. ○ 程子가 말하였다. "子貢의 뜻은 깨끗하게 행동해서 남에게 소문나고자 하는 것이고, 孔子께서 告해 주시는 것은 모두 독실하여 스스로 터득하여야 하는 일이다."

㉑子曰不得中行20)而與之인댄必也狂狷乎인저狂者는進取오狷者는有所不爲也니라

孔子께서 말씀하시기를 中行을 얻어서 전하지 못할진댄 반드시 狂者나 狷者인저 狂者는 나아가서 취하고 狷者는 하지 아니하는 바가 있느니라

行은道也라狂者는志極高而行不掩이오狷者는知未及而守有餘니蓋聖人이本欲得中道之人而敎21)之나然이나旣不可得하여而徒得謹厚之人22)이면則未必能自振拔而有爲也故로不若得此狂狷之人하여猶可因其志節而激厲裁抑之하여以進於道라非與其終於此而已也라○孟子曰孔子豈不欲中道哉시리오마는不可必

---

20) 中行 : 中庸의 道를 지키는 사람. 타고난 인품이 中道에 맞는 훌륭한 재능을 가진 사람.
21) 敎: 전하다. 전해 주다. 道를 전해 줌을 말한다.
22) 謹厚之人: 鄕愿, 삼가고 후한 사람, 겉으로만 근엄하고 이래도 좋고 저래도 좋은 사람.

得故로思其次也시니라如琴張曾晳牧皮者孔子之所謂狂也니라其志嘐嘐然曰古之人古之人이여하되夷考23)其行而不掩焉者也니라狂者를又不可得이어든欲得不屑不潔之士而與之하시니是獧也니是又其次也24)니라

—

行은 道이다. 狂者는 뜻은 매우 높으면서도 행동이 따르지 못하고, 獧者는 지식은 미치지 못하면서도 지킴은 넉넉하니, 대체로 聖人이 본디 中道의 사람을 얻어서 道를 전해 주고자 하였다. 그러나 이미 얻을 수 없어서, 단지 謹厚한 사람을 얻으면 스스로 떨치고 일어나서 큰일 하는 것은 기필할 수 없다. 그러므로 이런 狂者나 獧者를 얻어서 오히려 그들의 뜻과 절개로 인해서 격려하고 억제해서, 道에 나아갈 수 있게 하는 것만 같지 못하다. 그러나 그들이 狂者나 獧者에서 끝나고 마는 것을 허락한 것은 아니다. ○ 孟子께서 말씀하시었다. "孔子께서 어찌 中道의 사람을 얻고 싶지 아니했으리오마는 얻는 것을 기필할 수 없기 때문에 그 다음을 생각하신 것이다. 琴張, 曾晳, 牧皮 같은 사람이 孔子께서 말씀하신 狂者이다. 그들의 뜻이 높고 깨끗해서 '옛날 사람이여, 옛날 사람이여!' 하면서도 그의 행동을 공평하게 상고해 보면 (말을) 堪耐하지 못하는 자들이다. 狂者를 또 얻을 수 없으면 깨끗하지 못한 것을 달갑게 여기지 아니하는 사람을 얻어서 道를 전해 주고자 하셨으니, 이가 獧者이니 이들이 또 그 다음이다."

㉒子曰南人이有言曰人而無恒이면不可以作巫醫라하

---

23) 夷考 : 공평하게 상고하다.
24) 孟子曰 : 『孟子』, 「盡心章句下」三十七章의 내용이다.

니善夫라

孔子께서 말씀하시기를 남쪽 사람들이 말이 있어 가로되 사람이면서 항
상함이 없으면 무당이나 의원도 될 수 없으리라 하니 좋은 말이다

南人은南國之人이라恒은常久也라巫는所以交鬼神이요醫는所以寄
死生故로雖賤役이나而尤不可以無常이니孔子稱其言而善之라

—

南人은 남쪽 나라 사람이다. 恒은 항상하고 오래하는 것이다. 무당
은 귀신을 만날 수 있고, 의원은 死生을 맡길 수 있기 때문에 비록
천한 직업이지만 더욱 항상함이 없어서는 안되는 것이니 孔子께서
그들의 말을 일컬어 좋다고 하시었다.

不恒其德이면或承之羞라하니

그 德을 항상하지 못하면 혹시 부끄러움을 이어받으리라 하니

此는易恒卦九三爻辭라承은進也라

—

이 말은 『周易』 恒卦 九三 爻辭이다. 承은 만남이다.

子曰不占而已矣니라

孔子께서 말씀하시기를 占치지 아니해서일 따름이니라

復加子曰하여以別易文也니其義未詳이라楊氏曰君子於易에苟

玩其占이면則知無常之取羞矣니其爲無常也는蓋亦不占而已
矣라하니意亦略通이라

—

다시 子曰을 더해서 『周易』의 글과 구별했으나 그 의미는 확실하
지 않다. 楊氏가 말하였다. "군자가 『周易』에 대하여 진실로 그 占
을 玩味하면 항상함이 없음이 부끄러움을 취한다는 것을 알 수 있
으니, 항상함이 없는 것을 함은 대체로 역시 占치지 아니해서일 따
름이라고 하니 의미는 역시 대략 통한다."

㉓子曰君子는和而不同하고小人은同而不和니라

孔子께서 말씀하시기를 군자는 和하고 同하지 아니하고 소인은 同하
고 和하지 못하느니라

和者는無乖戾之心이요同者는有阿比之意라○尹氏曰君子는尚
義故로有不同이요小人은尚利하니安得而和리오

—

和는 (이치에) 어긋나고 (원리에) 위배되는 마음이 없음이고, 同은 아
부하고 가까이하려는 저의가 있다. ○ 尹氏가 말하였다. "군자는
의리를 숭상하기 때문에 雷同하지 아니함이 있고, 소인은 이익을
숭상하니 어찌 和할 수 있겠는가."

㉔子貢이問曰鄕人이皆好之면何如니잇고子曰未可也
니라鄕人이皆惡오之면何如니잇고子曰未可也니라不如鄕

人之善者好之요其不善者惡之니라

子貢이 물어 말하기를 고을 사람이 모두 좋아하면 어떻습니까 孔子께서 말씀하시기를 옳지 못하니라 고을 사람이 모두 싫어하면 어떻습니까 孔子께서 말씀하시기를 옳지 못하니라 고을 사람의 善한 자가 좋아하고 그 善하지 아니한 자는 싫어함만 같지 못하니라

一鄕之人이면宜有公論矣나然이나其間엔亦各以類自爲好惡也故로善者도好之하고而惡者도不惡면則必其有苟合之行이요惡者도惡之하고而善者도不好면則必其無可好之實이라

—

한 고을의 사람이면 의당 공론이 있겠으나, 그러나 그 사이에는 역시 각각 類대로 나름대로 좋아하고 싫어하는 것이 있다. 그러므로, 善한 사람도 좋아하고 惡한 사람도 싫어하시 아니하면 반드시 구차하게 부합하려는 행동이 있을 것이고, 惡한 사람도 싫어하고 善한 사람도 좋아하지 아니하면 반드시 좋아할 만한 실상이 없을 것이다.

㉕子曰君子는易이事而難說열也니說之不以道면不說也요及其使人也하얀器之니라小人은難事而易說也니說之雖不以道라도說也요及其使人也하얀求備焉이니라

孔子께서 말씀하시기를 군자는 섬기기가 쉽고 기쁘게 하기가 어려우니 기쁘게 하기를 道로써 아니하면 기뻐하지 아니하고 그 사람을 부림에 미쳐서는 그릇대로 하느니라 소인은 섬기기가 어렵고 기쁘게 하기가 쉬우니 기쁘게 하기를 비록 道로써 아니하여도 기뻐하고 그 사람을 부림

에 미쳐서는 完備하기를 요구하느니라

器之는 謂隨其材器而使之也라 君子之心은 公而恕하고 小人之心
은 私而刻이라 天理人欲之間은 每相反而已矣라

—

그릇대로 함이란 그 사람의 인품과 도량에 따라 부림을 말한다. 군
자의 마음은 공평하면서 너그럽고, 소인의 마음은 私的이면서 각박
하다. 天理(公)와 人欲(私) 사이는 언제나 서로 반대될 따름이다.

㉖子曰 君子는 泰而不驕하고 小人은 驕而不泰니라
孔子께서 말씀하시기를 군자는 태연하고 교만하지 아니하고 소인은 교
만하고 태연하지 못하느니라

君子는 循理故로 安舒而不矜肆하고 小人은 逞欲故로 反是라

—

군자는 이치를 따르기 때문에 편안하고 느긋하며 자랑하거나 뽐내
지 아니하고, 소인은 욕심을 부리기 때문에 이와 반대이다.

㉗子曰 剛毅木訥이 近仁이니라
孔子께서 말씀하시기를 강하고 굳세고 질박하고 어둔한 것이 仁에 가
까우니라

程子曰木者는質樸이요訥者는遲鈍이니四者는質之近乎仁者也니라楊氏曰剛毅則不屈於物欲하고木訥則不至於外馳25)故로近仁이니라

—

程子가 말하였다. "木은 바탕이 소박함이고 訥은 더디고 둔함이니, 네 가지는 바탕이 仁에 가까운 것이다." 楊氏가 말하였다. "강하고 굳세면 물욕에 굽히지 아니하고, 질박하고 어둔하면 밖으로 달려감에 이르지 아니하기 때문에 仁에 가깝다."

㉘子路問曰何如라아斯可謂之士矣니잇고子曰切切偲偲하며怡怡如也면可謂士矣니朋友엔切切偲偲요兄弟엔怡怡니라

子路가 물어 말하기를 어떻게 해야 이에 선비라고 말할 수 있습니까 孔子께서 말씀하시기를 切切하며 偲偲하며 怡怡하듯 하면 선비라고 말할 수 있을지니 朋友에는 切切하며 偲偲하고 형제에는 怡怡할지니라

胡氏曰切切은懇到也요偲偲는詳勉也요怡怡는和悅也니皆子路所不足故로告之요又恐其混於所施면則兄弟에有賊恩之禍하고朋友에有善柔26)之損故로又別而言之니라

—

---

25) 外馳 : 명예, 다른 사람의 칭찬 같은 것을 위주로 하는 것.
26) 善柔 : 잘 보이고 기쁘게 하는 데만 일삼아서 미덥지 못함. 「季氏」篇, 四章, '友便辟 友善柔 友便佞 損矣' 참고.

胡氏가 말하였다. "切切은 두루 상세하게 告해 줌이고, 偲偲는 자상하게 힘쓰게 함이고, 怡怡는 온화하고 기뻐함이니, 모두 子路가 부족한 바이기 때문에 告해 주시었고, 또 시행하는 곳에 혼동되면 형제간에 은혜를 해롭게 하는 禍가 생기고, 붕우간에 善柔의 해로움이 생길세라 두렵기 때문에 다시 구별해서 말씀하시었다."

㉙子曰善人이教民七年이면亦可以卽戎矣니라

孔子께서 말씀하시기를 善人이 백성 가르침이 칠 년이면 역시 軍에 나아가게 할 수 있느니라

教民者는教之以孝弟忠信之行과務農講武之法이라卽은就也라戎은兵也라民知親其上死其長故로可以卽戎이라○程子曰七年云者는聖人이度其時可矣니如云朞月三年27)百年28)一世29)大國五年小國七年30)之類에皆當思其作爲如何라야乃有益이니라

教民은 孝弟忠信의 행동과 농사에 힘쓰고 무술을 익히는 법을 가르치는 것이다. 卽은 나아감이다. 戎은 군대이다. 백성이 그 윗사람을 친근히 하고 우두머리를 위해서 죽는 것을 알기 때문에 軍에 나아가게 할 수 있다. ○ 程子가 말하였다. "칠 년이라고 말함은 聖人이 그 시기를 헤아림이 가능하니, 예를 들어 일 년, 삼 년, 백 년,

---

27) 朞月三年:「子路」篇, 十章, '苟有用我者 朞月而已 可也 三年 有成' 참고.

28) 百年:「子路」篇, 十一章, '爲邦百年 亦可以勝殘去殺矣' 참고.

29) 一世:「子路」篇, 十二章, '如有王者 必世而後仁' 참고.

30) 大國五年小國七年:『孟子』,「離婁章句上」, 七章 참고.

일세, 대국 오 년, 소국 칠 년이라고 말하는 따위에 모두 그 하는 일이 어떤 것인지를 생각해 봐야 겨우 보탬이 있을 것이다."

㉚子曰以不敎民戰이면是謂棄之니라

孔子께서 말씀하시기를 가르치지 아니한 백성을 가지고 전쟁하면 이는 백성을 버리는 것이라 하니라

以는用也니言用不敎之民以戰이면必有敗亡之禍리니是는棄其民也라

—

以는 씀이니, 가르치지 아니한 백성을 사용해서 전쟁하면 반드시 패망의 禍가 있으리니, 이는 그 백성을 버리는 것이라는 말이다.

[子路 第十三]

憲問第十四

胡氏曰此篇은疑原憲所記라凡四十七章이라

—

胡氏가 말하였다. "이 편은 아마도 原憲이 기록한 듯하다."

모두 사십칠 章이다.

①憲이問恥한대子曰邦有道에穀하며邦無道에穀이恥也
니라

憲이 부끄러움을 물었는데 孔子께서 말씀하시기를 나라에 道가 있을
적에 祿만 먹으며 나라에 道가 없을 적에 祿만 먹음이 부끄러움이다

憲은原思名이라穀은祿也라邦有道에不能有爲[1]하며邦無道에不能
獨善[2]하고而但知食祿이면皆可恥也라憲之狷介[3]其於邦無道에
穀之可恥는固知之矣로되至於邦有道에穀之可恥則未必知也
故로夫子因其問而幷言之하여以廣其志하여使知所以自勉而進
於有爲也라

—

憲은 原思의 이름이다. 穀은 祿이다. 나라에 道가 있을 적에 해내
는 일이 있지 아니하며, 나라에 道가 없을 적에 獨善하지도 못하고
단지 祿 먹을 줄만 알면 모두 부끄러워할 만하다. 原憲의 인품이
나라에 道가 없을 적에 祿을 먹는 것이 부끄러워할 만하다는 것은
본디 알고 있었지만, 나라에 道가 있을 적에 祿만 먹는 것이 부끄
러워할 만하다는 것에 있어서는 안다고 기필치 못하기 때문에, 孔
子께서 그의 물음으로 인해서 함께 말씀하시어, 그의 뜻을 넓히고
스스로 힘쓸 조건을 알아서 큰일 하는 데에 나아가게 하신 것이다.

---

1) 有爲 : 해내는 일이 있다. 큰일을 하다.
2) 獨善 : 獨善其身의 줄임말로, 벼슬하지 아니하고 혼자 자신을 修養하는 것을 말한다.
3) 狷介 : 지조 있고 분별력 있는 人品.

②克伐怨欲을不行焉이면可以爲仁矣잇가

克과 伐과 怨과 欲을 행하지 못하게 하면 仁이라 할 수 있겠습니까

此亦原憲이以其所能而問也라克은好勝이요伐은自矜이요怨은忿
恨이요欲은貪欲이라

―

이 말도 역시 原憲이 자기의 능한 것을 가지고 물었다. 克은 이기
기를 좋아함이고 伐은 스스로 자랑함이고 怨은 성내고 한탄하는 것
이고 欲은 탐욕이다.

子曰可以爲難矣어니와仁則吾不知也케라

孔子께서 말씀하시기를 어렵다 할 수는 있겠지만 仁은 내가 알지 못하
겠다

有是四者而能制之하여使不得行이면可謂難矣어니와仁則天理4)
渾然하여自無四者之累니不行은不足以言之也라○程子曰人而
無克伐怨欲이면惟仁者야能之요有之而能制其情하여使不行이면
斯亦難能也어니와謂之仁則未也라此聖人開示之深이어늘惜乎라
憲之不能再問也여或曰四者不行이固不得爲仁矣나然이나亦豈
非所謂克己5)之事며求仁之方乎잇가曰克去己私하여以復乎禮면

---

4) 天理 : 天理之公, 변할 수 없는 원리.

5) 克己 : 자기의 私欲을 극복하는 것.

則私欲不留而天理之本然者得矣어니와若但制而不行이면則是
는未有拔去病根之意하여而容其潛藏隱伏於胸中也니豈克己
求仁之謂哉리오學者察於二者之間이면則其所以求仁之功이益
親切而無滲漏矣리라

—

이 네 가지가 있으나 그것을 제어해서 행하지 못하게 할 수 있으면
어렵다고 말할 수 있으나, 仁이라면 天理가 마음에 섞여서 저절로
네 가지에 얽매임이 없는 것이니, 행하지 못하게 함은 말할 것도 못
된다. ○ 程子가 말하였다. "사람이면서 克伐怨欲이 없음은 仁者
만이 그럴 수 있고, 그것이 있는데도 그 실정을 제어할 수 있어서
행하지 못하게 함은 이 또한 능하기 어렵겠지만 仁이라고 말한다면
아니다. 이 말은 聖人께서 열어서 제시해 주심이 깊거늘 애석하다,
原憲이 다시 묻지 못함이여!" 어떤 사람이 말하기를, "네 가지를 행
하지 못하게 함이 진실로 仁이 될 수는 없다고 하더라도 그러나 역
시 어찌 이른바 克己의 일이 아니겠으며 仁을 찾는 방법이 아니겠
습니까."라고 하니 대답하기를, "자기의 사욕을 이겨내어서 禮를 회
복할 수 있으면 사사로운 욕심이 남아있지 않아서 天理의 본연을
깨닫게 될 것이고, 만약 단지 제어해서 행하지 못하게만 한다면 이
것은 병의 뿌리를 뽑아내는 의미가 있지 아니해서 가슴속에 몰래
간수하고 엎드려 숨는 것을 용납하는 것이니, 어찌 私欲을 이겨서
仁을 찾는다고 말할 수 있겠는가. 배우는 자가 이 두 가지 사이를
관찰한다면, 그 仁을 찾는 조건의 공부가 더욱 친근하고 절실해져서
밖으로 새어 나오는 일이 없을 것이다."

③子曰士而懷居면不足以爲士矣니라

孔子께서 말씀하시기를 선비이면서 사는 곳을 생각하면 선비가 될 수 없느니라

居는謂意所便安處也라

—

居는 뜻이 편안한 바의 곳을 말한다.

④子曰邦有道엔危言危行하고邦無道엔危行言孫이니라

孔子께서 말씀하시기를 나라에 道가 있을 적에는 말을 높게 하고 행동도 높게 하고 나라에 道가 없을 적에는 행동을 높게 하고 말은 공손히 할지니라

危는高峻也요孫은卑順也라尹氏曰君子之持身은不可變也요至於言則有時而不敢盡하여以避禍也라然則爲國者使士言孫이면豈不殆哉아

—

危는 높고 준엄함이고 孫은 낮고 순함이다. 尹氏가 말하였다. "군자의 몸가짐은 변할 수 없으나 말에 있어서는 때로는 감히 다하지 않음이 있어서 그것으로 禍를 피하는 것이다. 그렇다면 나라를 다스리는 자가, 假使 선비가 말을 공손하게만 하면 어찌 위태롭지 아니하겠는가."

⑤子曰有德者는必有言이어니와有言者는不必有德이니라仁者는必有勇이어니와勇者는不必有仁이니라

孔子께서 말씀하시기를 德이 있는 사람은 반드시 말이 있거니와 말이 있는 사람이 반드시 德이 있는 것은 아니니라 仁한 사람은 반드시 용기가 있거니와 용감한 사람이 반드시 仁이 있다고는 못할 것이니라

有德者는和順積中하여英華發外[6]요能言者는或便佞口給而已라仁者는心無私累하여見義必爲요勇者는或血氣之强而已라○尹氏曰有德者는必有言이어니와徒能言者는未必有德也요仁者는志必勇이어니와徒能勇者는未必有仁也니라

—

德이 있는 사람은 온화하고 공손함이 가슴 속에 쌓여서 꽃(좋은 말)이 겉으로 피는 것이고, 말 잘하는 사람은 어쩌면 화술에 능하여 말로만 처리할 뿐이다. 仁한 사람은 마음속에 私欲의 얽매임이 없어서 의리를 보면 반드시 행하고, 용감한 사람은 간혹 혈기만 강할 뿐이다. ○ 尹氏가 말하였다. "德이 있는 사람은 반드시 말이 있거니와 단지 말만 잘하는 사람은 德이 있다고 기필하지 못하고, 仁한 사람은 뜻이 반드시 용감하지만 단지 용기에 능한 사람은 仁이 있다고 기필하지 못한다."

---

⑥南宮适이問於孔子曰羿는善射하고奡는盪舟하되俱

6) 英華發外 : 사람 내면에 德이 가득하면 좋은 말이 밖으로 나오는 것을 식물에 비유한 것이다.

不得其死어늘然禹稷은躬稼而有天下하시니이다夫子不
答이러시니南宮适이出커늘子曰君子哉라若人이여尚德哉
라若人이여

南宮适이 孔子께 물어 말하기를 羿는 활을 잘 쏘고 奡는 배를 뭍에
서 끌었으되 모두 올바른 죽음을 얻지 못하였거늘 그러나 禹와 稷은
몸소 농사를 지었으되 천하를 소유하셨습니다 孔子께서 대답하지 아니
하시더니 南宮适이 나가거늘 孔子께서 말씀하시기를 군자답구나 이
사람이여 德을 숭상하는구나 이 사람이여

南宮适은卽南容也라羿는有窮之君이니善射하여滅夏后相하고而
簒其位러니其臣寒浞이又殺羿而代之요奡는春秋傳에作澆니浞之
子也니力能陸地行舟러니後爲夏后少康所誅라禹는平水土요曁
稷은播種하여身親稼穡之事로되禹受舜禪而有天下하고稷之後는
至周武王하여亦有天下라适之意는蓋以羿奡로比當世之有權力
者요而以禹稷으로比孔子也故로孔子不答이나然이나适之言이如
此면可謂君子之人而有尚德之心矣라不可以不與故로俟其出
而贊美之라

—

南宮适은 바로 南容이다. 羿는 有窮나라의 임금이다. 활을 잘 쏘
아서 夏나라 임금 相을 멸하고 그 位를 빼앗았으나 그의 신하 寒
浞이 또 羿를 죽이고 임금을 대신하였다. 奡는 『春秋傳』에 澆로
쓰였고 寒浞의 아들이다. 힘이 육지에서 배를 끌 수 있었더니, 뒤에
夏나라 임금 少康에게 죽임을 당했다. 禹는 홍수와 땅을 다스렸고
및 稷은 종자를 뿌려서 농사짓는 일을 직접 하였으되, 禹는 舜임금

이 물려준 位를 받아서 천하를 소유하였고 稷의 후손은 周나라 武
王에 이르러서 역시 천하를 소유하였다. 南宮适의 뜻은 대체로 羿
와 奡를 당세의 권력을 소유한 사람에게 비유하였고, 禹와 稷을 孔
子께 비유한 것이다. 그러므로 孔子께서 대답하지 아니하셨으나, 그
러나 南宮适의 말이 이와 같다면 군자다운 사람이고 德을 숭상하
는 마음이 있다고 할 만하니 인정하지 아니할 수 없기 때문에 그가
나가기를 기다려서 칭찬하신 것이다.

---

⑦子曰君子而不仁者는有矣夫어니와未有小人而仁
者也니라

孔子께서 말씀하시기를 군자이면서 仁하지 못한 사람은 있겠지만 소인
이면서 仁한 사람은 있지 아니하니라

謝氏曰君子는志於仁矣나然이나毫忽之間에心不在焉이면則未免
爲不仁也니라

—

謝氏가 말하였다. "군자는 仁에 뜻을 두지만 그러나 잠깐 동안이라도
마음이 여기에 있지 아니하면 不仁이 됨을 면치 못한다."

---

⑧子曰愛之란能勿勞乎아忠焉이란能勿誨乎아

孔子께서 말씀하시기를 사랑한다고 노력하게 하지 아니할 수 있겠는가
충성한다고 가르치지 아니할 수 있겠는가

蘇氏曰愛而勿勞는禽犢之愛也요忠而勿誨는婦寺[4]之忠也라愛而知勞之면則其爲愛也深矣요忠而知誨之면則其爲忠也大矣니라

—

蘇氏가 말하였다. "사랑한다고 해서 노력하게 하지 않는 것은 날짐승이나 송아지의 사랑이고, 충성한다고 해서 가르치지 않는 것은 부인과 宦官의 충성이다. 사랑하여도 노력하게 할 줄 알면 그 사랑됨이 깊은 것이고, 충성하여도 가르칠 줄 안다면 그 충성됨이 큰 것이다."

⑨子曰爲命[7]에裨諶이草創之하고世叔이討論之하고行人子羽脩飾之하고東里子産이潤色之하니라

孔子께서 말씀하시기를 외교 문서를 만들 적에 裨諶이 기초를 제작하고 世叔이 토론하고 行人인 子羽가 수식하고 東里의 子産이 윤색하니라

裨諶以下四人은皆鄭大夫라草는略也요創은造也니謂造爲草藁也라世叔은游吉也니春秋傳에作子大叔이라討는尋究也요論은講議也라行人은掌使[4]之官이라子羽는公孫揮也라脩飾은謂增損之라東里는地名이니子産所居也라潤色은謂加以文采也라鄭國之爲辭命에必更此四賢之手而成하니詳審精密하고各盡所長이라是以로應對諸侯에鮮有敗事라孔子言此는蓋善之也라

—

裨諶 이하 네 사람은 모두 鄭나라 大夫이다. 草는 대략이고 創은

---

7) 命 : 이웃나라에 보낼 외교 문서, 命書.

만듦이니 草稿를 작성하는 것을 말한다. 世叔은 游吉이니 『春秋傳』에 子大叔이라 쓰였다. 討는 찾아서 연구하는 것이고 論은 강의하는 것이다. 行人은 심부름을 관장하는 관리이다. 子羽는 公孫揮이다. 修飾은 더하고 빼는 것을 말한다. 東里는 지명이니, 子産이 사는 곳이다. 潤色은 문채를 더하는 것을 말한다. 鄭나라가 辭命을 만들 적에 반드시 이 네 훌륭한 사람의 손을 돌려가면서 이루어내니, 상세하고 자세하며 정밀하게 각각 장점을 다하였다. 이 때문에 諸侯를 상대할 적에 잘못되는 일이 적었다. 孔子께서 이렇게 말씀하신 것은 칭찬하신 것이다.

---

⑩ 或이問子産한대子曰惠人也니라

어떤 사람이 子産을 물었는데 孔子께서 말씀하시기를 은혜로운 사람이니라

子産之政이不專於寬이나然이나其心則一以愛人爲主故로孔子以爲惠人이니蓋擧其重而言也라

—

子産의 정치가 너그러운 것에만 오로지 하지 아니하였지만 그러나 그 마음은 한결같이 백성을 사랑하는 것을 위주로 했기 때문에 孔子께서 은혜로운 사람이라고 말씀하셨으니, 대체로 그 무거운 쪽을 들어서 하신 말씀이다.

問子西한대曰彼哉彼哉여

子西를 물었는데 말씀하시기를 그 사람이여 그 사람이여

子西는 楚公子申이니 能遜楚國하여 立昭王하고而改紀其政하니 亦賢大夫也라 然이나 不能革其僭王之號하고 昭王이 欲用孔子에 又沮止之러니 其後에 卒召白公하여 以致禍亂하니 則其爲人을 可知矣라 彼哉者는 外之之詞라

子西는 楚나라 公子 申이니 楚나라를 양보해서 昭王을 세우고 그 정치의 기강을 바꿀 수 있었으니, 역시 훌륭한 大夫이다. 그러나 왕이라는 칭호를 도적질하는 것을 고치지 못하고 昭王이 孔子를 쓰고자 할 적에 또 저지하더니 그 뒤에 끝내는 白公을 불러들여서 禍亂이 일어나게 하였으니, 그 사람됨을 알 수 있다. 그 사람이여라는 것은 논평을 회피하는 말이다.

問管仲한대 曰人也奪伯氏騈邑三百하여늘 飯疏食^사沒齒하되 無怨言하니라

管仲을 물었는데 말씀하시기를 사람이 伯氏의 騈邑 삼백을 빼앗았거늘 거친 밥을 먹으며 생애를 마쳤으되 원망하는 말이 없었느니라

人也는 猶言此人也라 伯氏는 齊大夫라 騈邑은 地名이라 齒는 年也라 蓋桓公이 奪伯氏之邑하여 以與管仲하니 伯氏自知己罪而心服管仲之功故로 窮約以終身이로되 而無怨言하니 荀卿所謂與之書社三百8)而富하되 人莫之敢拒者라하니 則此事也라 ○或이 問管仲子

産孰優오曰管仲之德은不勝其才하고子産之才는不勝其德이라然이나於聖人之學則歉乎其未有聞也니라

—

人也는 此人과 같은 말이다. 伯氏는 齊나라 大夫이다. 騈邑은 지명이다. 齒는 나이이다. 대개 桓公이 伯氏의 邑을 빼앗아 管仲에게 주었는데 伯氏가 스스로 자기의 죄를 알고 管仲의 공에 심복했기 때문에, 가난하게 한평생을 마치면서도 원망하는 말이 없었다. 荀卿의 말로는 '書社 三百을 주어서 부자되게 하였는데도 어느 한 사람도 감히 거부하는 이가 없었다.'라고 하니 바로 이 일이다. ○ 어떤 사람이 管仲과 子産 중에 누가 더 나은가 물으니 管仲의 德은 그 재주를 이기지 못하고 子産의 재주는 그 德을 이기지 못한다고 하였다. 그러나 聖人의 학문은 둘 다 들은 것이 있지 않다.

---

⑪子曰貧而無怨은難하고富而無驕는易이하니라
孔子께서 말씀하시기를 가난하면서 원망이 없음은 어렵고 부자이면서 교만이 없음은 쉽다

處貧難處富易는人之常情이나然이나人當勉其難이요而不可忽其易也라

—

가난에 처하기는 어렵고 富에 처하기는 쉬움은 사람들의 일반적인 심정이겠지만, 그러나 사람은 마땅히 어려운 것에 힘써야 하고 쉬운

---

8) 社三百 : 一社는 25家이니, 300社는 7,500家이다.

것에 소홀히 해서는 안된다.

---

⑫子曰孟公綽이爲趙魏老則優어니와不可以爲滕薛
大夫니라

孔子께서 말씀하시기를 孟公綽이 趙氏 魏氏의 家臣의 우두머리 되기에는 넉넉하지만 滕나라 薛나라의 大夫는 될 수 없을 것이다

公綽은魯大夫라趙魏는晉卿之家요老는家臣之長이라大家는勢重而無諸侯之事요家老는望尊而無官守之責이라優는有餘也라滕薛은二國名이라大夫는任國政者라滕薛은國小政繁하고大夫는位高責重하니然則公綽은蓋廉靜寡欲이로되而短於才者也라○楊氏曰知之弗豫하여枉其才而用之면則爲棄人矣니此君子所以患不知人也라言此則孔子之用人을可知矣니라

—

公綽은 魯나라 大夫이다. 趙·魏는 晉나라 卿의 집안이고, 老는 家臣의 우두머리이다. 大家는 권세는 重하면서도 諸侯의 일은 없고, 家臣의 우두머리는 名望은 높지만 官府에 지킬 책임은 없다. 優는 넉넉함이다. 滕·薛은 두 나라의 명칭이다. 大夫는 국정을 맡은 사람이다. 滕나라와 薛나라는 나라는 작지만 정치는 복잡하고 大夫는 位가 높고 책임도 重하다. 그렇다면 孟公綽은 대체로 청렴하고 조용하고 욕심은 적지만 재주는 짧은 사람이다. ○ 楊氏가 말하였다. "알기를 미리 하지 못해서 그 재주와 어긋나게 사용하면 사람을 버림이 되는 것이니, 이것이 군자가 사람을 알지 못함을 걱정

하는 이유이다. 이것을 말씀하셨다면 孔子의 사람 쓰는 것을 알 수 있다."

---

⑬子路問成人한대子曰若臧武仲之知와公綽之不欲
과卞莊子之勇과冉求之藝에文之以禮樂이면亦可以爲
成人矣니라

子路가 成人을 물었는데 孔子께서 말씀하시기를 예컨대 臧武仲의 지혜와 公綽의 욕심내지 아니함과 卞邑 莊子의 용기와 冉求의 예능에 禮樂으로 수식하면 역시 成人이 될 수 있을 것이니라

成人은猶言全人이라武仲은魯大夫니名은紇이라莊子는魯卞邑大
夫라言兼此四子之長則知足以窮理하고廉足以養心하고勇足以
力行하고藝足以泛應이요而又節之以禮하고和之以樂하여使德成
於內而文見^현乎外면則材全德備하여渾然不見一善成名之迹하
고中正和樂⁹⁾하여粹然無復^부偏倚駁雜之蔽하여而其爲人也亦
成矣라然이나亦之爲言은非其至者니蓋就子路之所可及而語之
也요若論其至則非聖人之盡人道면不足以語此라

—

成人은 全人과 같은 말이다. 武仲은 魯나라 大夫이니 이름은 紇이다. 莊子는 魯나라 卞邑의 大夫이다. 이 네 사람의 장점을 겸한다면 지혜는 충분히 이치를 궁구할 수 있고, 청렴은 충분히 마음을 기를 수 있고, 용기는 충분히 힘써 행할 수 있고, 예능은 충분히 모

---

9) 中正和樂 : 행동에 치우침이 없고 바르고 곧아서 몸과 마음이 화평하고 즐거움.

든 데 응할 수 있다. 거기에 또 禮를 가지고 조절하고 음악을 가지고 조화를 이루어서, 德은 안에서 이루어지게 하고 문채는 겉으로 드러나게 한다면 재주도 완전하고 德도 갖추어져서 渾然하여 한 가지 잘하는 것으로 이름을 이룬 흔적은 보이지 않고 中正하고 和樂해서 순수하여 다시 한쪽으로 치우치고 얼룩덜룩하게 섞이는 폐단이 없어서 그 사람됨이 역시 완성된다고 말한 것이다. 그러나 亦의 말됨이 그 지극함은 아니니 대체로 子路가 미칠 수 있는 곳에 나아가서 告해 주셨고, 만약 지극(최고의 成人)을 논한다면 聖人의 人道를 다함이 아니면 이것(成人)을 말할 수 없을 것이다.

曰今之成人者는何必然이리오見利思義하며見危授命하며久要에不忘平生之言이면亦可以爲成人矣니라

말씀하시기를 오늘날 成人은 어찌 반드시 그러리오 이익을 보고 의리를 생각하며 위태로움을 보고 목숨을 주며 오래된 약속을 평일에도 잊지 아니하면 역시 成人이 될 수 있을 것이니라

復加曰字者는旣答而復言也라授命은言不愛其生하고持以與人也라久要는舊約也라平生은平日也라有是忠信之實이면則雖其才知禮樂이有所未備라도亦可以爲成人之次也라○程子曰知之明信之篤行之果면天下之達德也라若孔子所謂成人도亦不出此三者니라武仲은知也요公綽은仁也요卞莊子는勇也요冉求는藝也니須是合此四人之能하고文之以禮樂이면亦可以爲成人矣라然而論其大成則不止於此요若今之成人은有忠信而不及於禮

樂則又其次者也니라又曰臧武仲之知非正也로딩若文之以禮
樂則無不正矣니라又曰語成人之名에非聖人이면孰能之리오孟子
曰唯聖人然後에可以踐形10)이라하니如此라야方可以稱成人之名
이니라胡氏曰今之成人以下는乃子路之言이니蓋不復聞斯行
之11)之勇이요而有終身誦之12)之固矣라하니未詳是否라

―

다시 曰字를 더한 것은 이미 답하고 다시 말씀하신 것이다. 授命은
그 생명을 아끼지 아니하고 가져다 다른 사람에게 주는 것을 말한다.
久要는 오래된 약속이다. 平生은 평일이다. 이런 忠信의 진실이 있
으면 비록 그 재주와 지혜와 禮樂이 갖추어지지 못한 것이 있다 하
더라도 역시 成人의 다음은 될 수 있다. ○ 程子가 말하였다. "지혜
가 밝고 믿음이 돈독하고 행동이 과감하면 천하가 인정하는 德이다.
孔子께서 이른바 成人 같은 것도 역시 이 세 가지에서 벗어나지 아
니한다. 武仲은 지혜이고, 公綽은 仁이고, 卞邑 莊子는 용기이고,
冉求는 예능이니, 모름지기 이 네 사람의 능력을 합하고 禮樂으로써
수식한다면 역시 成人이 될 수 있다. 그러나 큰 成人을 논한다면 여
기에서 그치지 아니할 것이며 오늘날 成人같이 忠과 信은 있고 禮
樂에는 미치지 못한다면 또 그 다음이 된다." 또 말하였다. "臧武仲
의 지혜가 正道는 아니지만 만약 禮樂을 가지고 수식한다면 바르지
아니함이 없었을 것이다." 또 말하였다. "成人의 명칭을 말할 적에
聖人이 아니면 누가 능할 수 있으리오 孟子께서 말씀하시기를, '오
직 聖人이 된 연후에 본래의 타고난 본성을 실천할 수 있다.'라고 하

---

10) 孟子曰~可以踐形 : 『孟子』, 「盡心章句上」, 三十八章 참고.
11) 聞斯行之 : 「先進」篇, 二十一章 참고.
12) 終身誦之 : 「先進」篇, 二十六章 참고.

시니, 이와 같아야 바야흐로 成人의 이름을 일컬을 수 있을 것이다."
胡氏가 말하였다. "今之成人 이하는 곧 子路의 말이니, 대체로 다
시는 들으면 바로 행하는 용기가 없고 종신토록 외우는 고루함만 있
다고 하니, 옳은지 아닌지는 분명하지 않다."

---

⑭子問公叔文子於公明賈曰信乎夫子不言不笑不
取乎아

孔子께서 公叔文子를 公明賈에게 물어 말씀하시기를 진실로 그 분이
말하지 아니하며 웃지 아니하며 取하지 아니하느냐

公叔文子는衛大夫公孫枝也라公明은姓이요賈는名이니亦衛人이라
文子爲人을其詳은不可知니然이나必廉靜之士故로當時以二者
로稱之라

—

公叔文子는 衛나라 대부 公孫枝이다. 公明은 姓이고 賈는 이름
이니 역시 衛나라 사람이다. 公叔文子의 사람됨을 자세히는 알 수
없으나, 그러나 반드시 청렴하고 조용한 선비이기 때문에 당시에 이
세 가지를 가지고 칭찬한 것이다.

公明賈對曰以告者過也로소이다夫子時然後言이라人
不厭其言하며樂락然後笑라人不厭其笑하며義然後取라
人不厭其取하나니이다子曰其然가豈其然乎리오

公明賈가 대답하여 말하기를 告하는 사람이 지나쳤습니다 그 사람이 때가 된 연후에 말하는지라 사람들이 그의 말을 지겨워하지 아니하며 즐거운 연후에 웃는지라 사람들이 그의 웃음을 지겨워하지 아니하며 의리에 맞은 연후에 取하는지라 사람들이 그의 取함을 지겨워하지 아니합니다 孔子께서 말씀하시기를 그러한가 어찌 그러하리오

厭者는 苦其多而惡°之之辭니 事適其可則人不厭而不覺其有是矣라 是以로 稱之或過而以爲不言不笑不取也라 然이나 此言也非禮義充溢於中하고 得時措之宜者면 不能이니 文子雖賢이나 疑未及此로되 但君子는 與人爲善하고 不欲正言其非也라 故로 曰其然豈其然乎는 蓋疑之也라

—

厭은 많은 것을 괴롭게 여겨서 미워하는 말이니, 일이 옳은 데 맞으면 사람들이 지겹게 여기지 아니해서 이것이(말하고 웃고 取하는 것) 있는 줄 알지 못한다. 이 때문에 칭찬함이 혹시 지나쳐서 말하지 아니하고 웃지도 아니하고 取하지도 아니한다고 여긴 것이다. 그러나 이 말은 예의가 가슴속에 가득차서 넘치고 그때그때 措處하는 것이 의리에 맞는 사람이 아니면 능치 못하니, 公叔文子가 아무리 훌륭하다 하더라도 아마도 여기에는 미치지 못한 듯하다. 단지 군자는 남이 善을 하는 것은 인정해 주고 그 잘못은 바로 말하고자 하지 아니한다. 그러므로 그러한가 어찌 그러하리오라고 말씀하신 것은 대체로 의심하는 것이다.

---

⑮子曰 臧武仲이 以防으로 求爲後於魯하니 雖曰不要君

이나吾不信也하노라

孔子께서 말씀하시기를 臧武仲이 防땅을 가지고 후계자를 세워줄 것을 魯나라에 요구하니 비록 임금에게 강요하지 아니하였다고 하나 나는 믿지 아니하노라

防은地名이니武仲所封邑也라要는有挾而求也라武仲이得罪奔邾러니自邾如防하여使請立後면而避邑하여以示若不得請則將據邑以叛하니是는要君也라○范氏曰要君者는無上이니罪之大者也라武仲之邑은受之於君이니得罪出奔則立後는在君이요非己所得專也어늘而據邑以請하니由其好知而不好學也니라楊氏曰武仲이卑辭請後하니其跡이非要君者나而意實要之니夫子之言은亦春秋誅意之法也니라

防은 지명이니 臧武仲이 봉해 받은 邑이다. 要는 믿는 것이 있어서 요구하는 것이다. 臧武仲이 죄를 얻어서 邾땅으로 도망갔더니, 邾땅으로부터 防邑에 가서 사람을 시켜서 후계자를 (뜻대로) 세워주면 防邑을 떠나겠다고 요청하되 만약 請을 얻지 못하면 장차 防邑을 차지해서 배반할 것임을 보여주었으니, 이것은 임금에게 강요한 것이다. ○ 范氏가 말하였다. "임금에게 강요함은 임금을 무시하는 것이니 죄의 큰 것이다. 臧武仲의 邑은 임금에게서 받았으니 罪를 짓고 도망갔으면 후계자를 세우는 것은 임금 쪽에 있고, 자기가 마음대로 할 수 있는 것이 아니거늘 防邑을 차지해서 요청하니, 그가 지혜쓰기를 좋아하고 학문하기를 좋아하지 아니한 데서 연유한 것이다." 楊氏가 말하였다. "臧武仲이 말을 낮추어서 후계자를 요청하니, 그 흔적이

임금에게 강요한 것은 아니나 저의는 사실 강요한 것이니 孔子의 말씀은 역시 『春秋』의 底意를 베어 버리는 筆法이다."

---

⑯子曰晉文公은 譎而不正하고 齊桓公은 正而不譎하니라

孔子께서 말씀하시기를 晉文公은 속이고 정직하지 못하고 齊桓公은 정직하고 속이지 아니하였다

晉文公의名은重耳요齊桓公의名은小白이라譎은詭也라二公은皆諸侯盟主요攘夷狄以尊周室者也니雖其以力假仁하나心皆不正이나然이나桓公伐楚는仗義執言하고不由詭道하니猶爲彼善於此요文公則伐衛以致楚하여而陰謀以取勝하니其譎이甚矣라二君他事도亦多類此故로夫子言此하여以發其隱이라

—

晉文公의 이름은 重耳이고 齊桓公의 이름은 小白이다. 譎은 속임이다. 두 公은 모두 諸侯들의 盟主이고, 夷狄을 물리쳐서 周나라를 높인 자들이다. 비록 그들이 힘을 仁인양 속였으니 마음은 모두 정직하지 못하지만, 그러나 桓公이 楚나라를 정벌한 것은 정의를 앞세워서 말을 지켰고 속임수는 말미암지 아니했으니 오히려 저쪽(桓公)이 이쪽(文公)보다 나은 것이 되고, 文公은 衛나라를 정벌하면서 楚나라를 이르게 해서 음모로써 승리를 취하니 그 속임이 심하다. 두 군주의 다른 일도 역시 이와 같은 것이 많기 때문에 孔子께서 이것을 말씀하셔서 숨겨진 것을 드러내시었다.

⑰子路曰桓公이殺公子糾하여늘召忽은死之하고管仲은 不死하니曰未仁乎인저

子路가 말하기를 桓公이 公子 糾를 죽였거늘 召忽은 죽고 管仲은 죽지 아니하였으니 仁하지 못하다고 말하리로다

按春秋傳에齊襄公이無道하니鮑叔牙는奉公子小白하여奔莒하고 及無知弑襄公하여管夷吾召忽이奉公子糾하여奔魯러니魯人이納 之라가未克하고而小白이入하니是爲桓公이라使魯로殺子糾而請管 召한대召忽은死之하고管仲은請囚러니鮑叔牙言於桓公하여以爲相 하다子路疑管仲은忘君事讎하고忍心害理하니不得爲仁也라

—

『春秋傳』을 고찰해 보면, 齊 襄公이 無道하니 鮑叔牙는 公子 小 白을 받들어서 莒땅으로 도망가고, 無知가 齊 襄公을 죽이는데 미 쳐서 管夷吾와 召忽이 公子 糾를 받들어서 魯나라로 도망갔더니, 魯나라가 (公子 糾를 제나라로) 들여보내려 하다가 (小白을) 이기지 못하고, 小白이 들어가니 이 사람이 桓公이 되었다. (桓公은) 魯나 라로 하여금 公子 糾는 죽이고 管夷吾와 召忽을 요청했는데, 召 忽은 자살하고 管仲은 죄수되기를 요청했더니, 鮑叔牙가 桓公에게 말해서 그를 丞相으로 삼았다. 子路는 管仲이 主君을 잊고 원수 를 섬기면서 차마 하는 마음을 가지고 天理를 해쳤으니 仁이 될 수 없다고 의심하였다.

子曰桓公이九ᵏ合諸侯하되不以兵車는管仲之力也니
如其仁如其仁이리오

孔子께서 말씀하시기를 桓公이 諸侯를 규합하되 兵車로써 아니함은
管仲의 힘이니 누가 그 仁 같으리오 누가 그 仁 같으리오

九는春秋傳에作糾요督也니古字通用이라不以兵車는言不假威力
也라如其仁은言誰如其仁者며又再言以深許之라蓋管仲이雖未
得爲仁人이로되而其利澤及人則有仁之功矣라

—

九는 『春秋傳』에 糾로 쓰였고, 감독함이니, 옛날에는 글자를 통용
했다. 兵車로써 아니함은 威力을 빌리지 아니했다는 말이다. 如其
仁은 누가 그 仁과 같겠는가 하는 말이며, 또 두 번이나 말해서 깊
이 인정하신 것이다. 대체로 管仲이 비록 仁人은 될 수 없더라도,
그 이익과 혜택이 백성에게 미친 것은 仁의 효과는 있는 것이다.

⑱子貢이曰管仲은非仁者與인저桓公이殺公子糾어늘
不能死요又相之온여

子貢이 말하기를 管仲은 仁한 사람이 아니구나 桓公이 公子 糾를
죽였거늘 능히 죽지 못하고 또다시 돕는구나

子貢은意不死는猶可어니와相之則已甚矣라

—

子貢은 죽지 아니한 것은 오히려 괜찮지만 그를 도운 것은 너무 심하다고 여겼다.

子曰管仲이 相桓公霸諸侯하여 一匡天下하니 民到于今히 受其賜하나니 微管仲이면 吾其被髮左衽矣러니라

孔子께서 말씀하시기를 管仲이 桓公을 도와 諸侯의 우두머리로서 한 번 천하를 바로잡았으니 백성들이 오늘날에 이르기까지 그 선물을 받았으니 管仲이 없었으면 우리는 아마도 머리를 풀어헤치고 옷깃을 왼쪽으로 여미었을 것이니라

霸는 與伯同이니 長也라 匡은 正也라 尊周室攘夷狄이 皆所以正天下也라 微는 無也라 衽은 衣衿也라 被髮左衽은 夷狄之俗也라

—

霸는 伯와 같으니 우두머리이다. 匡은 바로잡음이다. 周나라를 높이고 夷狄을 물리친 것이 모두 천하를 바로잡는 방법이다. 微는 없음이다. 衽은 옷깃이다. 머리를 풀어헤치고 옷깃을 왼쪽으로 여밈은 夷狄의 풍속이다.

豈若匹夫匹婦之爲諒也라 自經於溝瀆而莫之知也리오

어찌 匹夫匹婦의 작은 신의를 위하느라 스스로 溝瀆에 목매도 사람이 알지 못함 같으리오

諒은小信也라經은縊也라莫之知는人不知也라後漢書引此文하되
莫字上에有人字라○程子曰桓公은兄也요子糾는弟也니仲이私於
所事하여輔之以爭國은非義也라桓公殺之는雖過로되而糾之死는
實當이라仲이始與之同謀하니遂與之同死라도可也요知輔之爭이
爲不義하여將自免以圖後功도亦可也故로聖人이不責其死而稱
其功이라若使桓弟而糾兄이면管仲所輔者正이니桓奪其國而殺
之면則管仲之與桓에不可同世之讎也리니若計其後功하여而與
其事桓이런들聖人之言이無乃13)害義之甚하여啓萬世反覆不忠
之亂乎아如唐之王珪魏徵이不死建成之難14)하고而從太宗은可
謂害於義矣라後雖有功이나何足贖哉리오愚는謂管仲은有功而無
罪故로聖人이獨稱其功이요王魏는先有罪而後有功則不以相掩
이可也니라

—

諒은 작은 신용이다. 經은 목맴이다. 莫之知는 사람이 알아주지 아
니하는 것이다. 『後漢書』에 이 글을 인용하였는데 莫字 위에 人字
가 있다. ○ 程子가 말하였다. "桓公은 형이고 子糾는 동생이니, 管
仲이 섬기기를 사사로이 해서 그를 도와 나라를 다툰 것은 정의가 아
니다. 桓公이 동생을 죽인 것은 비록 지나치지만 糾의 죽음은 실제
는 당연하다. 管仲이 처음에 동생과 더불어 함께 도모했으니 드디어
그와 더불어 같이 죽어도 괜찮고, 그를 도와서 다툰 것이 정의롭지
못했음을 알아서 장차 스스로 (죽음을) 면해서 뒷날 공을 도모하는 것

---

13) 無乃 : 아니 그런 것이 아니겠느냐.

14) 建成之難: 建成은 唐 高祖의 長子이며, 太宗의 형이다. 建成이 동생인 太宗을 죽이려
하다가 오히려 죽임을 당했고, 이때 王珪와 魏徵은 처음에는 建成을 도왔으나 뒤에는 太宗
을 도왔다.

도 역시 괜찮다. 그러므로 聖人께서 그 죽음은 묻지 아니하고 그 공만 칭찬하신 것이다. 만약 가령 桓公이 동생이고 糾가 형이었다면 管仲이 보필한 것은 정당하니, 桓公이 그 나라를 빼앗아 형을 죽였더라면 管仲은 桓公과 세상을 함께 할 수 없는 원수일 것이니, 만약 뒤에 공 세운 것을 계산해서 桓公 섬긴 것을 인정한다면 聖人의 말씀이 정의를 해치는 것이 심해서 萬世에 반복해서 충성스럽지 못한 난리를 인도하는 것이 아니겠는가. 예를 들어 唐나라의 王珪와 魏徵이 建成의 난리에 죽지 아니하고 太宗을 따라간 것은 정의에 해가 된다고 말할 수 있다. 뒤에 비록 공을 세웠다 하더라도 어찌 충분히 속죄가 되겠는가." 나는 생각하건대, 管仲은 공은 있고 죄가 없기 때문에 聖人께서 단지 그 공만 일컬으셨고, 王珪와 魏徵은 먼저 죄가 있고 뒤에 공을 세웠으니 서로 가릴 수 없는 것이 옳다.

⑲公叔文子之臣大夫僎이與文子로同升諸저公이러니

公叔文子의 臣 大夫 僎이 文子와 더불어 함께 국가의 조정에 올랐더니

臣은 家臣이요公은 公朝니 謂薦之與己同進하여 爲公朝之臣也라
—

臣은 家臣이고 公은 국가의 조정이니, 그를 추천해서 자기와 더불어 함께 벼슬하여 국가의 조정의 신하가 되었음을 말한다.

子聞之하시고 曰可以爲文矣로다

孔子께서 들으시고 말씀하시기를 文이라 할 수 있겠도다

文者는順理而成章之謂니諡法에도亦有所謂錫民爵位曰文者라
○洪氏曰家臣之賤而引之하여使與己並하니有三善焉이니知人
이一也요忘己二也요事君이三也니라

———

文은 원리에 순응하여 법도를 이루었음을 말하니, 諡法에도 역시 백
성에게 벼슬자리를 내려주는 것을 文이라고 한다는 말이 있다. ○ 洪
氏가 말하였다. "미천한 家臣을 끌어올려서 자기와 더불어 함께하게
하였으니, 세 가지 잘한 것이 있다. 사람을 알아봄이 첫째이고 자기를
망각함이 둘째이고 임금 섬김이 셋째이다."

⑳子言衛靈公之無道也러시니康子曰夫如是로되奚而
不喪이니잇고
孔子께서 衛靈公의 道 없음을 말씀하셨더니 康子가 말하기를 대저
이와 같았거늘 어찌 잃지 아니하였습니까

喪은失位也라

———

喪은 位를 잃음이다.

孔子曰仲叔圉는治賓客하고祝鮀는治宗廟하고王孫賈

는治軍旅하니夫如是니奚其喪이리오

孔子께서 말씀하시기를 仲叔圉는 賓客을 다스리고 祝官 鮀는 宗廟
를 다스리고 王孫賈는 군대를 다스렸다 대저 이와 같으니 어찌 그 잃
겠는가

仲叔圉는則孔文子也라三人은皆衛臣이니雖未必賢이로되而其才
可用이요靈公用之도又各當其才라○尹氏曰衛靈公之無道宜
喪也로되而能用此三人하니猶足以保其國이온而況有道之君이能
用天下之賢才者乎아詩曰無競維人하니四方其訓之[15]라하니라

—

仲叔圉는 바로 孔文子이다. 세 사람은 모두 衛나라 신하이니, 비록
훌륭함을 기필하지는 못하지만 그들의 인품이 쓸 만하고, 衛靈公이
써 준 것도 또한 각각 그들 인품에 알맞게 하였다. ○ 尹氏가 말하
였다. "衛靈公의 無道라면 당연히 位를 잃어야 할 것이로되 이 세
사람을 잘 써서 그래도 그 나라를 보존할 수 있었거늘, 하물며 道 있
는 임금이 천하의 賢才를 잘 쓸 수 있는데 있어서랴. 『詩經』에서
'사람 쓰는 것이 莫强하니 사방에서 그를 본받는다'고 하였다."

㉑子曰其言之不怍이면則爲之也難하니라

孔子께서 말씀하시기를 그 말하기를 부끄러워하지 아니하면 곧 실천함
이 어려우니라

---

15) 無競維人四方其訓之 :『詩經』,「大雅」, 抑의 詩句.

大言不慙則無必爲之志요而自不度^탁其能否矣니欲踐其言이나
豈不難哉아

—

큰소리하기를 부끄럽게 여기지 아니하면 반드시 행하려는 의지가
없고 스스로 할 수 있을지 없을지를 헤아리지 아니하니, 그 말을 실
천하고자 하나 어찌 어렵지 아니하겠는가.

㉒陳成子弒簡公이어늘

陳成子가 簡公을 죽였거늘

成子는 齊大夫니 名은 恒이라 簡公은 齊君이니 名은 壬이라 事在春秋哀
公十四年하니라

—

成子는 齊나라 大夫이니 이름은 恒이다. 簡公은 齊나라 임금이니
이름은 壬이다. 이 사건은 『春秋』 哀公 十四年條에 있다.

孔子沐浴而朝하시어 告於哀公曰陳恒이弒其君하니請
討之하소서

孔子께서 목욕하시고 조정에 나아가 哀公께 告하여 말씀하시기를 陳
恒이 그 임금을 죽였으니 청컨대 聲討하소서

是時에孔子致仕居魯라沐浴齊戒는以告君으로重其事而不敢忽

也라臣弑其君은人倫之大變이요天理所不容이니人人得而誅之
온況鄰國乎아故로夫子雖已告老16)로되而猶請哀公討之라

—

이때에 孔子께서 벼슬을 돌려주고 魯나라에 살고 계셨다. 沐浴齊
戒함은 임금에게 告하는 것이기 때문에 그 일을 소중하게 여겨서
감히 소홀히 하지 못해서이다. 신하가 그 임금을 죽이는 것은 人倫
의 큰 변고이고 天理로도 용납하지 못할 것이니, 사람마다 그를 죽
일 수 있거늘 하물며 이웃나라에 있어서랴. 그러므로 孔子께서 비
록 이미 늙어서 벼슬을 떠났지만 오히려 哀公이 성토하여 줄 것을
요청하시었다.

公曰告夫三子하라
公이 말하기를 저 三子들에게 고하라

三子는三家也라時에政在三家하여哀公이不得自專故로使孔子告
之라

—

三子는 三家(孟孫, 叔孫, 季孫)이다. 당시에 정치가 三家에게 있어
서 哀公이 스스로 마음대로 할 수 없었기 때문에 孔子로 하여금
그들에게 告하게 하였다.

孔子曰以吾從大夫之後라不敢不告也하니君曰告夫

---

16) 告老 : 늙었다고 告하고 벼슬에서 물러남. 致仕.

三子者온여

孔子께서 말씀하시기를 내 大夫의 뒤를 따르고 있는지라 감히 告하지
아니하지 못하였으니 임금이 말하기를 저 三子에게 告하라 하는구나

孔子出而自言如此니意謂弑君之賊은法所必討요大夫謀國은
義所當告어늘君乃不能自命三子하고而使我告之邪아

孔子께서 나와서 스스로 말씀하시기를 이와 같이 하셨으니, '임금을
죽인 도적은 법으로도 반드시 聲討해야 하고, 大夫가 국가의 계책
을 도모하는 것은 의리상 당연히 告해야 하거늘, 임금은 곧 스스로
三子에게 명령하지도 못하고 나로 하여금 告하게 하는구나.'라고 하
시었다.

之三子하여告하신대不可라하여늘孔子曰以吾從大夫之
後라不敢不告也니라

三子에게 가서 告하셨는데 不可하다 하거늘 孔子께서 말씀하시기를 내
大夫의 후미를 따르고 있는지라 감히 告하지 아니하지 못해서이니라

以君命으로往告로되而三子는魯之强臣이라素有無君之心이요實
與陳氏로聲勢相倚故로沮其謀요而夫子復以此應之하니其所
以警之者深矣라○程子曰左氏記孔子之言曰陳恒이弑其君하
니民之不予者半이리니以魯之衆으로加齊之半이면可克也라하니
此非孔子之言이니誠若此言이면是는以力이요不以義也라若孔

子之志는 必將正名이니 其罪를 上告天子하고 下告方伯하여 而率與國以討之요 至於所以勝齊者하얀 孔子之餘事也라 豈計魯人之衆寡哉아 當是時하여 天下之亂이 極矣라 因是足以正之런들 周室은 其復興乎인저 魯之君臣이 終不從之하니 可勝惜哉아 胡氏曰 春秋之法에 弑君之賊은 人得而討之니 仲尼此擧는 先發後聞이 可也니라

—

임금의 명령으로 가서 告했는데도 三子는 魯나라의 강한 신하인지라 평소 임금을 무시하는 마음이 있었고, 실제로는 陳氏(陳恒)와 더불어 聲望과 세력을 서로 의지하고 있으므로 그 계획을 저지하였고 孔子께서 다시 이 말을 가지고 대응하셨으니 그들을 깨우치신 것이 깊다. ○ 程子가 말하였다. "左氏가 孔子의 말씀을 기록하기를 '陣恒이 그 임금을 죽였으니 백성들이 함께하지 않을 자가 반이나 될 것이니, 魯나라의 군사를 가지고 齊나라의 반에 더하면 이길 수 있다.'라고 하니, 이것은 孔子의 말씀이 아니다. 진실로 이 말과 같다면 이것은 힘으로 하는 것이지 義로써 하는 것이 아니다. 孔子의 뜻은 반드시 장차 명분을 바로잡으려 해서이니, 그 죄를 위로는 天子에게 告하고 아래로는 方伯들에게 告해서 與國(동맹국)을 거느리고 토벌함이고, 齊나라를 이기는 조건에 대해서는 孔子께서는 중요하게 여기지 않는 일이다. 어찌 魯나라 사람의 많고 적음을 계산하셨겠는가. 이때를 당해서 천하의 문란함이 극도에 이르렀으니 이 일로 인해서 바로잡을 수 있었던들 周나라는 아마도 다시 일어났을 것이다. 魯나라 군신들이 끝내 孔子의 말을 따르지 아니하였으니 애석함을 이길 수 있으랴" 胡氏가 말하였다. "春秋의 법에 임금을

죽인 도적은 사람마다 그를 토벌할 수 있으니, 孔子의 이번 일은 먼저 출발시키고 뒤에 보고하는 것이 옳았을 것이다."

㉓子路問事君한대子曰勿欺也요而犯之니라

子路가 임금 섬김을 물었는데 孔子께서 말씀하시기를 속이지 말고 犯諫해야 하느니라

犯은謂犯顔諫爭이라○范氏曰犯은非子路之所難也로되而以不欺爲難故로夫子告以先勿欺而後犯也니라

犯은 윗사람의 노여움에 맞서면서 諫爭함을 말한다. ○ 范氏가 말하였다. "犯함은 子路에게 어려운 것이 아니지만 속이지 아니하는 것이 어렵다고 여기셨기 때문에, 孔子께서 속이지 말 것을 먼저 하고 諫하는 것은 뒤에 告해 주셨다."

㉔子曰君子는上達하고小人은下達이니라

孔子께서 말씀하시기를 군자는 위로 到達하고 소인은 아래로 到達하느니라

君子는反天理故로日進乎高明하고小人은徇人欲故로日究乎汙下라

군자는 天理를 돌아보기 때문에 날마다 높고 밝은 데로 나아가고,

소인은 사사로운 욕심을 따르기 때문에 날마다 욕되고 낮은 곳을
도모한다.

㉕子曰古之學者는爲己러니今之學者는爲人이로다
孔子께서 말씀하시기를 옛날 배우는 자는 자기를 위하더니 오늘날 배
우는 자는 남을 위하는구나

程子曰爲己는欲得之於己也요爲人은欲見知於人也니라○程子
曰古之學者는爲己나其終은至於成物이요今之學者는爲人이나其
終은至於喪己니라愚는按聖賢이論學者用心得失之際其說이多
矣나然이나未有如此言之切而要者하니於此에明辯而日省之면則
庶乎其不昧於所從矣리라

程子가 말하였다. "자기를 위함은 자기가 깨닫고자 하는 것이고, 남
을 위함은 남이 알아주기를 바라는 것이다." ○ 程子가 말하였다.
"옛날 배우는 자는 자신을 위하나 그 끝내는 남이 인정해주는 데에
이르고, 오늘날 배우는 자는 남이 알아주기를 위하나 끝내는 자기를
상실하는 데에 이른다." 나는 생각하건대, 성현들이 배우는 자들이 마
음 쓰는 것의 잘잘못을 따질 적에 그 설명이 많지만 그러나 이처럼
말이 절실하고도 요긴한 것은 있지 않았으니, 이 말에서 분명히 분별
하고 날마다 반성하면 거의 종사하는 일에 어둡지 아니할 것이다.

㉖蘧伯玉이使ᄉᆡ人於孔子어늘

蘧伯玉이 사람을 孔子에게 보내었거늘

蘧伯玉은 衛大夫니 名은 瑗이라 孔子居衛에 嘗主於其家러니 旣而오 反魯故로 伯玉이 使人來也라

—

蘧伯玉은 衛나라 大夫이니 이름은 瑗이다. 孔子께서 衛나라에 거처하실 적에 일찍이 그 집에 머물렀더니, 이윽고 魯나라에 돌아오셨기 때문에 蘧伯玉이 사람을 보냈다.

孔子與之坐而問焉曰夫子는何爲오對曰夫子欲寡其過而未能也니이다使者出커늘子曰使乎使乎여

孔子께서 그와 함께 앉아서 물어 말씀하시기를 그 분은 무엇을 하시는고 대답하여 말하기를 그 분은 그 허물을 적게 하고자 하되 능치 못하십니다 심부름 온 자가 나가거늘 孔子께서 말씀하시기를 심부름꾼이여 심부름꾼이여

與之坐는 敬其主以及其使也라 夫子는 指伯玉也라 言其但欲寡過而猶未能이면 則其省身克己常若不及之意를 可見矣라 使者之言이 愈自卑約而其主之賢이 益彰하니 亦可謂深知君子之心이요 而善於詞令17)者矣라 故로 夫子再言使乎하여 以重美之라 按莊周稱伯玉컨대 行年五十而知四十九年之非라하고 又曰伯玉은 行年六十而六十化라하니 蓋其進德之功이 老而不倦이라 是以로 踐

---

17) 詞令 : 말.

履18)篤實하고光輝19)宣著하여不惟使者知之라而夫子도亦信之
也니라

—

그와 함께 앉음은 그 주인을 존경함이 심부름 온 자에게 미친 것이다.
그 분은 蘧伯玉을 가리킨다. 그가 단지 허물을 적게 하고자 하면서도
오히려 능하지 못하다면 자신을 반성하고 私欲을 극복함이 항상 미치
지 못하듯 하다는 뜻을 엿볼 수 있다. 심부름 온 자의 말이 더욱 스
스로 낮추고 간략히 하여도 그 주인의 훌륭함이 더욱 드러나니, 역시
군자의 마음을 깊이 알고 말을 잘하는 자라고 이를 수 있다. 그러므
로 孔子께서 두 번이나 심부름꾼이여를 말씀해서 거듭 칭찬하셨다.
莊周가 蘧伯玉을 칭찬한 것을 고찰해 보면, '나이 오십에 마흔 아홉
살 때의 잘못을 안다.'라고 하고, 또 말하기를, '蘧伯玉은 나이 육십이
면 육십 번 변화한다.'라고 하였다. 대체로 德에 나가는 공부를 늙어
도 게을리하지 아니하였다. 이 때문에 실천이 독실하고 빛나는 인품이
밝게 드러나서, 심부름 온 자가 알 뿐만 아니라 孔子께서도 역시 그
를 믿으셨다.

㉗子曰不在其位하여는不謀其政이니라
孔子께서 말씀하시기를 그 지위에 있지 아니해서는 그 政事를 도모하
지 아니할지니라

重出20)이라

---

18) 踐履 : 실천.
19) 光輝 : 인품이 빛남.

—

거듭 나왔다.

㉘ 曾子曰君子는 思不出其位니라

曾子께서 말씀하시기를 군자는 생각이 그 지위를 벗어나지 아니하느니라

此는艮卦之象辭也니曾子蓋嘗稱之를記者因上章之語하여而類
記之也라○范氏曰物各止其所면而天下之理得矣라故로君子
所思不出其位면而君臣上下大小도皆得其職也니라

—

이 말은 『周易』 艮卦 「象傳」의 말이니, 曾子께서 아마도 일찍이
말씀하신 것을 기록하는 자가 윗장의 말로 인해서 類대로 기록한
것이다. ○ 范氏가 말하였다. "事物이 각각 제자리에 머물면 천하
의 이치가 얻어진다. 그러므로 군자가 생각하는 것이 그 지위에서
벗어나지 아니하면 君臣, 上下, 크고 작은 것까지도 모두 그 직분
을 얻게 된다."

㉙ 子曰君子는 恥其言而過其行이니라

孔子께서 말씀하시기를 군자는 그 말을 부끄럽게 여기고 그 행동을 넉
넉하게 할 것이니라

恥者는不敢盡之意요過者는欲有餘之辭라

---

20) 重出 : 「泰伯」篇, 十四章 참고.

—

恥는 감히 다하지 아니한다는 의미이고 過는 남음이 있게 하고자
한다는 말이다.

㉚子曰君子道者三에我無能焉하니仁者는不憂하고知
者는不惑하고勇者는不懼²¹⁾니라

孔子께서 말씀하시기를 군자의 道 세 가지에 내 능함이 없으니 仁한
사람은 근심하지 아니하고 지혜로운 사람은 의혹하지 아니하고 용감한
사람은 두려워하지 아니하느니라

自責以勉人也라

—

스스로를 꾸짖어서 사람들을 힘쓰게 하신 것이다.

子貢이曰夫子自道也샷다

子貢이 말하기를 선생님께서 스스로 말씀하시었다

道는言也라自道는猶云謙辭라○尹氏曰成德은以仁爲先이요進學
은以知爲先故로夫子之言其序에有不同者²²⁾는以此니라

---

21) 仁者不憂 知者不惑 勇者不懼 : 「子罕」篇, 二十八章, '知者不惑 仁者不憂 勇者不
  懼」 참고.
22) 有不同者 : 「子罕」篇에 언급된 순서와 다르다는 것이다. 註 21) 참고.

—

道는 말함이다. 스스로 말씀하심은 謙辭와 같은 말이다. ○ 尹氏가 말하였다. "德을 이룸은 仁을 우선으로 여기고, 학문에 나아감은 아는 것을 우선으로 여기기 때문에 孔子께서 그 순서를 말씀하실 적에 같지 아니함이 있는 것은 이 때문이다."

㉛子貢이 方人하더니 子曰賜也는 賢乎哉아 夫我則不暇로라

子貢이 사람을 비교하니 孔子께서 말씀하시기를 賜는 훌륭한가 나는 겨를이 없더라

方은 比也라 乎哉는 疑辭라 比方人物하여 而較其短長이 雖亦窮理之事나 然이나 專務爲此則心馳於外하여 而所以自治者疎矣라 故로 褒之而疑其辭하고 復自貶以深抑之라 ○ 謝氏曰聖人責人이 辭不迫切이로되 而意已獨至如此니라

—

方은 비교함이다. 乎哉는 의문사이다. 인물을 견주어서 그 장단을 비교하는 것이 비록 또한 이치를 궁구하는 일이지만, 그러나 오로지 이것을 하는 것에 힘쓴다면 마음이 외부로 달려가서 스스로를 다스리는 조건은 엉성해진다. 그러므로 칭찬하면서 그 말을 의심하고, 다시 스스로를 깎아내려서 子貢을 매우 누르신 것이다. ○ 謝氏가 말하였다. "聖人이 사람을 꾸짖는 말씀은 박절하지 않거니와 마음속에는 이미 스스로 이와 같이 (여가가 없다고) 여긴 것이다"

㉜子曰不患人之不己知요患其不能也니라

孔子께서 말씀하시기를 남이 자기를 알지 못함을 걱정하지 말고 자기가 능치 못함을 걱정할지니라

凡章에指同而文不異者는一言而重出也요文小異者는屢言而各出也라此章이凡四見[현]而文皆有異[23]면則聖人이於此一事에蓋屢言之니其丁寧之意를亦可見矣라

—

모든 章에서 뜻이 같으면서 글도 다르지 아니한 것은 한 번 말씀하신 것이 여러 번 나온 것이고, 글이 조금 다른 것은 여러 번 말씀하시고 각각 나온 것이다. 이 章이 합해서 네 번 나타나면서 글이 모두 다르다면 聖人께서 이 한 가지 일에 아마도 여러 번 말씀하신 것이니 그 알뜰 자상한 뜻을 역시 엿볼 수 있다.

㉝子曰不逆詐하며不億不信이니抑亦先覺者是賢乎인저

孔子께서 말씀하시기를 속일 것이라고 미리 생각하지 말 것이며 믿지 아니할 것이라고 억측하지 아니할 것이나 역시 먼저 알고 있는 사람이 훌륭한 것이다

逆은未至而迎之也요億은未見而意之也라詐는謂人欺己요不信

---

23) 四見 : 이 章 외에 「學而」篇 十六章, 「里仁」篇 十四章, 「衛靈公」篇 十八章에 나온다.

은謂人疑己라抑은反語辭라言雖不逆不億이로되而於人之情僞엔
自然先覺이라야乃爲賢也라○楊氏曰君子는一於誠而已니然이나
未有誠而不明者故로雖不逆詐不億不信이나而常先覺也니若
夫不逆不億而卒爲小人所罔焉이면斯亦不足觀也已니라

―

逆은 아직 이르지 아니했는데 미리 맞이하는 것이고 億은 아직 겉으
로 드러나지 아니하는데 그렇게 여기는 것이다. 詐는 남이 자기를 속
이는 것을 말하고 不信은 남이 자기를 의심하는 것을 말한다. 抑은
반어사이다. 비록 미리 생각하지 아니하고 억측하지 않지만, 사람들의
진실과 거짓에는 저절로 먼저 알아야 곧 훌륭함이 됨을 말한 것이다.
○ 楊氏가 말하였다. "군자는 진실에 한결같을 뿐이지만 그러나 진실
하면서 밝지 못한 자는 있지 않기 때문에 비록 속일 것이라고 미리
생각하지 아니하고 믿지 아니할 것이라고 억측하지도 아니하지만 항
상 먼저 알아야 하는 것이니, 만약 미리 생각하지도 아니하고 억측하
지도 아니하면서 마침내 소인에게 속임을 당한다면 이 또한 볼 것도
못 된다."

㉞微生畝謂孔子曰丘는何爲是栖栖者與오無乃爲佞
乎아

微生畝가 孔子께 일러 말하기를 丘는 어찌 이 연연해 하는가 아마도
말만 잘하려는 것이 아닌가

微生은姓이요畝는名也라畝名呼夫子而辭甚倨하니蓋有齒德而隱

者라 **栖栖**는 **依依也**라 **爲佞**은 **言其務爲口給以悅人也**라

—

微生은 姓이고, 畝는 이름이다. 微生畝가 孔子 이름을 부르면서 말이 매우 거만하니, 아마도 나이가 많고 德이 높은 隱者인 듯하다. 栖栖는 연연함이다. 爲佞은 말솜씨에 힘써서 남을 기쁘게 하는 것을 말한다.

孔子曰非敢爲佞也라 **疾固也**니라

孔子께서 말씀하시기를 감히 말을 잘하려는 것이 아니라 고루한 것을 미워함이니라

疾은 **惡**也요 **固**는 **執一而不通也**라 **聖人之於達尊**[24]에 **禮恭而言直**이 **如此**하니 **其警之亦深矣**라

—

疾은 미워함이고 固는 하나만 고집하여 통하지 못하는 것이다. 聖人이 達尊에 대하여 禮는 공손히 하면서도 말은 정직하게 함이 이와 같으니 그 깨우쳐줌이 역시 깊은 것이다.

㉟ **子曰驥**는 **不稱其力**이라 **稱其德也**니라

孔子께서 말씀하시기를 천리마는 그 힘을 일컬음이 아니라 그 德을 일컬음이니라

---

24) 達尊 : 누구든지 인정해서 높여주는 사람. 나이가 많은 사람, 德이 높은 사람, 벼슬이 높은 사람을 三達尊이라 한다.

驥는善馬之名이라德은謂調良也라○尹氏曰驥雖有力이나其稱在
德이니人有才而無德則亦奚足尙哉리오

—

驥는 좋은 말의 명칭이다. 德은 잘 길들여지고 양순함을 말한다. ○
尹氏가 말하였다. "천리마는 비록 힘이 있으나 그 일컫는 것은 德
에 있으니, 사람이 재능은 있으나 德이 없으면 역시 어찌 족히 숭
상하리오"

㊱或曰以德報怨이何如하니잇고
어떤 사람이 말하기를 德으로써 원망에 보답함이 어떻겠습니까

或人所稱은今見^현老子書25)라德은謂恩惠也라

—

어떤 사람이 말한 것은 오늘날 老子의 책에 나타난다. 德은 은혜를
말한다.

子曰何以報德고
孔子께서 말씀하시기를 무엇을 가지고 德에 보답할 것인가

言於其所怨에旣以德報之矣면則人之有德於我者에又將何以
報之乎오

---

25) 老子書 : 老子의 『道德經』을 말한다.

—

나를 원망하는 사람에게 이미 德을 가지고 갚아 버리면 나에게 德을 보여준 사람에게는 또 장차 무엇을 가지고 보답할 것인가를 말함이다.

以直報怨이요以德報德이니라

정직으로써 원망에 보답하고 德으로써 德에 보답하여야 하느니라

於其所怨者에愛憎取舍를一以至公而無私면所謂直也요於其所德者則必以德報之하여不可忘也라○或人之言이可謂厚矣나然이나以聖人之言으로觀之則見其出於有意之私며而怨德之報皆不得其平也니必如夫子之言然後에二者之報各得其所라然이나怨有不讐하고而德無不報則又未嘗不厚也라此章之言이明白簡約이로되而其指意는曲折反覆하여如造化之簡易이하여易이知而微妙無窮하니學者所宜詳玩也니라

—

나를 원망하는 사람에게 사랑하고 미워하고 취하고 버리는 것을 한결같이 지극히 공평하게 해서 사사로움이 없게 하면 이른바 정직이고, 나에게 德을 보여준 사람에게는 반드시 德을 가지고 보답해서 잊어서는 안되는 것이다. ○ 或人의 말이 후하다고는 말할 수 있으나 그러나 聖人의 말씀을 가지고 관찰해 보면 底意가 있는 사심에서 나온 것임을 발견하며, 원망하는 사람과 德을 보여준 사람에 대한 보답이 모두 그 공평함을 얻지 못할 것이니, 반드시 孔子의 말씀과 같이 한

연후에 두 가지의 보답이 각각 제자리를 얻게 된다. 그러나 원망하는 사람에게도 원수로 여기지 아니함이 있고, 德을 보여준 사람에게 보답하지 아니함이 없다면 또한 후하지 아니한 적이 없는 것이다. 이 章의 말이 명백하면서도 간략하지만 그 지적하는 뜻은 이리저리 반복되면서, 마치 천지 조화가 간단하고 쉬워서 알기가 쉽지만 미묘하기는 끝이 없는 것과 같으니 학자들은 마땅히 상세하게 음미해야 한다.

㊲ 子曰莫我知也夫인저

孔子께서 말씀하시기를 나를 알아주는 사람이 없구나

夫子自歎하여以發子貢之問也라

—

孔子께서 스스로 탄식해서 子貢의 물음을 유발하신 것이다.

子貢이曰何爲其莫知子也잇고子曰不怨天하며不尤人이오下學而上達하노니知我者는其天乎인저

子貢이 말하기를 어찌해서 선생님을 알아주는 이가 없다고 하십니까 孔子께서 말씀하시기를 하늘을 원망하지 아니하며 사람을 허물하지 아니하고 아래로부터 배워서 위로 도달하니 나를 알아주는 이는 아마도 하늘일 것이로다

不得於天而不怨天하며不合於人而不尤人이요但知下學而自

然上達이라此는但自言其反己自脩하여循序漸進耳니無以甚異
於人而致其知也니然이나深味其語意면則見其中에自有人不及
知而天獨知之之妙라蓋在孔門에唯子貢之智幾足以及此故로
特語以發之로되惜乎라其猶有所未達也여○程子曰不怨天不
尤人은在理當如此니라又曰下學上達은意在言表니라又曰學者
須守下學上達之語니乃學之要蓋凡下學人事면便是上達天理
니然이나習而不察則亦不能以上達矣니라

—

하늘에 얻지 못해도 하늘을 원망하지 아니하며, 사람과 부합되지 못
해도 사람을 허물하지 아니하고, 단지 아래로부터 배워서 저절로 위
로 도달하는 것만 안다. 이 말은 단지 자기를 반성하고 스스로 수양
해서 질서에 따라서 점점 진보할 뿐이니, 남과 매우 다르게 해서 그
알아줌을 이룰 수 없음을 스스로 말씀하신 것이다. 그러나 그 말뜻
을 깊이 음미해 보면 그 가운데 남들이 미처 알지 못하는데도 하늘
만이 아는 묘리가 있음을 알 수 있다. 대체로 孔子 문하에 오직 子
貢의 지혜만이 거의 여기에 미칠 수 있기 때문에 특별히 말씀해서
물음을 유발하였지만, 애석하다 子貢도 오히려 깨닫지 못한 것이
있음이여. ○ 程子가 말하였다. "하늘을 원망하지 아니하고 사람을
허물하지 아니함은 이치상 당연히 이와 같아야 한다." 또 말하였다.
"아래로부터 배워서 위로 도달한다는 것은 뜻이 말 밖에 있다." 또
말하였다. "학자들은 모름지기 下學上達의 말씀을 지켜야 할 것이
니, 곧 학문의 요점은 대체로 거의 아래에서 사람의 할 일을 배우면
문득 위로 하늘의 이치에 도달하게 되는 것이나, 그러나 익히기만
하고 살피지 못하면 역시 위로 도달할 수 없다."

㊳公伯寮愬子路於季孫이어늘子服景伯이以告曰夫子
固有惑志於公伯寮하나니吾力이猶能肆諸^저市朝니이다

公伯寮가 子路를 季孫에게 헐뜯거늘 子服景伯이 告하여 말하기를
그 분은 본래 公伯寮의 말을 의심하는 마음을 가지고 있으니 내 힘이
오히려 저잣거리에서 그 놈을 죽여 버릴 수 있습니다

公伯寮는魯人이라子服은氏요景은諡요伯은字니魯大夫子服何也라
夫子는指季孫이라言其有疑於寮之言也라肆는陳尸也니言欲誅
寮라

—

公伯寮는 魯나라 사람이다. 子服은 氏이고 景은 諡號이고 伯은
字이니 魯나라 大夫인 子服何이다. 夫子는 季孫을 가리키니 그가
公伯寮의 말에는 의심을 둠을 말하는 것이다. 肆는 시체를 늘어놓
는 것이니 公伯寮를 죽이고자 한다는 말이다.

子曰道之將行也與도命也며道之將廢也與도命也니
公伯寮其如命에何리오

孔子께서 말씀하시기를 道가 장차 행해지는 것도 命이며 道가 장차
폐지되는 것도 命이니 公伯寮가 그 命에 어떻게 하겠는가

謝氏曰雖寮之愬行이라도亦命也니其實은寮無如之何니라愚謂言

此하여以曉景伯하고安子路而警伯寮耳요聖人은於利害之際則不待決於命而後에泰然也니라

—

謝氏가 말하였다. "비록 公伯寮의 헐뜯음이 행해진다 하더라도 역시 命이니, 그 사실은 公伯寮가 어떻게 할 수 없는 것이다." 나는 생각하건대, 이것을 말씀하시어 子服景伯을 깨우치고 子路도 안정시키고 公伯寮를 경계하셨을 뿐이고, 聖人은 이해의 즈음에 있어서 命에 귀결되기를 기다린 뒤에 태연해지는 것은 아니다.

㊴子曰賢者는辟世하고

孔子께서 말씀하시기를 賢者는 세상을 피하고

天下無道而隱이니若伯夷太公이是也라

—

천하에 道가 없으면 숨는 것이니, 伯夷와 太公 같은 사람이 이들이다.

其次는辟地하고

그 다음은 나라를 피하고

去亂國하여適治邦이라

—

문란한 나라를 떠나서 다스려진 나라로 가는 것이다.

其次는辟色하고
그 다음은 안색을 피하고

禮貌衰而去라
—
예우하는 모습이 쇠퇴해지면 떠나는 것이다.

其次는辟言이니라
그 다음은 말을 피하느니라

有違言而後에去也라○程子曰四者는雖以大小次第로言之나然이나非有優劣也요所遇不同耳니라
—
어긋나는 말이 있은 뒤에 떠나는 것이다. ○ 程子가 말하였다. "네 가지는 비록 크고 작은 순서를 가지고 말했으나 그러나 우열이 있는 것은 아니고 만나는 입장이 같지 아니할 뿐이다."

㊵子曰作者七人矣로다
孔子께서 말씀하시기를 일어난 자가 일곱 사람이로다

李氏曰作은起也니言起而隱去者今七人矣나不可知其誰何요
必求其人以實之則鑿矣니라

—

李氏가 말하였다. "作은 일어남이니, 일어나서 몰래 떠난 사람이
지금 일곱 사람임을 말했으나 그가 누구인지 알 수 없고 반드시 그
사람을 찾아서 채우려 한다면 잘못이 생긴다."

㊶子路宿於石門이러니晨門이曰奚自오子路曰自孔氏
로라曰是知其不可而爲之者與아

子路가 石門에서 잤더니 晨門이 말하기를 어디로부터 오는가 子路가
말하기를 孔氏로부터이다 말하기를 바로 그 不可한 줄 알면서도 하려
는 자인가

石門은地名이라晨門은掌晨啓門이니蓋賢人이隱於抱關[26]者也라
自는從也니問其何所從來也라胡氏曰晨門은知世之不可而不
爲故로以是로譏孔子나然이나不知聖人之視天下는無不可爲之
時也니라

—

石門은 지명이다. 晨門은 새벽에 문 여는 일을 맡은 것이니, 대체
로 훌륭한 사람이 문지기로 숨은 사람인 듯하다. 自는 부터이니, 그
가 어느 곳에서부터 왔는지를 물은 것이다. 胡氏가 말하였다. "晨
門은 세상이 불가하면 하지 아니할 줄을 알기 때문에 이 말을 가지
고 孔子를 기롱했으나 그러나 聖人이 천하를 볼 적에는 할 수 없

---

26) 抱關 : 문지기. 抱關擊柝은 문지기와 야경꾼이라는 뜻으로 하급 관리를 이르는 말.

는 시기는 없다는 것은 알지 못했다.”

㊷子擊磬於衛러시니有荷蕢而過孔氏之門者曰有心
哉라擊磬乎여

孔子께서 衛나라에서 경쇠를 치고 계셨더니 삼태기를 짊어지고 孔氏의
문을 지나가는 자가 있어 말하기를 마음이 있구나 경쇠를 침이여

磬은樂器라荷는擔也라蕢는草器也라此荷蕢者도亦隱士也라聖人
之心은未嘗忘天下니此人이聞其磬聲而知之면則亦非常人矣라
─

磬은 樂器이다. 荷는 어깨에 메는 것이다. 蕢는 풀로 만든 그릇이
다. 이 삼태기를 짊어진 사람도 역시 隱士이다. 聖人의 마음은 천
하를 잊은 적이 없으니, 이 사람이 그 경쇠 소리를 듣고 (聖人의 마
음을) 안다면 역시 보통 사람은 아니다.

旣而曰鄙哉라硜硜乎여莫己知也어든斯已而已矣니深
則厲요淺則揭니라

이윽고 말하기를 비루하다 硜硜함이여 자기를 알아주는 이 없거든 이
에 말 따름이니 깊으면 아랫도리를 벗고 건너고 얕으면 바짓가랑이를
걷고 건너야 하느니라

硜硜은石聲이니亦專確之意라以衣涉水曰厲요攝衣涉水曰揭니

此兩句는 衛風匏有苦葉之詩也니 譏孔子人不知己而不止하여 不能適淺深之宜라

—

磏磏은 돌 두드리듯 변통 없는 소리이니, 역시 단지 확실하기만 하다는 뜻이다. 윗옷으로써 물을 건너는 것을 厲라 말하고, 바짓가랑이를 걷고 물을 건너는 것을 揭라 말하니, 이 두 구절은 『詩經』 「衛風」 匏有苦葉의 詩이니, 孔子가 남이 자기를 알아주지 아니해도 멈추지 못해서 얕고 깊은 곳의 알맞음을 맞추지 못함을 기롱한 것이다.

子曰果哉라 末之難矣니라
孔子께서 말씀하시기를 과감하구나 어려울 것 없겠도다

果哉는 嘆其果於忘世也라 末은 無也라 聖人은 心同天地하여 視天下猶一家요 中國이 猶一人하여 不能一日忘也故로 聞荷蕢之言하고而 嘆其果於忘世요 且言人之出處27) 若但如此면 則亦無所難矣라

—

果哉는 세상을 망각하는 데 과감함을 탄식함이다. 末은 없음이다. 聖人은 마음이 천지와 같아서 천하 보기를 한 집과 같이 하고, 中國 보기를 한 사람 같이 해서 하루도 잊지 못한다. 그러므로 삼태기를 짊어진 자의 말을 듣고 그가 세상을 망각하는 데 과감함을 탄식하시고, 또 사람의 출처가 만약 단지 이와 같다면 역시 어려울 것이 없겠다고 말씀하신 것이다.

---

27) 出處 : 세상에 벼슬하러 나가고, 그만두고 들어오는 것. 환경에 따라서 대응하는 것.

㊸子張이曰書云高宗이諒陰^암三年을不言이라하니何謂
也잇고

子張이 말하기를 書經에 이르되 高宗이 居喪 삼 년 동안 말하지 않
았다 하니 무슨 말입니까

高宗은商王武丁也라諒陰은天子居喪之名이니未詳其義라

—

高宗은 商나라 왕 武丁이다. 諒陰은 天子가 喪을 치르는 것의 명
칭이니, 그 의미는 잘 알지 못한다.

子曰何必高宗이리오古之人이皆然하니君薨커시든百官이
總己하여以聽於冢宰三年하나니라

孔子께서 말씀하시기를 어찌 반드시 高宗뿐이리오 옛날 사람이 모두
그러하니 군주가 죽으면 百官이 자기의 직책을 총괄해서 冢宰에게 듣
기를 삼 년 동안 하느니라

言君薨則諸侯도亦然이라總己는謂總攝己職이라冢宰는大^태宰也
라百官이聽於冢宰故로君得以三年不言也라○胡氏曰位有貴
賤이나而生於父母는無以異者故로三年之喪은自天子達이니子張
이非疑此也라殆以爲人君이三年不言則臣下無所禀令하여禍亂
이或由以起也오孔子告以聽於冢宰則禍亂은非所憂矣니라

—

君薨이라고 말했다면 제후도 역시 그러하다. 總己는 자기의 직책을 총괄해서 집행함을 말하는 것이다. 冢宰는 大宰이다. 百官이 冢宰에게 (命을) 듣기 때문에 군주는 삼 년 동안 말하지 아니할 수 있다. ○ 胡氏가 말하였다. "位에는 귀하고 천한 것이 있으나 부모에게서 태어나는 것은 다를 수 없기 때문에 三年喪은 天子로부터 (庶人에게까지) 도달되니, 子張이 이것을 의심한 것이 아니라 대개 군주가 삼 년 동안 말하지 아니하면 신하가 명령을 받을 곳이 없어서 재앙과 난리가 어쩌면 이로 말미암아 일어날 수 있다고 여긴 것이다. 孔子께서 冢宰에게 듣는다고 告하셨다면 재앙과 난리는 근심할 것이 아니다."

⑭ 子曰上이 好禮則民易이 使也니라

孔子께서 말씀하시기를 윗사람이 禮를 좋아하면 백성을 부리기 쉬우니라

謝氏曰禮達28)而分定故로民易이 使니라

—

謝氏가 말하였다. "禮가 도달되면 分數가 안정되기 때문에 백성을 부리기 쉽다."

㊺ 子路問君子한대子曰脩己以敬이니라曰如斯而已乎

---

28) 禮達 : 禮達於下. 禮가 아랫사람에게까지 도달되다.

잇가 **曰脩己以安人**이니라 **曰如斯而已乎**잇가 **曰脩己以安** **百姓**이니 **脩己以安百姓**은 **堯舜**도 **其猶病諸**^져시니라

子路가 군자를 물었는데 孔子께서 말씀하시기를 자기를 닦되 敬으로 써 할 것이니라 말하기를 이와 같을 뿐입니까 말씀하시기를 자기를 닦 아서 남을 편안하게 할 것이니라 말하기를 이와 같을 뿐입니까 말씀하 시기를 자기를 닦아서 백성을 편안하게 하는 것이니 자기를 닦아서 백 성을 편안하게 함은 堯舜도 그것은 오히려 病으로 여기셨느니라

脩己以敬의 **夫子之言**이 **至矣盡矣**어늘 **而子路少之故**로 **再以其充** **積之盛**에 **自然及物者**로 **告之**는 **無他道也**라 **人者**는 **對己而言**이요 **百** **姓則盡乎人矣**라 **堯舜猶病**은 **言不可以有加於此**니 **以抑子路**하여 **使反求諸**^저**近**29)**也**라 **蓋聖人之心**은 **無窮**하여 **世雖極治**나 **然**이나 **豈** **能必知四海之內**에 **果無一物不得其所哉**아 **故**로 **堯舜**도 **猶以安百** **姓**으로 **爲病**이니 **若曰吾治已足**이면 **則非所以爲聖人矣**라 ○**程子曰** **君子脩己以安百姓**이면 **篤恭而天下平**30)이니 **唯上下一於恭敬則** **天地自位**하고 **萬物自育**하며 **氣無不和**하여 **而四靈**31)이 **畢至矣**니 **此** **體信達順**32)**之道**와 **聰明睿知皆由是出**이니 **以此**로 **事天饗帝**니라

자기를 닦되 敬으로써 할 것이니라의 孔子의 말씀이 지극하고도

---

29) **反求諸近** : **反求諸身, 反求諸己.** 자기 자신에게서 반성하여 찾는다.
30) **篤恭而天下平** : 천지의 德을 본받은 堯임금을 두고 하는 말. 자신을 돈독히 하고 공손히 하면 천하가 저절로 태평해진다.
31) **四靈** : 천하가 태평하면 나타난다는 龍, 鳳, 龜, 麟의 네 가지 동물.
32) **體信達順** : 실지의 이치가 자기 몸에 붙어서 모든 和氣가 천지에 도달함이다. 信은 실지의 이치, 順은 和氣를 말한다.

극진하거늘, 子路가 적다고 여겼기 때문에 다시 그것을 채우고 쌓임이 성대해지면 저절로 상대에게까지 미치는 것으로 告해 주신 것은 다른 방법이 없어서이다. 人은 자기를 상대해서 하는 말이고, 百姓은 사람을 다한 것이다. 堯임금 舜임금도 오히려 病으로 여기신 것은 여기에 더함이 있을 수 없음을 말하는 것이니, 子路를 눌러 가까운 곳에서 반성하여 찾게 한 것이다. 대체로 聖人의 마음은 끝이 없어서 세상이 비록 극도로 다스려졌다 하나, 어찌 온 천하 안에 과연 어떤 한 사람도 알맞은 자리를 얻지 못함이 없다고 반드시 알수 있으리오 그러므로 堯임금 舜임금이 오히려 백성을 편안하게 하는 것을 病으로 여기셨으니, 만약 '나의 다스림이 이미 만족하다.'라고 여겼다면 聖人되는 조건이 아닐 것이다. ○ 程子가 말하였다. "군자가 자기를 닦아서 백성을 편안하게 한다면 (자기가) 돈독히 하고 공손히 하여 천하가 태평해진 것이니, 오직 위아래가 공경에 한결같으면 천지는 저절로 자기 위치에 있고 만물이 저절로 자라며 기운이 화합하지 아니함이 없어서 네 가지 靈物이 모두 이를 것이니, 信任을 원칙으로 하고 順理에 도달하는 방법과 총명함과 지혜로움이 이로 말미암아서 나오는 것이니 이 때문에 하늘을 섬기면 上帝께서 흠향하는 것이다."

㊻原壤이 夷俟러니 子曰幼而不孫弟하며 長而無述焉이오 老而不死是爲賊이라하시고 以杖叩其脛하시다

原壤이 쭈그려 앉아서 기다리더니 孔子께서 말씀하시기를 젊어서는 공손하고 공경하지 아니하고 자라서는 칭찬할 만함이 없고 늙어서 죽지도

않음이 바로 도둑이라 하시고 지팡이로 그 정강이를 때리셨다

原壤은孔子之故人이니母死而歌라蓋老氏之流니自放於禮法之
外者라夷는蹲踞也라俟는待也라言見孔子來而蹲踞以待之也라
述은猶稱也라賊者는害人之名이니以其自幼至老히無一善狀하고
而久生於世하여徒足以敗常亂俗則是는賊而已矣라脛은足骨也
라孔子旣責之하고而因以所曳之杖으로微擊其脛하여若使勿蹲踞
然이라

—

原壤은 孔子의 친구이니, 어머니가 죽자 노래를 불렀다. 대체로 老
子의 무리이니, 예법의 밖에 스스로를 포기한 자이다. 夷는 쭈그려
앉은 것이다. 俟는 기다림이다. 孔子께서 오시는 것을 보고 쭈그려
앉아서 기다림을 말한다. 述은 칭찬함과 같다. 賊이란 남을 해치는
명칭이니, 그가 어릴 때로부터 늙음에 이르기까지 한 가지도 착한
모습은 없고 세상에 오랫동안 살아서 단지 충분히 綱常을 무너뜨리
고 풍속을 문란하게 한다면 이것은 盜賊일 따름이다. 脛은 다리뼈
이다. 孔子께서 이미 그를 꾸짖고, 그로 인해서 끌고 가던 지팡이를
가지고 그 정강이를 가볍게 쳐서 마치 그로 하여금 쭈그려 앉아 있
지 못하게 하듯 하셨다.

㊼闕黨童子將命이어늘或이問之曰益者與잇가
闕黨의 童子가 命을 전하거늘 어떤 사람이 물어 말하기를 유익한 아
이입니까

闕黨은黨名이라童子는未冠者之稱이라將命은謂傳賓主之言이라
或人이疑此童子學有進益故로孔子使之傳命하여以寵異之也라

—

闕黨은 黨 이름이다. 童子는 冠禮를 올리지 않은 사람의 칭호이다.
將命은 손님과 주인의 말을 전달하는 것을 말한다. 어떤 사람이 이
童子가 학문에 進步·有益함이 있기 때문에 孔子께서 그로 하여
금 命을 전달하게 해서 특별히 총애한 것인가 하고 의심하였다.

子曰吾見其居於位也하며見其與先生並行也하니非
求益者也라欲速成者也니라

孔子께서 말씀하시기를 내 그 자리에 거함을 보며 그 선생과 더불어
나란히 行함을 보니 益을 구하는 자가 아니라 빨리 이루고자 하는 자
이니라

禮에童子는當隅坐隨行이라孔子言吾見此童子不循此禮하니非
能求益이라但欲速成爾라故로使之給使令之役하여觀長少之序
하고習揖遜之容하니蓋所以抑而敎之요非寵而異之也라

—

禮에 童子는 마땅히 모퉁이에 앉고 따라가야 한다. 孔子께서 '내가
이 童子가 이런 禮를 따르지 아니하는 것을 보니 進步·有益을
구할 수 있는 자가 아니라 단지 빨리 이루고자 할 뿐이다.'라고 하
셨다. 그러므로 그로 하여금 심부름꾼의 역할을 주어서 어른과 아이
의 질서를 보게 하고 사양하고 양보하는 모습을 익히게 한 것이니,

대체로 눌러서 가르치려는 이유이고, 총애해서 기특하게 여기신 것
은 아니다.

[憲問 第十四]

衛靈公第十五

凡四十一章이라

—

모두 사십일 章이다.

①衛靈公이問陳於孔子한대孔子對曰俎豆[1])之事는則
嘗聞之矣어니와軍旅之事는未之學也라하시고明日에遂
行하시다

衛靈公이 陳法을 孔子께 물었는데 孔子께서 대답하여 말씀하시기를
俎豆의 일은 일찍이 들었거니와 軍旅의 일은 배우지 못하였습니다 하
시고 明日에 드디어 떠나시었다

陳은謂軍師行伍之列이라俎豆는禮器라尹氏曰衛靈公은無道之
君也요復有志於戰伐之事故로答以未學而去之니라

―

陳은 軍師 行伍의 隊列을 말한다. 俎豆는 禮에 필요한 그릇이다.
尹氏가 말하였다. "衛靈公은 無道한 임금이고 다시 전쟁과 정벌의
일에 뜻이 있었기 때문에 배우지 못했다고 답하고 떠나신 것이다."

在陳絶糧하니從者病하여莫能興이러니[2])
陳나라에 계시면서 양식이 끊어지니 따르던 사람이 病이 들어 일어날
수 없었더니

---

1) 俎豆 : 俎에는 날고기를 담고 豆에는 마른 고기 등을 담았던 데에서 유래하여 禮器를 이르
  는 말로 쓰이며, 제사를 지낸다는 뜻도 있다.
2) 孔子께서 陳나라에 계실 때가 가장 곤란을 겪으시던 시기이다. 在陳之歎도 이때에 나온 말
  이다. 「公冶長」篇 참고.

孔子去衛適陳이라興은起也라

—

孔子께서 衛나라를 떠나서 陳나라로 가셨다. 興은 일어남이다.

子路慍見^현曰君子도亦有窮乎잇가子曰君子固窮이니
小人은窮斯濫矣니라

子路가 화가 나서 뵈옵고 말하기를 군자도 역시 窮함이 있습니까 孔
子께서 말씀하시기를 군자는 본디 窮하니 소인은 窮하면 이에 넘치느
니라

何氏曰濫은溢也라言君子固有窮時니不若小人의窮則放溢爲
非니라程子曰固窮者는固守其窮이라하니亦通이라○愚는謂聖人은
當行而行하여無所顧慮요處困而亨하여無所怨悔를於此可見이니
學者宜深味之니라

—

河氏가 말하였다. "濫은 넘침이다. 군자는 본디 窮할 때가 있으니,
소인의 窮하면 방탕하고 넘쳐서 나쁜 행동을 하는 것과 같지 않다
는 말이다." 程子가 말하기를 "固窮은 그 窮을 굳게 지키는 것이
다."라고 하니, 역시 말이 된다. ○ 나는 생각하건대, 聖人은 行할
때를 당하면 行해서 돌아보거나 염려하는 것이 없고, 困窮함에 처
해도 형통해서 원망하거나 후회하는 것이 없음을 이런 데에서도 엿
볼 수 있으니, 학자들은 깊이 음미해야 할 것이다.

②子曰賜也아 女以予로爲多學而識^지之者與아

孔子께서 말씀하시기를 賜야 너는 나를 많이 배워서 기억하는 사람이
라 여기느냐

子貢之學은 多而能識矣라 夫子欲其知所本也故로 問以發之라
—

子貢의 학문은 많이 배워서 잘 기억하는 것이다. 孔子께서 그로 하
여금 근본적인 것을 알게 하고자 하였기 때문에 물으시어 질문을
유발시키셨다.

對曰然하이다 非與잇가

대답하여 말하기를 그렇습니다 아닙니까

方信而忽疑는 蓋其積學功至에而亦³⁾將有得也라
—

바야흐로 믿다가 갑자기 의심하는 것은 대개 그가 학문을 쌓아서 공
부가 지극해졌기에 역시 장차 깨달음이 있는 것이다.

曰非也라 予는 一以貫之니라

---

3) 亦 : 孔子께서 曾子에게 하신 '眞積力久 將有所得'이라는 칭찬의 말을 子貢에게도 하셨기
에 '亦'字를 썼다. 「里仁」篇 참고.

說見^현第四篇⁴⁾이라然이나彼는以行言而此는以知言也라○謝氏曰
聖人之道大矣라人不能遍觀而盡識이니宜其以爲多學而識^지之
也나然이나聖人이豈務博者哉리오如天之於衆形에匪物物刻而雕
之也라故로曰予一以貫之라하니德輶如毛나毛猶有倫이어니와上天
之載는無聲無臭라하니至矣⁵⁾니라尹氏曰孔子之於曾子에不待其
問而直告之以此요曾子도復^부深喩之하여曰唯요若子貢則先發
其疑而後에告之로되而子貢이終亦不能如曾子之唯也하니二子
所學之淺深을於此可見이니라愚는按夫子之於子貢엔屢有以發
之나而他人은不與^예焉則顏曾以下의諸子所學之淺深을又可見
矣니라

—

설명이 第4篇에 나타났다. 그러나 저 篇에서는 (曾子에게) 행동을 가
지고 말씀하셨고, 이 篇에서는 (子貢에게) 지식을 가지고 말씀하셨다.
○ 謝氏가 말하였다. "聖人의 道가 큰지라 사람들이 두루 보아서 모
두 알 수 없으니, 의당 많이 배워서 기억한다고 여긴다. 그러나 聖人
이 어찌 博識에 힘쓰겠는가. 마치 하늘이 모든 물체에 대해서 물건마
다 조각해내지 아니함과 같다. 그러므로 '나는 하나로써 관통하였다.'라
고 말씀하셨으니, 德의 가볍기가 터럭과 같으나 터럭은 오히려 等數
가 있지만, 하늘이 하는 일은 소리도 없고 냄새도 없다 하니 지극한

---

4) 「里仁」篇, 十五章, '子曰 參乎 吾道 一以貫之 曾子曰 唯' 참고.

5) 德輶如毛 毛猶有倫 上天之載 無聲無臭 至矣 : 『中庸』의 맨 마지막 구절이며, '德輶如
毛 毛猶有倫'은 『詩經』, 「大雅」, 蒸民篇이며, '上天之載 無聲無臭'는 『詩經』, 「大雅」,
文王篇의 구절이다.

것이다." 尹氏가 말하였다. "孔子께서 曾子에게 대하여는 그 물음을 기다리지도 아니하고 바로 이 말을 가지고 告해 주셨고 曾子도 역시 깨달음이 깊어서 '예.'라고 대답했다. 子貢의 경우는 먼저 그 의심을 유발시킨 뒤에 告해 주셨는데도 子貢은 끝내 역시 曾子처럼 '예.'라고 하지 못하였으니, 두 사람의 학문한 것의 얕고 깊음을 이런 데서도 엿볼 수 있다." 나는 생각하건대, 孔子께서 子貢에 대해서는 여러 번 질문을 유발시킨 것이 있었으나 다른 사람은 참여하지 못했다면 顔子, 曾子 이하의 여러 사람들의 학문의 얕고 깊음을 또 엿볼 수 있다.

---

③子曰由아知德者鮮矣니라

孔子께서 말씀하시기를 由야 德을 아는 사람이 드물다

由는呼子路之名而告之也라德은謂義理之得於己者니非己有之면不能知其意味之實也라○自第一章으로至此는疑皆一時之言이요此章은蓋爲慍見^현發也라

—

由는 子路의 이름을 불러서 告해 주신 것이다. 德은 의리가 자기 몸에 깨달아진 것을 말함이니, 자기가 직접 소유하지 아니했으면 그 의미의 진실을 알 수 없다. ○ 第1章으로부터 이 章까지는 아마도 모두 같은 시기의 말씀일 것이고, 이 章은 아마도 (子路가) 화가 나서 뵌 것 때문에 발언하신 듯하다.

---

④子曰無爲而治者는其舜也與신저夫何爲哉시리오恭

己正南面而已矣시니라

孔子께서 말씀하시기를 하는 일 없이 다스린 사람은 아마도 舜임금이
실 것이다 대저 무슨 일을 하셨으리오 자기를 공손히 하고 南쪽을 향
하여 정면으로 앉아 있을 뿐이시었다

無爲而治者는聖人은德盛而民化하여不待其有所作爲也라獨稱
舜者는紹堯之後요而又得人以任衆職故로尤不見其有爲之迹
也라恭己者는聖人敬德之容이니旣無所爲則人之所見이如此而
已라

—

하는 일 없이 다스린다는 것은 聖人의 德이 성대해서 백성이 감화
되어 어떤 동작이나 행위를 기다리지 아니함이다. 단지 舜임금만 칭
한 것은 堯임금의 뒤를 이었고, 또 사람을 얻어서 여러 직책을 맡
겼기 때문에 더욱 행동이 있는 흔적을 발견하지 못하여서이다. 자기
를 공손히 함은 聖人이 德을 공경히 하는 모습이니, 이미 하는 것
이 없다면 사람들이 보는 것이 이와 같았을 뿐이다.

---

⑤子張이問行한대

子張이 行함을 물었는데

猶問達6)之意也라

---

6) 問達 : 子張이 '達'에 대해 물은 것을 가리킨다. 「顏淵」篇, 二十章, '子張問 士何如 斯
可謂之達矣' 참고.

達함을 물은 뜻과 같다.

子曰言忠信하며行篤敬이라도雖蠻貊之邦이라도行矣어니와
言不忠信하며行不篤敬이면雖州里⁷⁾나行乎哉아

孔子께서 말씀하시기를 말이 진실스럽고 미더우며 행동이 후하고 조심스
러우면 비록 蠻貊의 나라라 하더라도 行하여지거니와 말이 진실스럽고
미덥지 못하며 행동이 후하고 조심스럽지 못하면 비록 州里라 하더라도
行하여지겠는가

子張은意在得行於外故로夫子反於身而言之니猶答干祿⁸⁾問
達之意也라篤은厚也라蠻은南蠻이요貊은北狄이라二千五百家爲
州라

子張은 뜻이 외부에 行해지는 것을 얻는 데에 있기 때문에 孔子께
서 자신을 반성하는 것으로 말씀하셨으니, 干祿과 問達에 답한 뜻
과 같다. 篤은 후함이다. 蠻은 南蠻이고 貊은 北狄이다. 이천오백
家가 州가 된다.

立則見其參^참於前也요在輿則見其倚於衡也니夫然

---

7) 州里 : 자기가 사는 고장이나 마을을 가리킨다.
8) 干祿 : 「爲政」篇, 十八章, '子張 學干祿 子曰 多聞闕疑 慎言其餘則寡尤 多見闕殆
愼行其餘則寡悔 言寡尤 行寡悔 祿在其中矣' 참고. ·

後行이니라

서 있으면 그것이 앞에 참여함을 보고 수레에 있으면 그것이 橫木에
의지함을 볼지니 그런 뒤에 행해지는 것이니라

其者는指忠信篤敬而言이라參은讀如毋往參焉9)之參이니言與我
相參也라衡은軛也라言其於忠信篤敬에念念不忘하여隨其所在
하여常若有見이요雖欲頃刻離之라도而不可得然後에一言一行이
自然不離於忠信篤敬하여而蠻貊이라도可行也라

其는 忠·信·篤·敬을 가리켜 한 말이다. 參은 毋往參焉의 參과
같이 읽어야 하니, 나와 더불어 서로 참여하는 것을 말한다. 衡은
수레 앞에 가로지르는 나무이다. 사람이 忠·信·篤·敬에 대하여
생각하고 생각하여 잊지 아니해서 그 있는 곳에 따라 항상 보이는
것이 있는 듯이 하고, 비록 한순간이라도 떠나려 하나 떠날 수 없게
된 연후에, 말 한 마디 움직임 하나도 저절로 忠·信·篤·敬에서
떠나지 아니하여 蠻貊의 나라라고 할지라도 行해질 수 있음을 말
씀하신 것이다.

子張이書諸^저紳하니라

子張이 띠에 기록하였다

紳은大帶之垂者니書之하여欲其不忘也라○程子曰學은要鞭辟近

9) 毋往參焉 : 『禮記』, 「曲禮上」, '離坐離立 毋往參焉 離立者 不出中間' 참고.

裏著^착己而已니博學而篤志하고切問而近思하며言忠信行篤敬하여立則見其參^참於前이요在輿則見其倚於衡하여卽此是學이면質美者는明得10)하여盡査滓便渾化11)하여却與天地同體12)요其次는惟莊敬13)以持養14)之하여及其至則一也니라

———

紳은 큰 띠의 드리워진 부분이니, 기록하여 그것(忠信篤敬)으로 하여금 잊혀지지 않게 하고자 함이다. ○ 程子가 말하였다. "학문은 자신을 가다듬고 절실하게 하여 자신의 몸에서 떨어지지 않게 하는 것을 요구할 뿐이니, 널리 배우고 뜻을 돈독하게 하고, 절실하게 묻고 생각을 가깝게 하여, 말은 진실스럽고 미덥게 하며 행동은 후하고 조심스럽게 해서, 서 있으면 그것이 내 앞에 참여함을 발견하고 수레에 있으면 그것이 횡목에 의지해 있는 것을 발견해야 한다. 이렇게 학문을 하면, 바탕이 아름다운 사람[質美者]은 보는 것이 투철해서 私欲의 찌꺼기를 모두 벗어버리고 문득 순수하게 변화해서, 어느덧 천지와 더불어 體를 함께할 것이고, 그 다음은 莊敬으로써 자신을 지키고 마음을 함양해서 최고의 경지에 이르면 (質美者와) 같게 될 것이다."

———

⑥子曰直哉라史魚여邦有道에如矢하며邦無道에如矢로다

---

10) 明得 : 見得透徹. 밝게 터득하다.

11) 渾化 : 잡것이 하나도 섞이지 않고 한 덩이가 되어 감화되는 것.

12) 與天地同體 : 천지와 더불어 體를 함께한다는 것은 聖人을 말한다.

13) 莊敬 : 마음속에 있으면 敬, 얼굴에 나타나면 莊, 몸에 나타나면 恭이라 한다.

14) 持養 : 자기 자신을 유지하고 마음을 함양하는 것.

孔子께서 말씀하시기를 정직하다 史官인 魚여 나라에 道가 있을 적에
화살 같으며 나라에 道가 없을 적에 화살 같도다

史는官名이요魚는衛大夫니名은鰌라如矢는言直也라史魚自以不
能進賢退不肖로旣死에도猶以尸諫[15]故로夫子稱其直이라事見^현
家語라

—

史는 벼슬이름이고, 魚는 衛나라 大夫이니 이름은 鰌이다. 如矢는
곧음을 말한다. 史官인 魚가 스스로 어진 사람을 벼슬에 나가게 하
고 어질지 못한 사람을 물러나게 하지 못한 것을, 이미 죽었는데도
오히려 시체로써 諫했기 때문에 孔子께서 그 곧음을 칭찬하셨다.
이 일은 『孔子家語』에 나타난다.

君子哉라蘧伯玉이여邦有道則仕하고邦無道則可卷而
懷之로다

군자답다 蘧伯玉이여 나라에 道가 있으면 벼슬하고 나라에 道가 없으
면 거두어 간수할 수 있겠도다

---

15) 史魚自以~尸諫 : 魚가 당시의 현인 蘧伯玉을 衛靈公에게 천거하였으나 靈公은 어리석
   은 彌子瑕의 말을 듣고 이를 받아들이지 않았다. 魚가 병들어 죽게 될 즈음 자식에게 賢人
   을 등용시키지 못하고 어리석은 이를 내쫓지 못함은 살아서 임금을 제대로 보좌하지 못한 것
   이니 죽어서도 禮를 따르지 말고 자신의 신시을 창문 아래에 두라고 하였다. 자식이 그 말대
   로 따랐는데, 靈公이 조문을 와서 보고는 괴이하게 여겨 자식에게 물어서 저간의 사정을 듣
   는 자신의 잘못을 뉘우치고 蘧伯玉을 등용하고 彌子瑕를 멀리하였다. 『孔子家語』,「困誓」
   篇에 나온다.

伯玉出處合於聖人之道故로曰君子라卷은收也요懷는藏也라如
於孫林父寗殖이放弑之謀16)에不對而出이亦其事也라○楊氏
曰史魚之直은未盡君子之道요若蘧伯玉然後에可免於亂世요
若史魚之如矢則雖欲卷而懷之나有不可得也니라

—

蘧伯玉의 出處가 聖人의 道에 부합되기 때문에 군자라고 말씀하셨
다. 卷은 거두어들임이고, 懷는 간수함이다. 예를 들어 孫林父, 寗殖
이 주군을 내치고 시해하려는 계획에 대답도 하지 않고 나가버린 것
이 역시 그러한 일(卷而懷之)이다. ○ 楊氏가 말하였다. "史官인 魚
의 곧음은 군자의 道에는 모자라고, 蘧伯玉과 같이 한 연후에 난세
에 면할 수 있고, 史官인 魚의 화살과 같은 경우라면 아무리 거두어
간수하고자 하더라도 불가능한 것이 있다."

⑦子曰可與言而不與之言이면失人이요不可與言而
與之言이면失言이니知者는不失人하며亦不失言이니라
孔子께서 말씀하시기를 더불어 말할 만한데도 더불어 말하지 아니하면
사람을 잃고 더불어 말할 만하지 아니한데도 더불어 말하면 말을 잃는
것이니 지혜로운 사람은 사람을 잃지 아니하며 또한 말을 잃지 아니한다

⑧子曰志士仁人은無求生而害仁이요有殺身以成仁
이니라

---

16) 放弑之謀 : 衛나라 獻公을 내치고 殤公 剽를 죽이고자 하는 계획.

孔子께서 말씀하시기를 뜻있는 선비와 어진 사람은 生을 구하려고 仁을 해침이 없고 몸을 죽여서 仁을 이룸은 있느니라

志士는 有志之士요仁人則成德之人也라理當死而求生이면則於其心에有不安矣라니是는害其心之德也요當死而死則心安而德全矣라○程子曰實理는得之於心이니自別實理者는實見得是요實見得非也라古人이有捐軀隕命者若不實見得이면惡ᄋ能如此리오須是實見得이면生이不重於義며生이不安於死也라故로有殺身而成仁者하니只是成就一箇是而已니라

志士는 뜻이 있는 선비이고, 仁人은 德을 완성한 사람이다. 이치상 당연히 죽어야 하는데 살기를 원하면 그 마음에 편치 못함이 있으니, 이것은 그 마음의 德을 해치는 것이고, 마땅히 죽어야 함에 죽으면 마음도 편안하고 德도 완전해진다. ○ 程子가 말하였다. "실제의 이치는 마음에 깨달아지는 것이니, 스스로 실제의 이치를 구별하는 사람은 실제로 옳은 것을 보고 깨닫고, 실제로 그른 것을 보고 깨닫는다. 옛날 사람이 몸을 버리고 목숨을 버리는 것은 만약에 실제로 보고 깨닫지 못했더라면 어찌 이와 같이 할 수 있었으리오 모름지기 실제로 보고 깨달으면 사는 것이 의리보다 소중하지 아니하며, 사는 것이 죽음보다 편안하지 아니하다. 그러므로 자기 몸을 죽여서 仁을 이루는 사람이 있으니, 오로지 이것은 한 개의 옳음을 성취할 뿐이다."

⑨子貢이問爲仁한대子曰工欲善其事인댄必先利其器

니居是邦也하여 事其大夫之賢者하며 友其士之仁者니라

子貢이 仁 행함을 물었는데 孔子께서 말씀하시기를 工人이 그 일을
잘하고자 할진댄 반드시 먼저 그 도구를 예리하게 하나니 어떤 나라에
居하여 그 大夫의 훌륭한 사람을 섬기며 그 선비의 仁한 사람을 벗삼
아야 하느니라

賢은 以事言이요 仁은 以德言이라 夫子嘗謂子貢이 悅不若己者故로
以是告之하여 欲其有所嚴憚切磋하여 以成其德也라 ○程子曰子
貢이 問爲仁이요 非問仁也故로 孔子告之以爲仁之資而已니라

—

賢은 일을 가지고 말함이고, 仁은 德을 가지고 말한 것이다. 孔子
께서 일찍이 子貢은 자기만 같지 못한 사람을 기쁘게 여긴다고 여
기셨기 때문에 이 말을 告해 주어서, 그로 하여금 조심하고 삼가고
갈고 닦는 바가 있어서 그 德을 이루게 하고자 하셨다. ○ 程子가
말하였다. "子貢이 仁 행하는 것을 묻고 仁을 물은 것이 아니기
때문에, 孔子께서 仁 행하는 자료를 가지고 告해 주었을 뿐이다."

---

⑩顔淵이 問爲邦한대

顔淵이 나라 다스림을 물었는데

顔子는 王佐之才故로 問治天下之道니 曰爲邦者는 謙辭라

—

顔子는 王天下를 도울 인품이기 때문에 천하 다스리는 道를 물은

것이니, 나라 다스림이라고 말한 것은 謙辭이다.

子曰行夏之時하며

孔子께서 말씀하시기를 夏나라의 曆法을 행하며

夏時는 謂以斗柄初昏建寅之月로爲歲首[17]也라天開於子하고地
闢於丑하고人生於寅[18]故로斗柄이建此三辰의之月이皆可以爲歲
首하여而三代迭用之니夏以寅하니爲人正이요商以丑하니爲地正이
요周以子하니爲天正也[19]라然이나時以作事면則歲月은自當以人
爲紀故로孔子嘗曰吾得夏時焉이요而說者도以爲夏小正[20]之屬
은蓋取其時之正과與其令之善하니而於此에又以告顔子也라

—

夏나라 曆法은 북두칠성의 자루가 초저녁에 寅方(동쪽)으로 향하는
달을 가지고 正月로 삼는 것을 이른다. 하늘은 子時에 열렸고, 땅은
丑時에 열렸고, 사람은 寅時에 나왔기 때문에, 북두칠성의 자루가 이
세 방향(子方, 丑方, 寅方)에 세워지는 달은 모두 정월이 될 수 있어
서, 三代가 바꾸어 가면서 사용하였다. 夏나라는 寅方으로써 하였으
니 人正이 되고, 商나라는 丑方으로써 하였으니 地正이 되고, 周나

---

17) 歲首 : 해의 첫머리 달, 즉 正月.

18) 天開於子 地闢於丑 人生於寅 : 『皇極經世書』에 따르면 일만 팔백 년이 一會가 되고
십이 會가 모여 一元이 된다. 첫 일만 팔백 년(子會)에 하늘이 열리고 다음 일만 팔백 년(丑
會)에 땅이 이루어지고 다음 일만 팔백 년(寅會)에 사람이 태어났다고 하였다.

19) 子는 天과 통하고, 丑은 地와 통하고, 寅은 人과 통한다. 天正은 天統, 地正은 地統, 寅
正은 人統이라고도 하며, 이것을 三統이라 한다.

20) 夏小正 : 夏나라 月曆.

라는 子方으로써 하였으니 天正이 된다. 그러나 時期에 맞춰 농사를 짓는다고 한다면 달력은 스스로 마땅히 사람을 가지고 법으로 삼아야 하는 것이기 때문에, 孔子께서 일찍이 '나는 夏曆이 옳다.'고 말씀하셨고, 설명하는 사람도 『夏小正』 等屬은 대체로 시기의 바름 및 月令의 좋은 점을 취하였다고 말했으니, 여기에서 또 그것을 가지고 顔子에게 告해 주었다.

乘殷之輅하며

殷나라의 수레를 타며

商輅는 木輅也니 輅者는 大車之名이라 古者엔 以木爲車而已러니 至商而有輅之名하니 蓋始異其制也라 周人은 飾以金玉則過侈而易이敗하여 不若商輅之朴素渾堅하고 而等威已辨하여 爲質而得其中也라

—

商나라 수레는 나무로 만든 수레이니, 輅는 큰 수레 이름이다. 옛날에는 나무를 가지고 수레를 만들었을 뿐이었다. 商나라에 이르러 輅라는 이름이 생겼으니, 아마 처음으로 그 제도를 달리한 듯하다. 周나라는 金과 玉으로 수식하였으니 지나치게 호화롭고 쉽게 부서져서 商나라 수레의 소박하고 튼튼하며 등급과 위엄이 이미 분변되어, 질박하면서도 그 中道를 얻은 것만 같지 못하다.

服周之冕하며

周冕有五하니祭服之冠也니冠上有覆ᵗ하고前後有旒라黃帝以來
로蓋已有之로되而制度儀等이至周始備라然이나其爲物이小而加
於衆體之上故로雖華而不爲靡하고雖費而不及奢하니夫子取之
는蓋亦以爲文而得其中也라

—

周나라 면류관은 다섯 가지가 있으니, 제사 지낼 때 쓰는 冠이니
冠 위에 덮개가 있고 앞뒤에 수술이 있다. 黃帝 이래로 대개 이미
있었지만, 제도와 법식과 등급이 周나라에 이르러 비로소 갖추어졌
다. 그러나 그 물건됨이 작지만 모든 몸의 위에 더해지기 때문에 아
무리 화려하더라도 호사스러움은 되지 아니하고, 비록 비용이 들어
도 사치에는 미치지 아니하니, 孔子께서 취하신 것은 역시 꾸밈을
하면서도 그 알맞음을 얻었기 때문이다.

樂則韶舞21)요

음악은 韶舞요

取其盡善盡美22)라

—

그 盡善盡美를 취한 것이다.

---

21) 韶舞 : 舜임금의 음악
22) 盡善盡美 : 盡善은 백성을 잘 살게 한 것, 盡美는 德이 아무런 瑕疵가 없는 것을 가리킨다.

放鄭聲하며 遠佞人이니 鄭聲은 淫하고 佞人은 殆니라

鄭나라 음악을 물리치며 말만 잘하는 사람을 멀리할지니 鄭나라 음악
은 음탕하고 말만 잘하는 사람은 위태로우니라

放은 謂禁絶之라 鄭聲은 鄭國之音이라 佞人은 卑諂辨給之人이라 殆
는 危也라 ○程子曰 問政이 多矣나 惟顏淵에 告之以此하니 蓋三代之
制는 皆因時損益이니 及其久也하여는 不能無弊어니와 周衰에 聖人이
不作故로 孔子斟酌先王之禮하여 立萬世常行之道하되 發此以爲
之兆耳니 由是求之則餘皆可考也니라 張子曰 禮樂은 治之法也요
放鄭聲遠佞人은 法外意也로되 一日不謹則法壞矣리니 虞夏君臣
이 更相戒飭도 意蓋如此니라 又曰 法立而能守則德可久業可大니
鄭聲佞人은 能使人喪其所守故로 放遠之니라 尹氏曰 此所謂百
王不易之大法이니 孔子之作春秋도 蓋此意也라 孔顏이 雖不得行
之於時나 然이나 其爲治之法은 可得而見矣니라

—

放은 금지하고 끊어버림을 말한다. 鄭聲은 鄭나라 음악이다. 佞人은
비굴하고 아첨하며 입으로만 처리하는 사람이다. 殆는 위태로움이다.
○ 程子가 말하였다. "정치를 물은 것이 많았으나 오직 顏淵에게만
이것을 가지고 告해 주었다. 대체로 三代의 제도는 모두 시대에 따라
덜고 더했으니, 오래됨에 미쳐서는 폐단이 없을 수 없거니와 周나라가
쇠퇴함에 聖人이 나오지 못했기 때문에, 孔子께서 先王의 禮를 짐작
해서 만세 동안 떳떳하게 행할 도리를 수립하되 이런 것을 밝혀서 준
칙으로 삼았을 뿐이다. 이로 말미암아 찾아낸다면 나머지도 모두 상고

할 수 있을 것이다." 張子가 말하였다. "禮와 樂은 다스리는 방법이고, 鄭나라 음악을 물리치고 佞人을 멀리하는 것은 다스리는 법 밖의 뜻이지만, 하루라도 삼가지 아니하면 법이 파괴될 것이니, 虞나라·夏나라의 임금과 신하들이 돌아가면서 서로 경계하고 조심하는 것도 뜻이 대체로 이와 같아서이다." 또 말하였다. "법을 수립해서 지킬 수 있으면 다스리는 德은 오래갈 수 있고 사업은 커질 수 있으니, 鄭나라 음악과 佞人은 사람으로 하여금 그 지키는 것을 상실케 할 수 있기 때문에, 물리치고 멀리하라는 것이다." 尹氏가 말하였다. "이것은 이른바 百代의 왕이라도 바꾸지 못할 큰 법이니, 孔子께서 『春秋』를 지으신 것도 대체로 이런 뜻이다. 孔子와 顔子가 비록 그것을 당시에 행하지는 못하였으나 그 다스리는 방법은 엿볼 수 있다."

⑪子曰 人無遠慮면 必有近憂니라

孔子께서 말씀하시기를 사람이 먼 염려가 없으면 반드시 가까운 근심이 있느니라

蘇氏曰 人之所履者容足之外엔 皆爲無用之地로되 而不可廢也
라 故로 慮不在千里之外면 則患在几席之下矣니라

—

蘇氏가 말하였다. "사람이 발로 밟는 것은 발을 용납하는 곳 외에는 모두 無用한 땅이 되겠지만 없어서는 안된다. 그러므로 思慮가 千里 밖에 있지 아니하면 걱정거리가 앉은자리 아래에 생긴다."

⑫子曰已矣乎라吾未見好德을如好色者也케라

孔子께서 말씀하시기를 말아야겠다 나는 德 좋아함을 色 좋아함 같이
하는 사람을 보지 못하였다

已矣乎는歎其終不得而見之也라

—

말아야겠다는 끝내 만나 볼 수 없음을 탄식하신 것이다.

---

⑬子曰臧文仲은其竊位者與인저知柳下惠之賢而不
與立也로다

孔子께서 말씀하시기를 臧文仲은 아마도 자리를 훔친 사람일 것이다
柳下惠의 훌륭함을 알면서도 함께 서지 아니하였도다

竊位는言不稱其位하여而有愧於心이니如盜得而陰據之也라柳
下惠는魯大夫展獲이니字는禽이요食邑이柳下요諡曰惠라與立은謂
與之並立於朝라范氏曰臧文仲이爲政於魯에若不知賢이면是는
不明也요知而不擧면是는蔽賢也니不明之罪는小하고蔽賢之罪는
大故로孔子以爲不仁이라하시고又以爲竊位시니라

—

竊位는 그 지위에 걸맞지 못해서 마음에 부끄러움이 있음을 말하니
마치 도적이 물건을 훔쳐서 몰래 차지한 것과 같다. 柳下惠는 魯나

라 大夫 展獲이니 字는 禽이고 食邑이 柳下이고 諡號가 惠이다. 與立은 그와 함께 조정에 서는 것을 말한다. 范氏가 말하였다. "臧文仲이 魯나라에서 정치를 할 적에 만약 (柳下惠의) 훌륭함을 알지 못했다면 이것은 밝지 못한 것이고, 알면서도 薦擧하지 않았다면 이것은 훌륭함을 차단한 것이니, 밝지 못한 죄는 작고 훌륭함을 차단한 죄는 크기 때문에 孔子께서 어질지 못하다고 말씀하셨고 또 지위를 훔쳤다고 말씀하셨다."

---

⑭子曰躬自厚而薄責於人이면則遠怨矣니라

孔子께서 말씀하시기를 자기에게는 스스로 厚하게 하고 남에게는 책망함을 薄하게 하면 원망은 멀어질 것이다

責己厚故로身益脩요責人薄故로人易從이니所以人不得而怨之라

—

자신을 꾸짖음은 厚하게 하기 때문에 몸은 더욱 닦이고 남 꾸짖음은 薄하게 하기 때문에 남이 쉽게 따르니, 남이 원망하지 못하는 이유이다.

---

⑮子曰不曰如之何如之何者는吾末如之何也已矣니라

孔子께서 말씀하시기를 어찌할까 어찌할까라고 아니하는 사람은 나도

어찌할 수 없을 뿐이다

**如之何如之何者는熟思而審處之辭也니不如是而妄行이면雖
聖人이라도亦無如之何矣라**

—

어찌할까 어찌할까라고 함은 곰곰이 생각해서 상세하게 처리하려는
말이니, 이와 같이 하지 아니하고 함부로 행동하면 아무리 聖人이
라 할지라도 역시 어찌할 수 없다.

---

⑯子曰羣居終日에言不及義요好行小慧면難矣哉라
孔子께서 말씀하시기를 여럿이 居하여 終日 동안 말은 의리에 미치치
못하고 작은 지혜 행함을 좋아하면 어렵다

**小慧는私智也라言不及義則放辟邪侈之心이滋하고好行小慧則
行險僥倖之機熟이라難矣哉者는言其無以入德이요而將有患害
也라**

—

小慧는 사사로운 지혜이다. 말이 의리에 미치지 못하면 방탕하고
편벽하고 간사하고 사치하려는 마음이 많아지고, 작은 지혜 행함을
좋아하면 위험을 행해서 僥倖을 바라는 機心에 익숙해진다. 어렵다
라는 것은 德에 들어갈 수는 없고 장차 해로운 일이 있을 것임을
말씀하신 것이다.

⑰子曰君子義以爲質이요禮以行之하며孫以出之하며
信以成之하나니君子哉라

孔子께서 말씀하시기를 군자는 義로써 바탕을 삼고 禮로써 행하며 공
손으로써 나타내며 믿음으로써 이루나니 군자답다

義者는制事之本故로以爲質幹이요而行之엔必有節文이요出之
엔必以退遜이요成之엔必在誠實이라야乃君子之道也라○程子曰
義以爲質은如質幹然이요禮行此孫出此信成此니此四句는只
是一事니以義爲本이니라又曰敬以直內則義以方外요義以爲
質則禮以行之孫以出之信以成之니라

義는 일을 이루는 근본이기 때문에 바탕되는 줄거리로 삼고, (義를)
행하는 데에는 반드시 절차와 양식이 있어야 하고, 표현하는 데에는
반드시 양보와 겸손함으로써 하고, 성립시키는 데에는 반드시 성실이
있어야 곧 군자의 道이다. ○ 程子가 말하였다. "義로 바탕을 삼음
은 마치 본질적인 줄거리처럼 하고, 禮로 이것을 행하고 공손으로 이
것을 표현하고 믿음으로 이것을 성립시킴이니, 이 네 글귀는 오로지
한 가지 일이니 義를 근본으로 여긴다." 또 말하였다. "敬이 내면을
정직하게 하면 義는 외면을 바로잡고, 義가 바탕이 되면 禮로써 義
를 행하고 공손으로써 義를 표현하고 믿음으로써 義를 성립시키는
것이다."

⑱子曰君子는病無能焉이요不病人之不己知也니라

孔子께서 말씀하시기를 군자는 無能을 病으로 여기고 남이 자기를 알아주지 아니함을 病으로 여기지 아니한다

⑲子曰君子는疾沒世而名不稱焉이니라

孔子께서 말씀하시기를 군자는 세상을 마치도록 이름이 일컬어지지 못함을 미워한다

范氏曰君子는學以爲己요不求人知나然이나沒世而名不稱焉則無爲善之實을可知矣니라

—

范氏가 말하였다. "군자는 배워서 자기 발전을 위하고, 남이 알아주기를 원하지 아니한다. 그러나 세상을 마치도록 이름이 일컬어지지 못한다면 善을 행한 실상이 없음을 알 수 있다."

⑳子曰君子는求諸저己요小人은求諸人이니라

孔子께서 말씀하시기를 군자는 자기에게 찾고 소인은 남에게서 찾느니라

謝氏曰君子는無不反求諸己요小人은反是니此君子小人의所以

分也니라○楊氏曰君子雖不病人之不己知니然이나亦疾沒世而
名不稱也요雖疾沒世而名不稱이나然이나所以求者는亦反諸己
而已니小人은求諸人故로違道干譽無所不至라三者는文不相蒙
이나而意實相足23)하니亦記言者之意니라

—

謝氏가 말하였다. "군자는 자기에게 돌이켜 찾지 아니함이 없고, 소
인은 이와 반대이니, 이것이 군자와 소인이 나누어지는 조건이다."
○ 楊氏가 말하였다. "군자는 비록 남이 자기를 알아주지 아니함을
病으로 여기지 아니하지만 그러나 역시 세상을 마치도록 이름이 일
컬어지지 못함은 미워하고, 비록 세상을 마치도록 이름이 일컬어지
지 못함을 미워하지만 그러나 찾는 방법은 역시 자신에게 돌이킬
뿐이니, 소인은 남에게서 찾기 때문에 道를 어기고 명예를 구함이
이르지 못할 곳이 없다. 이 세 가지는 글 구절은 서로 연결되지 않
지만 뜻은 실제로 서로 鼎足이 되니, 역시 말을 기록하는 사람의
본뜻이다."

㉑子曰君子는矜而不爭하며羣而不黨이니라
孔子께서 말씀하시기를 군자는 긍지를 가지면서도 다투지 아니하며 무
리와 함께하면서도 偏黨하지 아니한다

莊以持己曰矜이나然이나無乖戾之心故로不爭이요和以處衆曰羣
이나然이나無阿比之意故로不黨이라

---

23) 足: 鼎足. 솥발. 솥발이 세 개면 아무 곳에 세워도 균형이 잡힌다.

—

엄숙 단정으로써 자기를 유지하는 것을 矜이라 한다. 그러나 이치에 어긋나는 마음이 없기 때문에 다투지 아니한다. 溫和로써 대중과 어울리는 것을 羣이라 한다. 그러나 아첨으로 가까이하려는 마음이 없기 때문에 偏黨하지 아니한다.

㉒ 子曰君子는不以言擧人하며不以人廢言이니라

孔子께서 말씀하시기를 군자는 말 때문에 사람을 쓰지 아니하며 사람 때문에 말을 버리지 아니한다

㉓ 子貢이問曰有一言而可以終身行之者乎잇가子曰
其恕乎인저己所不欲을勿施於人이니라

子貢이 물어 말하기를 한마디 말로 종신토록 행함직한 것이 있습니까 孔子께서 말씀하시기를 아마도 恕일 것이다 자기가 하고자 아니하는 것을 남에게 베풀지 말지니라

推己及物이其施不窮故로可以終身行之라○尹氏曰學貴於知要니子貢之問이可謂知要矣요孔子는告以求仁之方也니推而極之면雖聖人之無我라도不出乎此니終身行之不亦宜乎아

—

자기를 미루어서 남에게 미치게 함은 그 시행할 것이 끝이 없기 때문

에 종신토록 행할 수 있다. ○ 尹氏가 말하였다. "학문은 요점을 아는 것이 으뜸이니, 子貢의 물음이 요점을 안다고 말할 수 있고, 孔子께서는 仁을 찾는 방법을 가지고 告해 주셨으니, 미루어서 끝까지 가면 비록 聖人의 無我라 할지라도 여기에서 벗어나지 아니하니, 종신토록 할 수 있음이 역시 마땅하지 아니한가."

㉔子曰吾之於人也에誰毀誰譽리오如有所譽者면其有所試矣니라

孔子께서 말씀하시기를 내가 사람들에 대하여 누구를 헐뜯고 누구를 칭찬하리오 만약 칭찬한 자가 있다면 그것은 시험해 본 적이 있어서일 것이다

毀者는稱人之惡而損其眞이요譽者는揚人之善而過其實이니夫子는無是也라然이나或有所譽者則必嘗有以試之하여而知其將然矣라聖人善善之速而無所苟如此요若其惡ᆼ惡則已緩矣라是以로雖有以前知其惡이라도而終無所毀也라

—

毀는 남의 惡을 말하면서 그 진실을 덜어냄이고 譽는 남의 善을 칭찬하면서 그 진실보다 지나침이니, 孔子께서는 이런 것이 없으시다. 그러나 혹시라도 칭찬할 자가 있으면 반드시 일찍이 시험할 수 있어서, 그가 장차 그러할 것임을 알아서이다. 聖人은 선행을 칭찬하는 것은 속히 하면서 주저함이 없음이 이와 같고, 만일 惡을 미워하는 것이라면 아예 늦춘다. 이 때문에 비록 앞서서 그 惡을 알 수 있다

하더라도 끝내 헐뜯는 말은 없다.

斯民也는三代之所以直道而行也니라
이 백성들은 三代 때에도 정직한 道로 행동하던 사람들이니라

斯民者는今此之人也라三代는夏商周也라直道는無私曲也니言
吾之所以無所毁譽者는蓋以此民으로卽三代之時면所以善其
善惡오其惡而無所私曲之民故로我今亦不得而枉其是非之實
也라○尹氏曰孔子之於人也에豈有意於毁譽之哉리오其所以
譽之者는蓋試而知其美故也라斯民也三代所以直道而行이니
豈得容私於其間哉리오

—

斯民은 오늘날 사람들이다. 三代는 夏나라, 商나라, 周나라이다.
直道는 사욕과 왜곡이 없는 것이다. 내가 헐뜯거나 칭찬하는 것이
없는 이유는 이 백성을 가지고 三代 때에 나아간다면 그 착한 것을
좋아하고 그 악한 것을 미워하여 사욕과 왜곡이 없는 백성이기 때
문이니, 내가 오늘날 역시 그 옳고 그름의 진실이 잘못되게 할 수
없음을 말씀하신 것이다. ○ 尹氏가 말하였다. "孔子께서 사람들에
게 대하여 어찌 헐뜯고 칭찬하는 데에 뜻이 있으셨으리오 그 칭찬
하는 까닭은 대체로 시험해 봐서 그 아름다움을 알기 때문이다. 이
백성들이 三代 때에는 곧은 道를 행하던 사람들이니, 어찌 그 사이
에 사사로움(개인적으로 헐뜯거나 칭찬하는 것)을 용납할 수 있으리오"

㉕子曰吾猶及史之闕文也와有馬者借人乘之호니今亡무矣夫인저

孔子께서 말씀하시기를 나는 오히려 史官이 글귀를 빼 줌과 말을 가진 사람이 남에게 빌려주어 타게 함을 보았더니 지금은 없구나

楊氏曰史闕文馬借人此二事를孔子猶及見之러니今亡무矣夫는悼時之益偷也니라愚는謂此必有爲而言이니蓋雖細故로되而時變之大者를可知矣니라○胡氏曰此章은義疑하니不可强解니라
—

楊氏가 말하였다. "史官이 글귀를 빼 주는 것과 말을 남에게 빌려 주는 이 두 가지 일을 孔子께서 오히려 보는 데 미쳤더니, 지금은 없구나 하신 것은 시대가 더욱 야박해졌음을 마음 아프게 여기셔서이다." 나는 생각하건대, 이 말은 반드시 위하는 것이 있어서 하신 말씀이니, 대체로 비록 작은 일이지만 시대가 바뀐 것이 큼을 알 수 있다. ○ 胡氏가 말하였다. "이 章은 의미가 의심스러우니 억지로 해석하는 것은 옳지 않다."

㉖子曰巧言은亂德이요小不忍則亂大謀니라

孔子께서 말씀하시기를 꾸며서 하는 말은 德을 어지럽히고 작은 것을 참지 못하면 큰 계획을 어지럽히느니라

巧言은變亂是非하여聽之에使人喪其所守라小不忍은如婦人之

仁24)과匹夫之勇25)이皆是라

—

巧言은 옳고 그름을 변동시키고 문란하게 해서 그것을 들었을 적에
사람으로 하여금 그 지키는 것을 상실하게 한다. 작은 것을 참지 못
함은 예를 들면 부인의 仁과 匹夫의 용기가 모두 이런 것이다.

—

㉗子曰衆惡ᆞ之라도必察焉하며衆好之라도必察焉이니라
孔子께서 말씀하시기를 大衆이 미워하여도 반드시 살피며 大衆이 좋
아하여도 반드시 살필지니라

—

楊氏曰惟仁者야能好惡人이니衆好惡之而不察이면則或蔽於私
矣니라

—

楊氏가 말하였다. "仁한 사람만이라야 사람을 좋아하고 미워할 수
있는 것이니, 여러 사람이 좋아하고 미워한다 하더라도 살피지 아니
하면 어쩌면 私欲에 가려질 수 있다."

—

㉘子曰人能弘道요非道弘人이니라
孔子께서 말씀하시기를 사람이 道를 넓힐 수 있고 道가 사람을 넓히
지는 아니한다

—

24) 婦人之仁 : 부인의 자식에 대한 사랑. 맹목적인 사랑.
25) 匹夫之勇 : 평범한 남자의 보잘것없는 용기.

弘은 廓²而大之也라 人外無道요 道外無人이나 然이나 人心은 有覺이
요 而道體는 無爲故로 人能大其道요 道不能大其人也라 ○張子曰
心能盡性이니 人能弘道也요 性不知檢其心이니 非道弘人也니라
—

弘은 넓혀서 키움이다. 사람 밖에 道가 없고 道 밖에 사람이 없으
나, 그러나 사람 마음은 知覺이 있고 道의 본체는 하는 것이 없기
때문에 사람은 道를 키울 수 있어도 道는 사람을 키울 수 없다. ○
張子가 말하였다. "마음은 性을 극진히 할 수 있으니 사람은 道를
넓힐 수 있고, 性은 그 마음을 檢束할 줄 알지 못하니 道가 사람
을 넓히는 것이 아니다."

㉙子曰 過而不改 是謂過矣니라
孔子께서 말씀하시기를 허물 짓고 고치지 아니함이 이것을 허물이라고
말하는 것이다

過而能改則復於無過요 唯不改則其過遂成하여 而將不及改矣라
—

허물 짓고도 고칠 수 있으면 허물 없는 데 회복되고, 오직 고치지
아니하면 그 허물이 마침내 이루어져서 장차 고치는 데 미치지 못
하게 된다.

㉚子曰 吾嘗終日不食하며 終夜不寢하여 以思하니 無益

이라 **不如學也**로다

孔子께서 말씀하시기를 내 일찍이 종일 먹지 아니하며 밤새도록 자지 아니하고 생각하였더니 이익이 없는지라 배움만 같지 못하도다

此는爲思而不學者言之니蓋勞心以必求不如遜志而自得也라 李氏曰夫子非思而不學者라特垂語以教人爾니라

—

이 글은 생각만 하고 배우지 않는 사람을 위해 말씀하신 것이다. 대체로 마음을 수고롭게 해서 찾기에만 기필함이 뜻을 겸손히 해서 스스로 깨닫는 것만 같지 못하다. 李氏가 말하였다. "孔子께서는 생각만 하고 배우지 아니하는 사람이 아니시다. 단지 말을 제시해서 사람을 가르치실 뿐이다."

---

③① **子曰君子는謀道요不謀食하나니耕也에餒在其中矣 요學也에祿在其中矣니君子는憂道요不憂貧이니라**

孔子께서 말씀하시기를 군자는 道를 도모하고 祿을 도모하지 아니하나니 농사지음에도 굶주림이 그 속에 있고 배움에 祿이 그 속에 있으니 군자는 道를 걱정하고 가난을 걱정하지 아니하느니라

耕은所以謀食이로되而未必得食이요學은所以謀道로되而祿在其 中이라然이나其學也에憂不得乎道而已요非爲憂貧之故而欲爲 是以得祿也라○尹氏曰君子는治其本이요而不卹其末이니豈以 自外至者로爲憂樂ᵗ哉리오

—

耕은 먹는 것을 圖謀하는 수단이지만 먹는 것을 얻는다고 期必하지 못하고, 學은 道를 圖謀하는 수단이지만 祿이 그 속에 있다. 그러나 그 배울 적에 道를 얻지 못할 것을 근심할 뿐이고, 가난을 걱정하는 연고로 이것을 해서 祿을 얻으려고 하는 것이 아니다. ○ 尹氏가 말하였다. "군자는 근본을 다스리고 그 末端은 걱정하지 아니하니, 어찌 외부로부터 이른 것을 가지고 근심하거나 즐거워하리오"

㉜子曰知及之여도仁不能守之면雖得之나必失之니라

孔子께서 말씀하시기를 지혜가 미치고도 仁이 능히 지키지 못하면 비록 얻더라도 반드시 잃느니라

知足以知此理로되而私欲이間之則無以有之於身矣라

—

지혜가 충분히 이 이치를 알 수 있더라도 사욕이 끼어들면 몸에 소유할 수 없다.

知及之하며仁能守之여도不莊以涖之則民不敬이니라

지혜가 미치며 仁이 능히 지키고도 嚴肅端正으로 임하지 아니하면 백성들이 공경하지 아니하느니라

涖는臨也니謂臨民也라知此理而無私欲以間之면則所知者在我
而不失矣니然이나猶有不莊者면蓋氣習之偏이或有厚於內하고而
不嚴於外者라是以로民不見其可畏而慢易°之라下句放此라

—

涖는 가까이함이니, 백성에게 가까이함을 말한다. 이 이치를 알고
사욕이 끼어들게 함이 없으면 아는 것이 나에게 있어서 상실되지
아니하겠지만, 그러나 오히려 엄숙 단정하지 못함이 있으면 기질과
습관의 편벽됨이 어쩌면 내면에 두텁게 자리잡고 외면에는 엄숙하
지 못함이 있게 된다. 이 때문에 백성들이 두려워할 만한 것을 보지
못해서 만홀히 하고 쉽게 여긴다. 아래 글도 이와 같다.

知及之하며仁能守之하며莊以涖之여도動之不以禮면未
善也니라

지혜가 미치며 仁도 능히 지키며 엄숙 단정으로 임하고도 움직임을 禮
로써 아니하면 盡善하지 못하니라

動之는動民也니猶日鼓舞而作興之云爾라禮는謂義理之節文이
라○愚는謂學至於仁이면則善有諸己26)而大本이立矣니涖之不
莊과動之不以禮는乃其氣禀이라學問之小疵나然이나亦非盡善之
道也니라故로夫子歷言之하여使知德愈全則責愈備니不可以爲
小節而忽之也니라

---

26) 有諸己 : 信이 자기에게 잘 보존된 사람이다. 『孟子』, 「盡心章句下」, '可欲之謂善 有諸
己之謂信 充實之謂美 充實而有光輝之謂大 大而化之之謂聖 聖而不可知之之謂神'
참고.

動之는 백성을 움직이는 것이니, 鼓舞시켜 振作하여 일어나게 함과
같은 말이다. 禮는 의리상의 절차와 양식을 말한다. ○ 나는 생각하
건대, 학문이 仁에 이르면 善이 자기에게 잘 보존되어서 큰 근본이
수립되는 것이니, 백성에게 임하기를 엄숙 단정하지 못함이나 백성
움직이기를 禮로써 하지 못하는 것은 곧 타고난 기질의 것인지라
학문에서의 작은 瑕疵이지만, 그러나 역시 盡善의 道는 아니다. 그
러므로 孔子께서 차례로 말씀하시어, 德이 더욱 완전해질수록 책임
은 더욱 갖추어져야 하는 것이니 작은 절목이라고 여겨서 그것을
漫忽히 해서는 안됨을 알게 하신 것이다.

㉝子曰君子는不可小知而可大受也요小人은不可大
受而可小知也니라

孔子께서 말씀하시기를 군자는 작은 일에서는 알 수 없지만 큰 것을 받
을 수 있고 소인은 큰 것은 받을 수 없지만 작은 일은 알 수 있느니라

此는言觀人之法이라知는我知之也요受는彼所受也라蓋君子於細
事에未必可觀이로되而材德은足以任重이요小人은雖器量淺狹이로
되而未必無一長可取라

이 글은 사람 관찰하는 법을 말하였다. 知는 내가 아는 것이고, 受
는 저쪽에서 받는 것이다. 대체로 군자가 작은 일에는 볼만한 것을
期必하지 못하나 인품과 德은 충분히 중책을 맡을 수 있고, 소인은

비록 그릇과 도량은 얕고 좁으나 한 가지 장점도 취할 만한 것이 없다고는 期必하지 못한다.

㉞子曰民之於仁也에甚於水火하니水火는吾見蹈而死者矣어니와未見蹈仁而死者也케라

孔子께서 말씀하시기를 사람이 仁에 대하여 물불보다 심하니 물불은 내 밟아서 죽는 사람을 보았거니와 仁을 밟아서 죽는 사람은 보지 못하였노라

民之於水火에所賴以生이니不可一日無요其於仁也에도亦然이로되但水火는外物이요而仁은在己라無水火면不過害人之身이요而不仁則失其心이니是仁有甚於水火而尤不可一日無者也라況水火는或有時而殺人이어니와仁則未嘗殺人이어늘亦何憚而不爲哉오李氏曰此는夫子勉人爲仁之語니라下章放此라

—

사람이 물불에 대하여 힘입어 살아가는 것이니 하루라도 없어서는 안되고, 그 仁에 있어서도 역시 그러하다. 단지 물불은 몸 밖의 물건이고 仁은 내 몸에 있는지라 물불이 없으면 사람의 몸을 해치는 데 불과하고 仁하지 못하면 그 마음을 상실하니, 이것이 仁이 물불보다 심하여 더욱 하루라도 없어서는 안됨이 있는 것이다. 더구나 물불은 때로는 사람을 죽이는 경우도 있지만 仁이라면 사람을 죽인 적이 없거늘, 역시 무엇을 꺼려서 하지 아니하는가. 李氏가 말하였다. "이 말은 孔子께서 사람에게 仁을 하도록 힘쓰게 하는 말씀이

다. 아래 章도 이와 같다."

㉟ 子曰當仁하여 不讓於師니라

孔子께서 말씀하시기를 仁을 만나서는 스승에게도 양보하지 말아야 하느니라

當仁은 以仁爲己任也니 雖師라도 亦無所遜이라 言當勇往而必爲也
라 蓋仁者는 人所自有而自爲之라 非有爭也니 何遜之有리오 ○程子
曰爲仁在己하니 無所與遜이요 若善名在外則不可不遜이니라

─

當仁은 仁을 자기의 책임으로 여김이니, 아무리 스승이라 할지라도
역시 양보하는 것이 없어서 마땅히 용감하게 가서 반드시 행할 것
을 말한 것이다. 대체로 仁은 사람이 스스로 가진 것이며 스스로
행하는 것이어서 다툼이 있지 아니하니, 무슨 양보가 있으리오 ○
程子가 말하였다. "仁을 행하는 것은 자기에게 있으니 주거나 사양
할 바가 없고, 좋은 명예 같은 외부에 있는 것은 사양하지 아니하면
안된다."

㊱ 子曰君子는 貞而不諒이니라

孔子께서 말씀하시기를 군자는 貞하고 諒하지 아니하니라

貞은 正而固也요 諒則不擇是非而必於信이라

—

貞은 바르고 굳셈이고, 諒은 是非는 가리지 아니하고 믿음에만 기필하는 것이다.

㊲子曰事君하되敬其事而後其食이니라

孔子께서 말씀하시기를 임금을 섬기되 그 일은 조심스레 이행하고 그 祿은 뒤로 여겨야 하느니라

後는與後獲[27]之後로同이라食은祿也라君子之仕也에有官守者는脩其職하고有言責者는盡其忠이니皆以敬吾之事而已요不可先有求祿之心也라

—

後는 先難而後獲의 後와 같다. 食은 祿이다. 군자가 벼슬할 적에 관직에 있으면서 지켜야 할 직분이 있는 자는 그 직분을 닦고, 말로써 책임이 있는 사람은 그 忠을 다하는 것이니 모두 나의 일을 조심스럽게 할 뿐이고 먼저 祿 구하는 마음을 가져서는 아니된다.

㊳子曰有教면無類니라

孔子께서 말씀하시기를 교육이 있으면 종류는 없어야 하는 것이다

人性皆善이로되而其類有善惡之殊者는氣習之染也라故로君子

27) 後獲 : 「雍也」, 二十章, '先難而後獲' 참고.

有教則人皆可以復於善이요而不當復論其類之惡矣라

—

사람의 성품은 모두 善하지만 그 종류에 善惡의 다름이 있는 것은 기질과 습관이 물들어서이다. 그러므로 군자의 교육이 있으면 사람마다 善에 회복될 수 있고, 그 종류의 악함을 다시 따지는 것은 부당하다.

㊣子曰道不同이면不相爲謀니라

孔子께서 말씀하시기를 道가 같지 아니하면 서로 위하여 圖謀하지 못하느니라

不同은如善惡邪正之類라

—

不同은 善과 惡, 간사함과 정당함 같은 따위이다.

㊵子曰辭는達而已矣니라

孔子께서 말씀하시기를 말은 통하면 그칠 것이니라

辭는取達意而止요不以富麗爲工이라

—

辭는 뜻이 통하는 것을 취하면 그치고, 풍부하고 화려한 것을 훌륭함으로 여기지는 않는다.

㊶師冕이 見^현할새 及階어늘 子曰階也라하시고 及席이어늘 子
曰席也라하시고 皆坐어늘 子告之曰某在斯某在斯라하시다

樂師인 冕이 뵐 적에 계단에 미쳤거늘 孔子께서 말씀하시기를 계단이
다 하시고 자리에 미쳤거늘 孔子께서 말씀하시기를 자리이다 하시고
모두 앉았거늘 孔子께서 告하여 말씀하시기를 아무개는 이쪽에 있고
아무개는 이쪽에 있다 하시었다

**師는樂師니瞽者라冕은名이라再言某在斯는歷擧在坐之人以詔
之라**
—
師는 樂師이니, 장님이다. 冕은 이름이다. 두 번씩 아무개는 이쪽에
있다고 말씀하신 것은 자리에 있는 사람을 차례차례 들어서 告해
주신 것이다.

師冕이 出커늘 子張이 問曰與師言之道與잇가

樂師인 冕이 나가거늘 子張이 물어 말하기를 樂師와 더불어 말하는
도리입니까

聖門學者於夫子之一言一動에無不存心省察이如此라
—
聖人 문하의 학자들이 孔子의 한마디 말, 한 가지 행동에 마음을

두고 살피지 아니함이 없는 것이 이와 같다.

子曰然하다固相師之道也니라
孔子께서 말씀하시기를 그러하다 본디 樂師를 돕는 도리이니라

相은助也라古者에瞽必有相하니其道如此라蓋聖人於此에非作意
而爲之라但盡其道而已라○尹氏曰聖人處己爲人은其心一致
하여無不盡其誠故也니有志於學者求聖人之心인댄於斯亦可見
矣리라范氏曰聖人의不侮鰥寡하고不虐無告를可見於此니推之天
下면無一物不得其所矣리라

―

相은 도움이다. 옛날에 장님은 반드시 돕는 이가 있었으니, 그 도리
가 이와 같다. 대체로 聖人은 이런 데에 의도를 조작해서 행동하는
것이 아니라, 단지 그 도리를 다하실 뿐이다. ○ 尹氏가 말하였다.
"聖人이 자기의 처신과 남을 위함에는 그 마음이 일치해서 그 진실
을 다하지 아니함이 없기 때문이니, 학문에 뜻을 둔 자가 聖人의
마음을 알고자 한다면 이런 데에서도 역시 엿볼 수 있을 것이다."
范氏가 말하였다. "聖人은 홀아비와 과부를 업신여기지 아니하고,
告할 데 없는 자를 모질게 대하지 아니함을 이런 데에서 엿볼 수
있으니, 천하에까지 미룬다면 어떤 물건도 제자리를 얻지 못함이 없
을 것이다."

[衛靈公 第十五]

論語集註大全卷之十六

季氏第十六

洪氏曰此篇은或以爲齊論1)이라凡十四章이라

—

洪氏가 말하였다. "이 篇은 或者는 齊나라 『論語』라고 한다."
모두 십사 章이다.

---

1) 『論語』는 魯나라 『論語』와 齊나라 『論語』 등 異本이 있다.

①季氏將伐顓臾러니

季氏가 장차 顓臾를 정벌하려 하였더니

顓臾는 國名이니 魯附庸2)也라

顓臾는 나라 이름이니 魯나라 附庸國이다.

冉有季路見형於孔子曰季氏將有事3)於顓臾로소이다

冉有와 季路가 孔子를 뵙고 말하기를 季氏가 장차 顓臾에 일을 꾸미려 합니다

按左傳史記컨대二子仕季氏不同時하니此云爾者는疑子路嘗從孔子自衛反魯하여再仕季氏라가不久而復부之衛也라

『春秋左傳』과 『史記』를 고찰해 보건대, 두 사람이 季氏에게 벼슬한 것이 때가 같지 아니하니, 여기서 이렇게 말한 것은 아마도 子路가 일찍이 孔子를 따라 衛나라로부터 魯나라로 돌아와서, 재차 季氏에게 벼슬했다가 오래되지 아니해서 다시 衛나라로 간 듯하다.

孔子曰求아無乃爾是過與아

---

2) 附庸 : 四方 오십 리가 못되는 작은 나라로 주변 諸侯國을 통하여 天子와 교류하였다.
3) 有事 : 일을 꾸밈. 여기에서는 전쟁을 일으킨다는 뜻으로 쓰였다.

孔子께서 말씀하시기를 求야 아니 너의 허물이 아니냐

冉求爲季氏聚斂하니**尤用事故**로**夫子獨責之**라

—

冉求가 季氏를 위해 세금을 많이 거두어들이고, 더욱 일을 꾸미기 때문에 孔子께서 유독 그를 꾸짖으셨다.

夫顓臾는**昔者**에**先王**이**以爲東蒙主**하시고**且在邦域之中矣**라**是社稷之臣也**니**何以伐爲**리오

저 顓臾는 옛날 先王이 東蒙山의 祭主를 삼으시고 또 나라 가운데 있는지라 이는 社稷의 신하이니 무엇 때문에 정벌하리오

東蒙은**山名**이키**先王**이**封顓臾於此山之下**하여**使主其祭**요**在魯地七百里之中**이라**社稷**은**猶云公家**니**是時四分魯國**에**季氏取其二**하고**孟孫叔孫**이**各有其一**이며**獨附庸之國**이**尙爲公臣**이어늘**季氏又欲取以自益故**로**孔子言顓臾**는**乃先王封國則不可伐**이요**在邦域之中則不必伐**이요**是社稷之臣則非季氏所當伐也**라하니**此**는**事理之至當**이요**不易之定體**요**而一言**이**盡其曲折如此**하니**非聖人**이면**不能也**라

—

東蒙은 산 이름이다. 先王이 이 산 아래에 顓臾를 封하여 그 제사를 주관하게 하였으니, 魯나라 땅 칠백 리 속에 있다. 社稷은 公家(國家)와 같은 말이다. 당시에 魯나라를 넷으로 나누어 季氏가 그 둘을 취하고, 孟孫·叔孫이 각각 그 하나씩 소유하고 있었으며, 단지

부용국이 오히려 公臣이 되거늘, 季氏가 또 취해서 자신에게 보태고
자 하였다. 그러므로 孔子께서 '顓臾는 곧 先王이 封해준 나라이니
정벌하면 안되고, 나라 가운데 있으니 정벌할 필요가 없고, 바로 社稷
의 신하이니 季氏가 마땅히 정벌할 바가 아니다.'라고 말씀하시었다.
이는 일의 이치상 지극히 당연하고, 바꾸지 못할 확정된 근본이다. 말
한 마디로 그 여러 가지 이유를 다 말한 것이 이와 같으니, 聖人이
아니면 능하지 못하다.

冉有曰夫子欲之언정吾二臣者는皆不欲也로이다
冉有가 말하기를 그 분이 하고자 한 것이지 저희 두 신하는 모두 하고
자 하지 아니하였습니다

夫子는指季孫이라冉有實與謀로되以夫子非之故로歸咎於季氏라
—
夫子는 季孫을 가리킨다. 冉有가 실제 그 계획에 참여하였으나 孔
子께서 비방하시기 때문에 허물을 季氏에게 돌렸다.

孔子曰求야周任이有言曰陳力就列하여不能者止라하
니危而不持하며顚而不扶면則將焉用彼相矣리오
孔子께서 말씀하시기를 求야 周任이 말을 하여 가로되 힘을 펼쳐 자
리에 나아가서 능하지 못하는 사람은 그친다 하니 위태로워도 붙잡아주
지 못하며 넘어져도 붙들지 못하면 장차 어찌 저 돕는 자를 쓰겠느냐

周任은 古之良史라 陳은 布也요 列은 位也라 相은 瞽者之相也라 言二子不欲則當諫이요 諫而不聽則當去也라

—

周任은 옛날 훌륭한 史官이다. 陳은 폄이고 列은 벼슬자리이다. 相은 장님을 돕는 사람이다. 두 사람이 하고자 하지 아니했다면 당연히 諫해야 하고, 諫해도 듣지 아니하면 당연히 떠나야 함을 말씀하신 것이다.

且爾言이 過矣로다 虎兕出於柙하며 龜玉이 毁於櫝中이 是誰之過與오

또 네 말이 지나치도다 호랑이와 들소가 우리에서 탈출하며 거북과 玉이 궤짝 속에서 손상됨이 이 누구의 허물이냐

兕는 野牛也라 柙은 檻也요 櫝은 匱也라 言在柙而逸하며 在櫝而毁는 典守者不得辭其過니 明二子居其位而不去則季氏之惡을 己不得不任其責也라

—

兕는 들소이다. 柙은 우리이고, 櫝은 궤짝이다. 우리에 있어야 할 것이 뛰쳐나오며, 궤짝 속에 있으면서 손상되는 것은 맡아 지키는 사람이 그 허물을 거절할 수 없음을 말한 것이니, 두 사람이 그 벼슬자리에 있으면서 떠나지 못했다면 季氏의 惡을 자신들이 그 책임을 맡지 아니할 수 없음을 밝히신 것이다.

冉有曰今夫顓臾固而近於費하니今不取면後世에必
爲子孫憂하리이다

冉有가 말하기를 지금 저 顓臾가 견고하면서 費邑에 가까우니 지금
취하지 아니하면 후세에 반드시 자손의 근심거리가 될 것입니다

固는謂城郭完固라費는季氏之私邑이라此則冉有之飾辭나然이나
亦可見其實與季氏之謀矣라

—

固는 성곽이 완전하고 견고함을 말한다. 費는 季氏의 私邑이다. 이
말은 冉有의 변명이지만 그러나 역시 그가 실제로 季氏의 모의에
참여하였음을 알 수 있다.

孔子曰求야君子는疾夫舍曰欲之요而必爲之辭니라

孔子께서 말씀하시기를 求야 군자는 하고 싶다고 말하지 아니하고 반
드시 핑계하는 것을 미워하느니라

欲之는謂貪其利라

—

欲之는 그 이익을 탐내는 것을 말한다.

丘也는聞有國有家者不患寡而患不均하며不患貧而患

不安이라호니蓋均이면無貧이오和면無寡요安이면無傾이니라
나는 들으니 나라를 소유하고 집을 소유한 자는 적음을 걱정하지 아니
하고 고르지 못함을 걱정하며 가난을 걱정하지 아니하고 편안하지 못함
을 걱정한다 하니 대체로 고르면 가난이 없고 화합하면 적음이 없고
편안하면 기울어짐이 없느니라

寡는謂民少요貧은謂財乏이라均은謂各得其分이요安은謂上下相
安이라季氏之欲取顓臾는患寡與貧耳라然이나是時에季氏據國而
魯君이無民則不均矣요君弱臣强하여互生嫌隙이면則不安矣라均
則不患於貧而和요和則不患於寡而安이요安則不相疑忌而無
傾覆之患이라

—

寡는 백성이 적음을 말하고 貧은 재정이 궁핍함을 말한다. 均은 각
각 그 분수에 맞게 얻음을 말함이고 安은 상하가 서로 편안함을 말
한다. 季氏가 顓臾를 취하고자 하는 것은 (백성이) 적고 (재정이) 가
난함을 걱정한 것이다. 그러나 이 당시에 季氏는 나라를 차지하고
魯나라 임금은 백성이 없다면 고르지 못함이고, 임금은 약하고 신하
는 강해서 서로 미워하고 틈이 생기면 (상하가) 편하지 못함이다. 고
르면 가난을 걱정하지 아니하고 화합하게 되고, 화합하면 적음을 걱
정하지 아니하여 편안하게 되고, 편안하면 서로 의심하고 시기하지
아니하여 기울어지고 넘어질 걱정이 없다.

夫如是故로遠人이不服則脩文德以來之하고旣來之

則安之니라

대저 이와 같기 때문에 멀리 있는 사람이 心服하지 아니하면 文德을
닦아서 오게 하고 이미 오게 하였으면 편안하게 해야 하느니라

內治脩然後에 遠人服이요 有不服則脩德以來之하고 亦不當勤兵
於遠이라

—

내면의 다스림이 닦여진 연후에 멀리 있는 사람이 심복하고, 심복하
지 아니함이 있으면 德을 닦아서 오게 하고, 역시 먼 곳까지 군사
를 힘쓰게 해서는 안되는 것이다.

今由與求也는 相夫子하되 遠人이 不服而不能來也하며
邦分崩離析而不能守也하고

지금 由와 求는 그 사람을 돕되 멀리 있는 사람이 복종하지 아니해도
오게 하지 못하며 나라가 나누어지고 무너지며 떠나고 갈라져도 지키지
못하고

子路雖不與謀로되 而素不能輔之以義하니 亦不得爲無罪故로 倂
責之라 遠人은 謂顓臾라 分崩離析은 謂四分公室과 家臣屢叛이라

—

子路는 비록 모의에 참여하지 아니했으나 처음부터 의리를 가지고
보필하지 못하였으니, 역시 죄가 없다고 할 수 없기 때문에 함께 꾸
짖으셨다. 遠人은 顓臾를 말한다. 나누어지고 무너지며 떠나고 갈

라짐은 국가를 넷으로 나누고 家臣이 여러 번 배반한 것을 말한다.

而謀動干戈於邦內하니 吾恐季孫之憂不在顓臾而在蕭墙4)之內也하노라

방패와 창을 나라 안에서 움직일 것을 도모하니 나는 季孫의 근심이
顓臾에 있지 아니하고 蕭墙의 안에 있을까 두려워하노라

干은楯也요戈는戟也라蕭墙은屏也라言不均不和면內變將作이라
其後에哀公이果欲以越伐魯하여而去季氏라○謝氏曰當是時하
여三家强公室弱이어늘冉求又欲伐顓臾以附益之하니夫子所以
深罪之는爲其瘠魯以肥三家也니라洪氏曰二子仕於季氏에凡
季氏所欲爲를必以告於夫子則因夫子之言하여而救止者宜亦
多矣리라伐顓臾之事도不見於經傳하니其以夫子之言으로而止
也與인저

—

干은 방패이고 戈는 창이다. 蕭墙은 가리개이다. 균등하지 못하고
화합하지 못하면 안에서 변란이 장차 일어날 것임을 말한 것이다.
그 뒤에 哀公이 과연 越나라를 불러들여 魯나라를 정벌하고 季氏
를 제거하고자 하였다. ○ 謝氏가 말하였다. "이때를 당해서 三家
는 강하고 국가는 약하거늘, 冉求가 또 顓臾를 정벌해서 季氏를
보태주고자 하였다. 孔子께서 깊이 죄를 준 까닭은 魯나라를 여
위게 하여 三家를 살찌우고자 한 것 때문이다." 洪氏가 말하였

---

4) 蕭墙 : 신하와 임금이 회견하는 곳에 설치하는 병풍.

다. "두 사람이 季氏에게 벼슬할 적에 季氏가 하고자 하는 것을 반드시 孔子에게 고했다면, 孔子의 말씀으로 인해서 구제되고 저지된 것이 마땅히 역시 많았을 것이다. 顓臾를 정벌하는 일도 경전에 드러나지 아니했으니, 아마도 孔子의 말씀 때문에 저지된 것이었던가."

---

②孔子曰天下有道則禮樂征伐이自天子出하고天下無道則禮樂征伐이自諸侯出하나니自諸侯出이면蓋十世에希不失矣오自大夫出이면五世에希不失矣오陪臣이執國命이면三世에希不失矣니라

孔子께서 말씀하시기를 천하에 道가 있으면 禮樂과 征伐이 天子로부터 나오고 천하에 道가 없으면 禮樂과 征伐이 諸侯로부터 나오나니 諸侯로부터 나오면 대체로 十世 만에 잃지 않을 이가 드물고 大夫로부터 나오면 五世 만에 잃지 않을 이가 드물고 陪臣이 나라의 命을 잡으면 三世 만에 잃지 않을 이가 드물다

先王之制에諸侯는不得變禮樂專征伐이라陪臣은家臣也라逆理愈甚則其失之愈速이니大約世數不過如此라

—

先王의 제도에 諸侯는 禮樂을 바꾸거나 征伐을 마음대로 할 수 없다. 陪臣은 家臣이다. 이치를 거스름이 더욱 심할수록 그 잃음이 더욱 빠르니, 대략 세대의 숫자가 이와 같은 데 불과하다.

天下有道則政不在大夫하고

천하에 道가 있으면 政事가 大夫에 있지 아니하고

言不得專政이라

—

政事를 마음대로 할 수 없음을 말한 것이다.

天下有道則庶人이不議하느니라

천하에 道가 있으면 庶人이 거론하지 못하는 것이다

上無失政則下無私議니非箝其口하여使不敢言也라○此章은通
論天下之勢니라

—

위에서 失政이 없으면 아래에서 사사로운 의논이 없는 것이니, 그
입을 막아서 백성들로 하여금 감히 말하지 못하게 하는 것이 아니
다. ○ 이 章은 천하의 형세를 통합해서 논하였다.

③孔子曰祿之去公室⁵⁾이五世矣요政逮於大夫四世
矣니故로夫三桓之子孫이微矣니라

---

5) 祿之去公室 : 公室이 祿俸을 주는 권한을 잃었음을 말한다.

孔子께서 말씀하시기를 祿이 公室을 떠난 지 五世요 政事가 大夫에 미친 지 四世이니 그러므로 三桓의 자손이 微弱하니라

魯自文公薨하고公子遂殺子赤하고立宣公으로而君失其政이며歷成襄昭定하여凡五公이라逮는及也라自季武子始專國政으로歷悼平桓子하여凡四世에而爲家臣陽虎所執이라三桓은三家니皆桓公之後라此는以前章之說로推之而知其當然也라○此章은專論魯事니疑與前章으로皆定公時語라蘇氏曰禮樂征伐이自諸侯出이면宜諸侯之强也어늘而魯以失政이요政逮於大夫면宜大夫之强也어늘而三桓이以微는何也오强生於安하고安生於上下之分定이니今諸侯大夫皆陵其上이면則無以令其下矣라故로皆不久而失之也니라

—

魯나라가 文公이 죽고, 公子 遂가 子赤을 죽이고, 宣公을 세운 때로부터 임금이 그 정치를 상실하였다. 成公, 襄公, 昭公, 定公을 거쳐서, 합하여 五公이다. 逮는 미침이다. 季武子가 처음으로 국정을 오로지 한 때로부터 季悼子, 季平子, 季桓子를 거쳐서, 합하여 四世 만에 家臣 陽虎에게 잡혔다. 三桓은 三家이니 모두 桓公의 후손이다. 이 말은 앞 章의 설명으로 미루면 그 당연함을 알게 된다. ○ 이 章은 오로지 魯나라 일을 논했으니, 아마도 앞 章과 더불어 모두 定公 때의 말씀인 듯하다. 蘇氏가 말하였다. "禮樂과 征伐이 諸侯로부터 나오려면 의당 諸侯가 강해야 할 것이거늘 魯나라는 정치를 상실하였고, 정치가 大夫에게 미치면 의당 大夫가 강해야 할 것이거늘 三桓이 미약한 것은 왜인가. 강함은 안정에서

생기고, 안정은 상하의 분수가 정해지는 데서 생기니, 오늘날 諸侯와 大夫가 모두 그 윗사람을 능멸하였기에 그 아랫사람에게 명령할 수 없다. 그러므로 모두 오래되지 아니해서 상실하게 된 것이다."

---

④孔子曰益者三友요損者三友니友直하며友諒하며友多聞이면益矣요友便辟하며友善柔하며友便佞이면損矣니라

孔子께서 말씀하시기를 이로운 것이 세 벗이요 해로운 것이 세 벗이니 벗이 정직하며 벗이 미더우며 벗이 들은 것이 많으면 이롭고 벗이 便辟하며 벗이 善柔하며 벗이 便佞하면 해롭다

友直則聞其過요友諒則進於誠이요友多聞則進於明이라便은 習熟也니便辟은謂習於威儀而不直이요善柔는謂工於媚悅而不諒이요便佞은謂習於口語而無聞見之實이라三者損益이正相反也라○尹氏曰自天子로以至於庶人히未有不須友以成者요而其損益이有如是者하니可不謹哉아

—

友直하면 자신의 허물을 들을 수 있고, 友諒하면 진실에 나아갈 수 있고, 友多聞하면 밝음에 나아갈 수 있다. 便은 익숙함이니, 便辟은 알맞은 몸가짐에 익숙하지만 정직하지 못함을 말하고, 善柔는 잘 보이고 기쁘게 하는 데만 일삼아서 미덥지 못함을 말하며, 便佞은 말에 익숙하지만 듣고 보는 진실이 없음을 말한다. 세 가지 해로움과 이로움이 서로 정반대이다. ○ 尹氏가 말하였다. "天子로부터 庶人에 이르기까지 벗의 도움을 받지 않고 성공하는 자는 있지 않고, 그 해로

움과 이로움이 이와 같은 것이 있으니, 삼가지 아니해서 되겠는가.”

---

⑤孔子曰益者三樂ᆢ요損者三樂ᄂᆞ니樂節禮樂ᄒᆞ며樂道
人之善ᄒᆞ며樂多賢友ᄒᆞ면益矣ᆢ요樂驕樂ᄚᆞ며樂佚遊ᄒᆞ며
樂宴樂ᄒᆞ면損矣ᄂᆞ니라

孔子께서 말씀하시기를 이로운 것이 세 가지를 좋아함이고 해로운 것
이 세 가지를 좋아함이니 禮樂을 조절하기를 좋아하며 남의 善을 말하
기를 좋아하며 훌륭한 벗이 많음을 좋아하면 이롭고 교만한 즐김을 좋
아하며 편하게 놀기를 좋아하며 잔치와 향락을 좋아하면 해롭다

節은謂辨其制度聲容之節ᄒᆞ니라驕樂則侈肆而不知節ᄒᆞ요佚遊則
惰慢而惡ᆢ聞善ᄒᆞ요宴樂則淫溺而狎小人ᄒᆞ니라三者損益도亦相
反也ᄒᆞ라○尹氏曰君子之於好樂ᄒᆞ에可不謹哉ᄋᆞ아

—

節은 제도와 소리·모습의 절차를 구분함을 말한다. 驕樂은 곧 사
치하고 放肆하며 절제를 알지 못함이고, 佚遊는 곧 게으르고 거만
해서 착한 소리 듣기를 싫어함이며, 宴樂은 곧 음탕에 빠져서 소인
을 가까이하는 것이다. 세 가지 해로움과 이로움도 역시 서로 반대
이다. ○ 尹氏가 말하였다. “군자가 좋아하고 즐기는 것에 대하여
삼가지 아니해서 되겠는가.”

---

⑥孔子曰侍於君子ᄒᆞ에有三愆ᄒᆞ니言未及之而言을謂

之躁요言及之而不言을謂之隱이요未見顔色而言을謂
之瞽니라

孔子께서 말씀하시기를 군자를 모심에 세 가지 허물이 있으니 말할 차례
가 아닌데 말함을 躁라 이르고 말할 차례가 미쳐서도 말하지 아니함을
隱이라 이르고 顔色을 보지 아니하고 말함을 瞽라 이른다

君子는有德位之通稱이라愆은過也라瞽는無目이니不能察言觀色
이라○尹氏曰時然後言則無三者之過矣니라

—

君子는 德이나 지위가 있음을 통칭한 것이다. 愆은 허물이다. 瞽는
눈이 없으니, 말을 살피고 안색을 관찰하지 못한다. ○ 尹氏가 말
하였다. "때가 된 뒤에 말을 하면 세 가지 허물이 없을 것이다."

---

⑦孔子曰君子有三戒하니少之時에血氣未定이라戒之
在色이요及其壯也하여血氣方剛이라戒之在鬪요及其老
也하여血氣旣衰라戒之在得이니라

孔子께서 말씀하시기를 군자가 세 가지 경계할 것이 있으니 젊을 적에
혈기가 안정되지 못했는지라 경계할 것이 色에 있고 장성함에 미쳐서
는 혈기가 한창 강한지라 경계할 것이 싸움에 있고 늙음에 미쳐서는
혈기가 이미 쇠한지라 경계할 것이 얻음에 있다

血氣는形之所待以生者니血陰而氣陽也라得은貪得也라隨時知

戒하여以理勝之면則不爲血氣所使也라○范氏曰聖人의同於人
者는血氣也요異於人者는志氣也니血氣는有時而衰하고志氣則無
時而衰也하니少未定壯而剛老而衰者는血氣也요戒於色戒於
鬪戒於得者는志氣也니君子는養其志氣故로不爲血氣所動이라
是以로年彌高而德彌邵也니라

—

血氣는 形體를 기다려서 생기는 것이니, 血은 陰이고 氣는 陽이
다. 得은 얻기를 탐하는 것이다. 때에 따라 경계할 줄을 알아서 원
리를 가지고 혈기를 이기면 혈기에게 부림을 당하지 아니한다. ○
范氏가 말하였다. "聖人이 보통 사람과 같은 것은 혈기이고, 보통
사람과 다른 것은 志氣이다. 혈기는 때에 따라 쇠함이 있고, 志氣
는 때에 따라 쇠함이 없으니, 젊을 때에 안정되지 못하고 장성해서
강하고 늙어서 쇠하는 것은 혈기이고, 色을 경계하고 싸움을 경계하
고 탐욕[得]을 경계하는 것은 志氣이니, 군자는 志氣를 기르기 때
문에 혈기에 흔들리지 아니한다. 이 때문에 나이가 더욱 높아갈수록
德은 더욱 밝아진다."

⑧孔子曰君子有三畏하니畏天命하며畏大人하며畏聖
人之言이니라
孔子께서 말씀하시기를 군자가 세 가지 두려워하는 것이 있으니 天命
을 두려워하며 大人을 두려워하며 聖人의 말씀을 두려워한다

畏者는嚴憚之意也요天命者는天所賦之正理也니知其可畏則
其戒謹恐懼自有不能已者요而付畀之重을可以不失矣라大人

聖言은皆天命所當畏니知畏天命이면則不得不畏之矣라

—

畏는 무섭게 여기고 꺼린다는 의미이고 天命은 하늘이 부여해 준 바른 이치이니, 그것이 두려워할 만함을 알면 경계하고 삼가고 두려워함을 스스로 그만둘 수 없는 것이 있고, 하늘이 부여해 준 소중함을 상실치 아니할 수 있을 것이다. 大人과 聖人의 말씀은 모두 天命을 당연히 두려워한 것이니, 天命을 두려워할 줄 알면 (大人과 聖人의 말씀을) 두려워하지 아니할 수 없을 것이다.

小人은不知天命而不畏也라狎大人하며侮聖人之言이니라

소인은 天命을 알지 못하여 두려워하지 아니하는지라 大人을 업신여기며 聖人의 말씀을 冒瀆한다

侮는戱玩也라不知天命故로不識義理而無所忌憚이如此라○尹氏曰三畏者는脩己之誠의當然也니小人은不務脩身誠己則何畏之有리오

—

侮는 희롱거리, 구경거리로 여기는 것이다. 天命을 알지 못하기 때문에 의리를 인식하지 못해서 꺼리는 것이 없음이 이와 같다. ○ 尹氏가 말하였다. "세 가지를 두려워함은 자기를 수양하는 진실의 당연함이니, 소인은 자신을 수양하고 자기를 진실하게 하는 데에 힘을 쓰지 아니하니 무엇을 두려워함이 있겠는가."

⑨孔子曰生而知之者는上也요學而知之者는次也요困
而學之又其次也니困而不學이면民斯爲下矣니라

孔子께서 말씀하시기를 나면서 아는 자는 上等이고 배워서 아는 자는
다음이고 困하게 배움이 또 그 다음이니 困하다고 여겨서 배우지 아니
하면 백성이라 이에 下等이 된다

困은謂有所不通이라言人之氣質不同이大約有此四等이라○楊
氏曰生知學知로以至困學히雖其質不同이나然이나及其知之하여
는一也故로君子惟學之爲貴요困而不學然後에爲下니라

困은 통하지 못하는 것이 있음을 말한다. 사람의 타고난 기질이 같지
아니함이 대략 이 네 가지 등급이 있음을 말한다. ○ 楊氏가 말하였
다. "나면서 아는 사람, 배워서 아는 사람으로부터 困하게 배우는 사
람에 이르기까지 비록 그 타고난 자질은 같지 아니하나 그러나 아는
데 미쳐서는 동일하기 때문에, 군자는 오직 배우는 것을 귀함으로 여
기고, 困하다고 여겨서 배우지 아니한 연후에 下等이 된다."

⑩孔子曰君子有九思하니視思明하며聽思聰하며色思
溫하며貌思恭하며言思忠하며事思敬하며疑思問하며忿思
難하며見得思義니라

孔子께서 말씀하시기를 군자는 아홉 가지 생각함이 있으니 볼 때에 밝

게 볼 것을 생각하며 들을 적에 귀 밝음을 생각하며 顔色은 온화함을
생각하며 모습은 공손함을 생각하며 말은 진실함을 생각하며 일은 조심
함을 생각하며 疑心에는 묻기를 생각하며 忿함에는 어려울 것을 생각
하며 얻는 것을 보면 의리를 생각하느니라

視無所蔽則明無不見이요聽無所壅則聰無不聞이라色은見於
面者요貌는擧身而言이라思問則疑不蓄이요思難則忿必懲이요思
義則得不苟라○程子曰九思는各專其一이니라謝氏曰未至於從
容中道6)라도無時而不自省察也면雖有不存焉者라도寡矣리니此
之謂思誠7)이니라

—

視에 가리는 것이 없으면 눈이 밝아서 보지 못함이 없고 聽에 막히
는 것이 없으면 귀가 밝아서 듣지 못함이 없다. 色은 얼굴에 나타난
것이고 貌는 온몸을 통틀어서 한 말이다. 묻기를 생각하면 의심이 쌓
이지 아니하고 어려울 것을 생각하면 忿心이 반드시 징계되고 의리
를 생각하면 얻는 것이 구차하지 않다. ○ 程子가 말하였다. "九思
는 각각 그 한 가지에 오로지 하는 것이다." 謝氏가 말하였다. "저절
로 道에 맞는 데 이르지 못하더라도 어느 때든지 스스로 성찰하지 아
니함이 없으면, 비록 마음에 보존하지 못함이 있다 하더라도 (마음에
보존하지 못한 것이) 적을 것이니, 이것을 思誠이라 한다."

---

6) 從容中道 : 聖人의 경지를 말한다. 從容에는 여러 뜻이 있지만 여기서는 '저절로'라는 의미
이다.

7) 思誠 : 誠할 것을 생각함. 『孟子』, 「離婁章句上」 '誠者 天之道也 思誠者 人之道也'
참고.

⑪孔子曰見善如不及하며見不善如探湯을吾見其人
矣오吾聞其語矣로라

孔子께서 말씀하시기를 善을 보고 미치지 못할 듯이 하며 不善을 보고 끓는 물을 더듬듯이 함을 내 그런 사람을 보았고 내 그런 말도 들었노라

眞知善惡而誠好惡之는顔曾冉閔之徒蓋能之矣라語는蓋古語
也라

—

진실로 善과 惡을 알아서 참으로 그것을 좋아하고 싫어하는 것은 顔子, 曾子, 冉伯牛, 閔子騫의 무리들이 그럴 수 있었을 것이다. 語는 아마도 옛말이다.

隱居以求其志하며行義以達其道를吾聞其語矣요未
見其人也로라

숨어 살면서 그 뜻을 구하며 의리를 행하여 그 道에 도달한 사람을 내 그런 말을 들었고 그런 사람을 보지 못하였노라

求其志는守其所達之道也요達其道는行其所求之志也니蓋惟
伊尹太公之流可以當之요當時若顔子도亦庶乎此니然이나隱而
未見이요又不幸而蚤死故로夫子云然이라

—

求其志는 그 행해야 할 道를 지킴이고, 達其道는 그 원하는 바의
뜻을 행함이다. 아마도 伊尹, 太公望의 무리들만이 여기에 해당될
수 있고, 당시에 顔子 같은 사람도 역시 여기에 가까웠으나 그러나
숨어서 드러나지 않았고 또 불행하게도 일찍 죽었기 때문에 孔子께
서 그렇게 말씀하셨다.

⑫齊景公이有馬千駟하되死之日에民無德而稱焉이오
伯夷叔齊는餓于首陽之下하되民到于今稱之하나니라

齊나라 景公이 말 千駟를 소유하였으나 죽는 날에 백성이 德을 칭찬
함이 없고 伯夷와 叔齊는 首陽山 아래에서 굶어 죽었으나 백성이 지
금에 이르도록 칭찬한다

駟는四馬也라首陽은山名이라
駟는 네 마리 말이다. 首陽은 산 이름이다.

其斯之謂與인저
아마도 이를 이름이로다

胡氏曰程子以爲第十二篇8)錯簡이니誠不以富亦祗以異當在
此章之首라하니今詳文勢컨대似當在此句之上이라言人之所稱이

---

8) 第十二篇 : 「顔淵」篇, 十章.

不在於富요而在於異也라 愚는 謂此說이近是로되而章首에當有孔
子曰字라蓋闕文耳니大抵此書後十篇이多闕誤하니라

—

胡氏가 말하였다. "程子는 '第12篇의 錯簡이라 하니, 誠不以富亦
祇以異의 구절이 당연히 이 章의 첫머리에 있어야 한다.'라고 하니,
지금 文勢를 상고해 보건대, 당연히 이 글귀 위에 있어야 할 것 같
다. 사람들이 칭찬하는 것이 富에 있지 아니하고 특이한 것에 있음
을 말한 것이다." 나는 생각하기를, 이 말이 옳은 데 가깝고, 章의
첫머리에 당연히 孔子曰이라는 글자가 있어야 할 것이니 아마도
闕文이다. 대체로 이 책(『論語』)의 후반 열 篇은 빠지고 잘못된 것
이 많다.

---

⑬陳亢^강이問於伯魚曰子亦有異聞乎아

陳亢^{진강}이 伯魚에게 물어 말하기를 그대는 역시 특이한 들음이 있었느냐

亢이以私意로窺聖人컨대疑必陰厚其子라

—

陳亢이 사사로운 뜻을 가지고 聖人을 가만히 엿보건대, 반드시 몰
래 당신 아들에게 후하게 하였을 것이라 의심하였다.

對曰未也로라嘗獨立이어시늘鯉趨⁹⁾而過庭이러니曰學詩

---

9) 趨 : 趨蹌. 어른 앞을 지날 때 허리를 굽히고 빨리 걸어가는 것.

乎아對曰未也로이다 不學詩면 無以言이라하여시늘 鯉退而
學詩호라

대답하여 말하기를 없었다 일찍이 홀로 서 계시거늘 鯉가 趨蹌하여 뜰
을 지났더니 말씀하시기를 詩를 배웠느냐 대답하여 말하기를 못하였습
니다 詩를 배우지 아니하면 말할 수 없느니라 하시거늘 鯉는 물러나와
詩를 배웠다

事理通達하고而心氣和平故로能言이라
—

사물의 이치에 통달하게 되고 마음의 기운이 화평해지기 때문에 말
을 잘할 수 있다.

他日에 又獨立이어시늘 鯉趨而過庭이러니 曰學禮乎아對曰
未也로이다 不學禮면 無以立이라하여시늘 鯉退而學禮호라

다른 날에 또 혼자 서 계시거늘 鯉가 趨蹌하여 뜰을 지났더니 말씀하시
기를 禮를 배웠느냐 대답하여 말하기를 못하였습니다 禮를 배우지 아니
하면 설 수 없느니라 하시거늘 鯉는 물러나와 禮를 배웠다

品節詳明하고而德性堅定故로能立이라
—

하나하나의 절차가 상세하게 밝아지고 덕스러운 성품이 견고하게
안정되기 때문에 잘 설 수 있다.

聞斯二者로라

이 두 가지를 들었노라

當獨立之時하여所聞이不過如此하니其無異聞을可知라

—

홀로 서 계실 때를 당해서 들은 것이 이와 같은 것에 불과하니, 그
특이한 들음이 없었음을 알 수 있다.

陳亢^강이退而喜曰問一得三하니聞詩聞禮하고又聞君
子之遠其子也호라

陳亢^{진강}이 물러나와 기뻐하며 말하기를 하나를 물어서 셋을 얻었으니 詩
를 들었으며 禮를 들었고 또 군자는 그 아들을 멀리함을 들었노라

尹氏曰孔子之敎其子를無異於門人故로陳亢이以爲遠其子니라

—

尹氏가 말하였다. "孔子께서 당신 아들 가르치심이 門人과 다름이 없
었기 때문에, 陳亢이 그 아들을 멀리한다고 말하였다."

---

⑭邦君之妻를君이稱之曰夫人이요夫人이自稱曰小童
이요邦人이稱之曰君夫人이요稱諸^저異邦曰寡小君이요

異邦人이稱之에亦曰君夫人이니라

나라 임금의 妻를 임금이 칭하기를 夫人이라 하고 夫人이 스스로를
칭하기를 小童이라 하고 나라 사람이 칭하기를 君夫人이라 하고 다른
나라에 칭하기를 寡小君이라 하고 다른 나라 사람이 칭함에 역시 君
夫人이라 한다

寡는寡德이니謙辭라○吳氏曰凡語中所載如此類者는不知何謂
라或古有之어나或夫子嘗言之를不可考也라

—

寡는 德이 적은 것이니, 겸사이다. ○ 吳氏가 말하였다. "무릇 『論
語』 속에 기록된 이와 같은 類는 무엇을 말하는지 알지 못하겠다.
어쩌면 옛날부터 있었는지, 어쩌면 孔子께서 일찍이 말씀하신 것인
지 상고할 수 없다."

[季氏 第十六]

陽貨第十七

凡二十六章이라

—

모두 이십육 章이다.

①陽貨欲見^현孔子어늘孔子不見하신대歸孔子豚이어늘
孔子時其亡^무也而往拜之러시니遇諸^저塗하시다

陽貨가 孔子를 뵙고자 하거늘 孔子께서 만나주지 아니하셨는데 孔子
께 삶은 돼지고기를 보내었거늘 孔子께서 그가 없는 때에 가서 절하시
었더니 길에서 만나시었다

陽貨는季氏家臣이니名은虎라嘗囚季桓子하고而專國政이라欲令
孔子로來見己로되而孔子不往이러니貨以禮에大夫有賜於士에不
得受於其家면則往拜其門故로瞰孔子之亡而歸之豚하여欲令
孔子로來拜而見之也라

—

陽貨는 季氏의 家臣이니 이름은 虎이다. 일찍이 季桓子를 가두고,
나라의 政事를 마음대로 하였다. 孔子로 하여금 와서 자기를 만나
보게 하고자 하였는데, 孔子께서 가지 아니하셨다. 陽貨는 禮에 大
夫가 선비에게 내려주는 선물이 있을 적에 그의 집에서 받지 못하
면 가서 그(大夫) 門에 절해야 한다고 여겼기 때문에, 孔子께서 없
는 틈을 엿보아 삶은 돼지고기를 보내서 孔子로 하여금 와서 절하
고 만나보게 하고자 하였다.

謂孔子曰來하라予與爾言하리라曰懷其寶而迷其邦이
可謂仁乎아曰不可하다好從事而亟^기失時可謂知乎아

曰不可하다日月이逝矣라歲不我與니라孔子曰諾다吾將仕矣로리라

孔子께 일러 말하기를 이리 오시오 내 그대와 더불어 말하겠소 말하기를 그 보물을 품고 그 나라를 어지럽게 두는 것이 仁이라 말할 수 있으랴 말씀하시기를 옳지 아니하오 일에 종사하기를 좋아하면서 자주 때를 잃음이 지혜라 말할 수 있으랴 말씀하시기를 옳지 아니하오 해와 달이 가는지라 세월이 나와 함께하지 아니하오 孔子께서 말씀하시기를 그렇소 내 장차 벼슬하리라

懷寶迷邦은謂懷藏道德하여不救國之迷亂이라亟는數도也라失時는謂不及事幾之會라將者는且然而未必之辭라貨語皆譏孔子而諷使速仕요孔子固未嘗如此요而亦非不欲仕也로되但不仕於貨耳라故로直據理答之요不復與辯하여若不論其意者라○陽貨之欲見孔子雖其善意나然이나不過欲使助己爲亂耳라故로孔子不見者는義也요其往拜者는禮也요必時其亡而往者는欲其稱也요遇諸塗而不避者는不終絶也요隨問而對者는理之直也요對而不辯者는言之孫而亦無所詘也라楊氏曰揚雄이謂孔子於陽貨也에敬所不敬은爲詘身以信道라하니非知孔子者라蓋道外無身이요身外無道니身詘矣而可以信道는吾未之信也로라

—

보물을 품고 나라를 어지럽게 둠은 道德을 품고 간수만 하고 나라의 迷亂을 구제하지 아니함을 말한다. 亟는 자주함이다. 失時는 일의 기회에 미치지 못함을 말한다. 將이란 우선 그러면서도 期必하지는 않는 말이다. 陽貨의 말이 모두 孔子를 기롱하면서도 속히 벼슬하게

부추기는 것이다. 孔子께서는 진실로 이와 같은 적은 없었고, 역시 벼슬하고자 아니하신 적도 없다. 단지 陽貨에게 벼슬하지 아니하셨을 뿐이다. 그러므로 단지 이치에 근거하여 대답하고 다시는 더불어 변명하지 아니하여 마치 그(陽貨)의 저의를 알아듣지 못한 듯이 하시었다. ○ 陽貨가 孔子를 뵙고자 함이 비록 좋은 뜻이지만, 그러나 孔子로 하여금 자기를 도와서 난리를 일으키게 하고자 하는데 불과하다. 그러므로 孔子께서 만나주지 아니하신 것은 의리이고, 가서 절하신 것은 禮이고, 반드시 그가 없는 틈을 타서 찾아가신 것은 그와 걸맞게 하고자 함이고, 길에서 만났는데 피하지 아니하신 것은 끝내 끊으려 하지 아니함이고, 묻는 데 따라서 대답하신 것은 이치상 정직이고, 대답은 히면서도 변명하지 아니하신 것은 말은 공손하게 하면서도 역시 굽히신 것은 없는 것이다. 楊氏가 말하였다. "揚雄이 '孔子가 陽貨에 대하여 공경하지 아니해야 할 사람에게 공경한 것은 몸을 굽히어 道를 펴는 것이다.'라고 말하니, 孔子를 알지 못하는 사람이다. 道 밖에 몸이 없고 몸 밖에 道는 없으니, 몸은 굽히고 道는 펼 수 있다는 것을 나는 믿지 못하겠다."

---

②子曰性相近也ㄴ習相遠也니라

孔子께서 말씀하시기를 성품은 서로 비슷하나 습관 때문에 서로 멀어진다

此所謂性은兼氣質而言者也니氣質之性은固有美惡之不同矣니然이나以其初而言則皆不甚相遠也로되但習於善則善하고習於

惡則惡이라於是에始相遠耳라○程子曰此는言氣質之性이요非言
性之本也라若言其本則性卽是理요理無不善이니孟子之言性
善이是也라何相近之有哉리오

—

여기에서 이른바 性은 기질을 겸해서 말한 것이니, 기질의 性은 본
디 美惡이 같지 아니함이 있으나, 그러나 그 처음을 가지고 말한다
면 모두 심히 서로 멀지 않지만, 단지 善에 익혀지면 善해지고 惡
에 익혀지면 惡해진다. 이에 비로소 서로 멀어질 뿐이다. ○ 程子
가 말하였다. "이것은 기질의 性을 말함이고, 性의 本然을 말한 것
은 아니다. 만약 그 근본을 말한다면 性이 바로 이치이고, 이치는
善하지 아니함이 없으니, 孟子의 性善을 말한 것이 이것이다. 무슨
서로 비슷한 것이 있으리오"

---

③子曰唯上知與下愚는不移니라
孔子께서 말씀하시기를 오직 上知와 下愚는 옮겨지지 못한다

此는承上章而言人之氣質이相近之中에又有美惡一定而非習之
所能移者라○程子曰人性本善이니有不可移者는何也오語其性
則皆善也로되語其才則有下愚之不移하니所謂下愚有二焉하니自
暴自棄也라人이苟以善自治則無不可移니雖昏愚之至라도皆可
漸磨而進也요惟自暴者는拒之以不信하고自棄者는絶之以不爲하
니雖聖人與居라도不能化而入也니仲尼之所謂下愚也라然이나其
質은非必昏且愚也니往往强戾而才力이有過人者하니商辛1)이是

也라聖人이以其自絶於善으로謂之下愚나然이나考其歸則誠愚也니라或曰此與上章으로當合爲一이니子曰二字는蓋衍文耳니라

—

이 글은 윗장을 이어서 사람의 기질이 서로 비슷한 것 중에 또 좋고 나쁨이 한번 정해지면 습관으로 옮겨지지 않는 사람이 있음을 말한다. ○ 程子가 말하였다. "사람의 성품은 본디 착하니, 옮길 수 없는 사람이 있다는 것은 왜인가. 그 性을 말한다면 모두 착하지만, 그 才를 말한다면 下愚의 옮기지 못하는 사람이 있다. 이른바 下愚는 두 가지가 있으니, 自暴者와 自棄者이다. 사람이 진실로 善으로 스스로를 다스리면 옮길 수 없는 것은 없으니, 비록 어둡고 어리석음이 지극하더라도 모두 점점 연마해서 나아갈 수 있다. 다만 自暴者는 거절해서 믿지 아니하고 自棄者는 끊어버리고 행하지 아니하니, 비록 聖人이 함께 산다 할지라도 감화되어 들어갈 수 없으니, 孔子께서 말씀하신 下愚이다. 그러나 그 바탕은 반드시 어둡고 또 어리석지는 아니하니 이따금 크게 사납고 재주와 힘이 남 보다 지나친 사람이 있으니, 商나라 辛이 이런 사람이다. 聖人이 스스로 善을 끊은 사람을 下愚라고 말하지만, 그러나 그 결과를 고찰해 보면 진실로 어리석다." 혹자는 말하였다. "이 章은 윗장과 더불어 마땅히 합해서 한 章이 되어야 하니 子曰 두 글자는 아마도 衍文일 것이다."

---

④子之武城하시어聞弦歌之聲하시다
孔子께서 武城에 가시어 弦歌의 소리를 들으시었다

---

1) 辛 : 商나라 마지막 임금 紂의 이름.

弦은琴瑟也라時에子游爲武城宰하여以禮樂爲敎故로邑人이皆弦
歌也라

—

弦은 거문고와 비파이다. 이때에 子遊가 武城의 邑長이 되어서 禮
樂을 가지고 교화하였기 때문에 邑 사람들이 모두 弦樂에 맞추어
노래를 불렀다.

夫子莞爾而笑曰割鷄에焉用牛刀리오
孔子께서 빙긋이 웃으면서 말씀하시기를 닭을 잡는 데 어찌 소 잡는
칼을 쓰리오

莞爾는小笑貌니蓋喜之也요因言其治小邑에何必用此大道也리오

莞爾는 조금 웃는 모습이니, 대체로 기뻐함이고, 인해서 작은 邑을
다스리는 데 어찌 꼭 이런 大道를 쓰느냐고 말씀하신 것이다.

子游對曰昔者에偃也聞諸^저夫子호니曰君子學道則愛
人이오小人이學道則易^이使也라호이다
子遊가 대답하여 말하기를 옛날에 偃이 선생님께 듣자오니 말씀하시기
를 군자가 道를 배우면 사람을 사랑하고 소인이 道를 배우면 부리기가
쉽다 하셨습니다

君子小人은以位言之라子游所稱은蓋夫子之常言이라言君子小
人이皆不可以不學故로武城이雖小나亦必教以禮樂이라

—

군자와 소인은 지위를 가지고 말한 것이다. 子遊가 일컬은 것은 대
체로 孔子께서 항상 말씀하신 것이다. 군자와 소인이 모두 배우지
아니하여서는 안되기 때문에 武城邑이 비록 작지만 역시 반드시
禮樂을 가지고 가르쳐야 한다는 말이다.

子曰二三者아偃之言이是也니前言은戱之耳니라

孔子께서 말씀하시기를 너희들아 偃의 말이 옳으니 앞의 말은 弄談이
니라

嘉子游之篤信하고又以解門人之惑也라○治有大小로되而其治
之를必用禮樂則其爲道는一也라但衆人은多不能用이어늘而子游
獨行之故로夫子驟聞而深喜之하시고因反其言以戱之나而子游
以正對故로復*是其言而自實其戱也라

—

子遊의 돈독한 믿음을 가상히 여기시고, 또 門人들의 의혹을 풀어
주셨다. ○ 다스림에는 크고 작음이 있으나 그 다스리기를 반드시
禮樂으로써 하면 그 道됨은 똑같다. 단지 많은 사람들은 허다히 사
용하지 아니하거늘 子遊가 홀로 그것을 행하기 때문에, 孔子께서
갑자기 듣고 매우 기뻐하시고 인해서 그 말을 반대로 하여 농담하
셨으나 子遊가 바른 말로써 대답하였기 때문에 다시 그 말을 옳다
고 하시고 스스로 농담임을 실토하시었다.

⑤公山弗擾以費畔하여召어늘子欲往이러시니

公山弗擾가 費邑을 가지고 배반하여 초빙하거늘 孔子께서 가고자 하
시었더니

弗擾는季氏宰니與陽虎로共執桓子하고據邑以叛이라

—

公山弗擾는 季氏의 家臣이니, 陽虎와 더불어 季桓子를 함께 잡
아 가두고 邑을 차지하여 배반하였다.

子路不說열曰末之也已니何必公山氏之之也시리잇고

子路가 기뻐하지 아니하여 말하기를 갈 데가 없으면 말 것이지 어찌
꼭 公山氏에게 가려 하십니까

末은無也라言道旣不行이라無所往矣니何必公山氏之往也리오

—

末은 없음이다. 道가 이미 행하여지지 아니하는지라 갈 곳이 없으
니, 하필 公山氏에게 가려 하느냐는 말이다.

子曰夫召我者는而豈徒哉리오如有用我者인댄吾其爲
東周乎인저

孔子께서 말씀하시기를 나를 부르는 것은 어찌 괜히 하였으리오 만약

나를 쓸 자가 있으면 내가 東周를 만들 터인데

豈徒哉는 言必用我也라 爲東周는 言興周道於東方이라 ○程子曰
聖人은 以天下에 無不可有爲之人이요 亦無不可改過之人故로 欲
往이나 然而終不往者는 知其必不能改故也니라

—

豈徒哉는 반드시 나를 쓸 것이라는 말이고 東周를 만든다 함은 동
방에 周나라 道를 일으키겠다는 말이다. ○ 程子가 말하였다. "聖
人은 천하에 큰일 할 수 없는 사람은 없고, 역시 허물을 고칠 수
없는 사람은 없다고 여겼기 때문에 가고자 하셨으나 그러나 끝내
가시지 않은 것은 그는 반드시 고칠 수 없음을 아셨기 때문이다."

---

⑥子張이 問仁於孔子한대 孔子曰能行五者於天下면
爲仁矣니라 請問之한대 曰恭寬信敏惠니 恭則不侮하고 寬
則得衆하고 信則人任焉하고 敏則有功하고 惠則足以使
人이니라

子張이 仁을 孔子께 물었는데 孔子께서 말씀하시기를 다섯 가지를
천하에 행할 수 있으면 仁을 행하는 것이다 청하여 물었는데 말씀하시
기를 공손함과 너그러움과 미쁨과 민첩함과 은혜로움이니 공손하면 모
욕하지 아니하고 너그러우면 대중을 얻고 미더우면 사람이 맡기고 민첩
하면 공이 있고 은혜로우면 사람을 부릴 수 있다

行是五者면則心存而理得矣라於天下에言無適而不然이니猶所
謂雖之夷狄이라도不可棄者2)라五者之目은蓋因子張所不足而
言耳라任은倚仗也라又言其效如此라○張敬夫曰能行此五者
於天下면則其心이公平而周遍을可知矣라然이나恭이其本與인저
李氏曰此章과與六言六蔽五美四惡3)之類는皆與前後文體로
大不相似니라

—

이 다섯 가지를 행하면 본심이 보존되고 이치가 터득되는지라 천하
에 어디로 가더라도 그렇지 아니함이 없다는 말이니, 이른바 비록
夷狄 땅에 간다 하더라도 버릴 수 없다는 말과 같다. 다섯 가지의
조목은 대체로 子張의 부족한 점으로 인해서 말씀하셨을 뿐이다.
任은 의지하여 맡기는 것이다. 또 그 효과가 이와 같음을 말하였다.
○ 張敬夫가 말하였다. "이 다섯 가지를 천하에 행할 수 있으면
그 마음이 공평하여 두루 미침을 알 수 있다. 그러나 공손함이 그
근본일 것이다." 李氏가 말하였다. "이 章과 六言六蔽, 五美四惡
의 따위는 모두 앞뒤 문체와 크게 서로 같지 아니하다."

⑦佛肸이召어늘子欲往이러시니

佛肸필힐이 부르거늘 孔子께서 가고자 하시었더니

佛肸은晉大夫趙氏之中牟宰也라

---

2) 雖之夷狄不可棄者 : 「子路」篇, 十九章, '樊遲問仁 子曰 居處恭 執事敬 與人忠 雖
　之夷狄不可棄也' 참고.

3) 六言六蔽 : 「陽貨」篇, 八章, '子曰 由也 女聞六言六蔽矣乎' 참고.
　五美四惡 : 「堯曰」篇, 二章, '子曰 尊五美屛四惡 斯可以從政矣' 참고.

—

佛肸은 晉나라 大夫 趙氏의 中牟邑長이다.

子路曰昔者에由也聞諸저夫子호니曰親於其身에爲不
善者어든君子不入也라하시니佛필肸이以中牟畔이어늘子
之往也는如之何잇고

子路가 말하기를 옛날에 由가 선생님께 듣자오니 말씀하시기를 직접
자기 몸에 不善을 행하는 자이거든 군자가 들어가지 아니한다 라 하셨
으니 佛肸필힐이 中牟 땅을 가지고 배반하였거늘 선생님께서 가려하심
은 어째서입니까

子路는恐佛肸之浼夫子故로問此하여以止夫子之行이라親은猶自
也라不入은不入其黨也라

—

子路는 佛肸이 孔子를 더럽힐까 두려워하였기 때문에, 이 말을 물
어서 孔子께서 가시려는 것을 저지하였다. 親은 스스로와 같다. 不入
은 그 黨에 들어가지 아니함이다.

子曰然하다有是言也니라不曰堅乎아磨而不磷이니라不
曰白乎아涅而不緇니라

孔子께서 말씀하시기를 그렇다 이런 말이 있느니라 단단하다 말하지
아니하였느냐 갈아도 얇아지지 아니하느니라 희다고 말하지 아니하였느

나 물들여도 검어지지 아니함이니라

磷은 薄也라 涅은 染皁物이라 言人之不善이 不能浼己라 楊氏曰磨不
磷涅不緇而後에 無可無不可니 堅白不足而欲自試於磨涅이면
其不磷緇也者幾希니라

—

磷은 얇음이다. 涅은 물건을 검게 물들이는 것이다. 남의 不善이
자기를 더럽힐 수 없음을 말한 것이다. 楊氏가 말하였다. "갈아도
얇아지지 아니하고 물들여도 검어지지 아니한 뒤에 可함도 없고 不
可함도 없으니, 단단함과 흼이 부족하면서 갈고 물들이는 것에 스스
로를 시험하고자 하면 얇아지고 검어지지 아니하는 사람이 거의 드
물다."

吾豈匏瓜也哉라 焉能繫而不食이리오
내 어찌 뒤웅박이겠느냐 어찌 매달려서 먹지 아니할 수 있으리오

匏는 瓠也라 匏瓜는 繫於一處而不能飮食이니 人則不如是也라 ○
張敬夫曰子路昔者之所聞은 君子守身之常法이요 夫子今日之
所言은 聖人體道之大權也라 然이나 夫子於公山佛肹之召에 皆
欲往者는 以天下에 無不可變之人이며 無不可爲之事也일새요 其卒
不往者는 知其人之終不可變이요 而事之終不可爲耳니 一則生
物之仁이요 一則知人之智也니라

—

匏는 뒤웅박이다. 匏瓜는 한 곳에 매달려서 마시고 먹을 수 없으니 사람이라면 이와 같지 않다. ○ 張敬夫가 말하였다. "子路가 옛날에 들은 것은 군자가 몸을 지키는 떳떳한 법이고, 孔子께서 오늘 하신 말씀은 聖人 몸가짐의 큰 權道이다. 그러나 孔子께서 公山弗擾와 佛肸^{필힐}의 초빙에 모두 가고자 하신 것은 천하에 변화시킬 수 없는 사람도 없으며 할 수 없는 일도 없는 이유 때문이고, 끝내 가지 아니 하신 것은 그런 사람은 끝내 변할 수 없고 그런 일은 끝내 할 수 없 다는 것임을 알아서이니, 한편으로는 만물을 생성시키는 仁이고 한편 으로는 사람을 아는 지혜이다."

---

⑧子曰由也아女聞六言六蔽矣乎이對曰未也로이다
孔子께서 말씀하시기를 由야 너는 六言과 六蔽를 들었느냐 대답하여 말하기를 못하였습니다

蔽는遮掩也라

—

蔽는 막고 가림이다.

居하라吾語女하리라
앉으라 내 너에게 말하여 주리라

禮에君子問에更端則起而對故로夫子論子路에使還坐而告之라

—

禮에 군자가 물었을 적에 단서가 바뀌면 일어나서 대답한다. 때문에
孔子께서 子路를 깨우칠 적에 다시 앉게 하고 告해 주시었다.

好仁不好學이면其蔽也愚요好知不好學이면其蔽也蕩
이요好信不好學이면其蔽也賊이요好直不好學이면其蔽
也絞요好勇不好學이면其蔽也亂이요好剛不好學이면其
蔽也狂이니라

仁을 좋아하고 배움을 좋아하지 아니하면 그 폐단은 어리석게 되고 지
혜를 좋아하고 배움을 좋아하지 아니하면 그 폐단은 방탕하게 되고 믿
음을 좋아하고 배움을 좋아하지 아니하면 그 폐단은 해치게 되고 정직
을 좋아하고 배움을 좋아하지 아니하면 그 폐단은 급하게 되고 용맹을
좋아하고 배움을 좋아하지 아니하면 그 폐단은 亂을 일으키게 되고 강
함을 좋아하고 배움을 좋아하지 아니하면 그 폐단은 경솔하게 된다

六言은皆美德이나然이나徒好之而不學以明其理면則各有所蔽
라愚는若可陷可罔之類요蕩은謂窮高極廣而無所止요賊은謂傷
害於物이라勇者는剛之發이요剛者는勇之體라狂은躁率也라○范
氏曰子路는勇於爲善이로되其失之者를未能好學以明之也故로
告之以此요曰勇曰剛曰信曰直은又皆所以救其偏也니라

—

六言은 모두 아름다운 德이지만, 그러나 단지 좋아하기만 하고 배
워서 그 이치를 밝히지 못하면 각각 폐단이 있다. 愚는 빠지게 될

수 있고 속임을 당할 수 있는 따위와 같고, 蕩은 끝까지 높고 끝까지 넓어서 멈춤이 없음을 말하고, 賊은 상대를 傷害함을 말한다. 勇이란 강함이 드러남이고 剛이란 勇의 본체이다. 狂은 조급하고 경솔함이다. ○ 范氏가 말하였다. "子路는 善을 행하는 데에는 용감하지만 그가 실수하는 것을, 배움을 좋아하여 이치를 밝혀내지 못하기 때문에 이 말로 告해 주셨고, 용기, 강함, 믿음, 정직을 말씀하신 것은 모두 그의 편벽됨을 구제하려는 이유에서이다."

---

⑨子曰小子는何莫學夫詩오
孔子께서 말씀하시기를 너희는 어찌 詩를 배우지 아니하는고

小子는弟子也라
—
小子는 제자들이다.

詩는可以興이며
詩는 일으킬 수 있으며

感發志意라
—
의지를 감동시켜서 일으킨다.

可以觀이며

관찰할 수 있으며

考見得失이라

―

잘잘못을 詳考하고 발견한다.

可以羣이며

무리지을 수 있으며

和而不流라

―

화합하면서도 휩쓸리지 아니한다.

可以怨이며

원망할 수 있으며

怨而不怒라

―

원망하면서도 노여워하지 아니한다.

邇之事父며遠之事君이요

가까이는 부모를 섬기며 멀리는 임금을 섬김이요

人倫之道詩無不備니二者는擧重而言이라

—

인간의 도리가 『詩經』에 갖추어지지 아니함이 없으니, 두 가지는 중요한 것을 들어서 말한 것이다.

多識於鳥獸草木之名이니라

새 짐승 풀 나무의 이름을 많이 알게 되느니라

其緒餘4)又足以資多識이라○學詩之法을此章盡之하니讀是經者所宜盡心也라

—

附隨的으로 또 많은 지식을 資賴할 수 있다. ○ 詩를 배우는 법을 이 章에서 다했으니 이 『詩經』을 읽는 사람들은 마땅히 마음을 다해야 한다.

---

⑩子謂伯魚曰女爲周南召南矣乎아人而不爲周南召

---

4) 緒餘 : 실마리의 나머지, 附隨的인 것.

南이면其猶正牆面而立也與인저

孔子께서 伯魚에게 일러 말씀하시기를 너는 周南과 召南을 배웠느냐 사람이면서 周南과 召南을 배우지 아니하면 아마도 담장을 마주하고 서 있음과 같을 것이다

爲는猶學也라周南召南은詩首篇名이니所言이皆脩身齊家之事라正牆面而立은言卽其至近之地하여而一物無所見이요一步不可行이라

—

爲는 배움과 같다. 周南·召南은 『詩經』 머리편의 이름이니, 말한 것이 모두 몸을 닦고 집안을 가지런히 하는 일이다. 담장을 마주하고 서 있음은 지극히 가까운 곳에 나아가서 어떤 물건도 보이는 것이 없고, 한 걸음도 행할 수 없다는 말이다.

---

⑪子曰禮云禮云이나玉帛云乎哉아樂云樂云이나鍾鼓云乎哉아

孔子께서 말씀하시기를 禮라 말하고 禮라 말하나 玉帛의 왕래만을 말하겠으며 음악이라 말하고 음악이라 말하나 鍾鼓 치는 것만을 말하는 것이겠느냐

敬而將之以玉帛이면則爲禮요和而發之以鍾鼓면則爲樂이니遺其本이요而專事其末이면則豈禮樂之謂哉리오○程子曰禮는只是一箇序요樂은只是一箇和니只此兩字含蓄多少義理하니天下에

無一物無禮樂이라且如置此兩椅하여一不正이면便是無序요無序면便乖요乖면便不和니라又如盜賊이至爲不道나然이나亦有禮樂이니蓋必有總屬하여必相聽順이라야乃能爲盜요不然則叛亂無統하여不能一日相聚而爲盜也리니禮樂은無處無之하니學者要須識得이니라

—

공경하는 마음으로 玉帛을 받들면 禮가 되고, 조화로운 마음으로 鐘과 북을 연주하면 음악이 된다. 그 근본(敬과 和)을 빠뜨리고 끝만 오로지 일삼으면, 어찌 禮樂이라고 말하리오 ○ 程子가 말하였다. "禮는 오로지 한낱 秩序이고, 樂은 오로지 한낱 調和이니, 단지 이 두 글자(序와 和)가 많은 의미와 이치를 함축하고 있으니, 천하에 어떤 물건도 禮樂이 없는 것은 없다. 우선 여기에 두 의자를 놓는 것과 같아서, 하나가 바르지 못하면 문득 질서가 없고, 질서가 없으면 어그러지고, 어그러지면 문득 조화롭지 못한 것이다. 또 예를 들어 도적이 지극히 부도덕함이 되지만 그러나 역시 禮樂이 있으니, 대체로 반드시 우두머리와 졸개가 있어서 반드시 서로 듣고 따라야만 겨우 도적질할 수 있고, 그렇지 못하면 배반하고 어긋나고 통솔이 없어서 하루도 서로 모여서 도적질할 수 없으리니, 禮樂은 곳마다 없는 곳이 없으니 학자들은 반드시 인식하고 터득하여야 한다."

⑫子曰色厲而內荏을譬諸小人컨댄其猶穿窬之盜也與인저

孔子께서 말씀하시기를 외모는 엄숙하고 내면이 유약함을 소인에게 비

교컨대 아마도 뚫고 넘는 도적과 같을 것이다

厲는威嚴也요葸은柔弱也라小人은細民也라穿은穿壁이요窬는踰牆
이라言其無實盜名이로되而常畏人知也라

—

厲는 위엄이고 葸은 여리고 약함이다. 小人은 하찮은 백성이다. 穿
은 벽을 뚫음이고 窬는 담장을 넘음이다. 그가 실지로 도적이라는
이름은 없지만 항상 남이 알까 두려워한다는 말이다.

---

⑬子曰鄉原은德之賊也니라
孔子께서 말씀하시기를 鄉原은 德을 해치는 사람이니라

鄉者는鄙俗之意요原은與愿同이니荀子原慤註에讀作愿이是也라
鄉原은鄉人之愿者也니蓋其同流合污하여以媚於世故로在鄉人
之中엔獨以愿稱하나니夫子以其似德非德而反亂乎德故로以爲
德之賊而深惡ᅌ之니詳見ᅙ孟子末篇5)이라

—

鄉은 변두리 풍속의 의미이고, 原은 愿과 같으니, 『荀子』, 「原慤」
篇 註에 읽고 쓰기를 愿으로 한 것이 이것이다. 鄉原은 고을사람 중
에 厚한 사람이니, 대개 時流에 동조하고 오탁한 풍속에 부합하여
세상에 잘보이려 하기 때문에 고을사람 속에 있어서는 유독 厚한 사
람이라고 일컬어지니, 孔子께서 德과 흡사하면서도 德이 아니고 도

---

5) 孟子末篇: 『孟子』, 「盡心章句下」.

리어 德을 문란하게 한다고 여기셨기 때문에 德을 해친다고 말씀하시고 매우 미워하셨으니 자세한 것은 『孟子』 末篇에 나타난다.

⑭子曰道聽而塗說이면德之棄也니라

孔子께서 말씀하시기를 길에서 듣고 길에서 말해 버리면 德을 포기하는 것이다

雖聞善言이나不爲己有면是自棄其德也라○王氏曰君子多識前言往行하여以畜其德이니道聽塗說則棄之矣니라

—

아무리 좋은 말을 듣는다 하더라도 자기의 소유로 삼지 아니하면, 이것은 스스로 德을 버리는 것이다. ○ 王氏가 말하였다. "군자는 옛 성현의 말과 행동을 많이 인식해서 자기의 德을 쌓으니, 길에서 듣고 길에서 말해 버리면 그 德을 버리는 것이다."

⑮子曰鄙夫는可與事君也與哉아

孔子께서 말씀하시기를 鄙夫는 더불어 임금을 섬길 수 있으랴

鄙夫는庸惡陋劣之稱이라

—

鄙夫는 어리석고 惡하고 비루하고 용렬함을 칭한다.

其未得之也엔 患得之하고 旣得之하얀 患失之하나니

그 얻지 못하여서는 얻음을 걱정하고 이미 얻어서는 잃음을 걱정하나니

何氏曰患得之는 謂患不能得之라

—

何氏가 말하였다. "얻음을 걱정함은 얻지 못함을 걱정한다는 말이다."

苟患失之면 無所不至矣니라

진실로 잃음을 걱정하면 이르지 못할 짓이 없다

小則吮癰舐痔하고 大則弑父與君이 皆生於患失而已라○胡氏
曰許昌靳裁之有言曰士之品이 大槩有三하니 志於道德者는 功
名이 不足以累其心하고 志於功名者는 富貴不足以累其心하고 志
於富貴而已者則亦無所不至矣라하니 志於富貴는 卽孔子所謂
鄙夫也니라

—

작게는 등창을 빨고 치질을 핥고 크게는 아비와 임금을 죽이는 것
이 모두 잃을 것을 걱정하는 데에서 생길 뿐이다. ○ 胡氏가 말하
였다. "許昌 땅의 靳裁之의 말에 '선비의 종류가 대개 세 가지가
있으니, 道德에 뜻을 둔 사람은 功名이 그 마음을 얽매지 못하고,
功名에 뜻을 둔 사람은 富貴가 그 마음을 얽매지 못하고, 富貴에

만 뜻을 둔 사람은 역시 이르지 못할 짓이 없다.'라 하니 富貴에
뜻을 둔 사람이 바로 孔子께서 말씀하신 鄙夫이다."

---

⑯子曰古者에民有三疾이러니今也엔或是之亡也로다
孔子께서 말씀하시기를 옛날에는 사람이 세 가지 병이 있었더니 오늘
날에는 혹 이런 것도 없도다

氣失其平則爲疾故로氣稟之偏者를亦謂之疾이니昔所謂疾이今
亦亡之는傷俗之益偸也라

—

기운이 평정을 잃으면 병이 되기 때문에 타고난 기질이 치우친 것
을 역시 병이라고 말하니, 옛날에 이른바 병이 오늘날에는 역시 그
마저도 없다고 하신 것은 풍속이 더욱더 야박해졌음을 마음 상하여
하신 것이다.

古之狂也는肆러니今之狂也는蕩이요古之矜也는廉이러니
今之矜也는忿戾요古之愚也는直이러니今之愚也는詐而
已矣로다
옛날 狂者는 거리낌없더니 오늘날 狂者는 방탕하고 옛날 矜者는 청렴
하더니 오늘날 矜者는 성내며 어기고 옛날 愚者는 솔직하더니 오늘날
愚者는 속일 따름이도다

狂者는志願太高요肆는謂不拘小節이며蕩則踰大閑⁶)矣라矜者는

持守太嚴이요廉은 謂稜角陗属며 忿戾則至於爭矣라愚者는暗昧
不明이요直은 謂徑行自遂며詐則挾私妄作矣라○范氏曰末世滋
僞하니豈惟賢者不如古哉리오民性之蔽도亦與古人異矣니라

—

狂은 뜻과 소원이 너무 높고 肆는 작은 절차에 구애받지 아니함을
말하며 蕩은 큰 울타리를 넘음이다. 矜은 자신 지키기를 너무 엄하게
함이고 廉은 성질이 모나고 급함을 말하고 忿戾는 다툼에 이른다.
愚는 어두워서 사리에 밝지 못함이고 直은 곧은 길로 행하여 자기
뜻을 이룸을 말하며 詐는 사욕을 지니고 함부로 행동함이다. ○ 范
氏가 말하였다. "말세가 될수록 더욱더 속이니, 어찌 賢者만 옛날과
같지 못하리오 백성들 성품의 폐단도 역시 옛 사람과는 다르다."

---

⑰子曰巧言令色이鮮矣仁이니라
孔子께서 말씀하시기를 말을 교묘하게 하고 안색을 잘 꾸미는 사람치
고 仁한 이가 드물다

重出7)이라

—

거듭 나왔다.

---

⑱子曰惡오紫之奪朱也하며惡鄭聲之亂雅樂也하며惡

---

6) 大閑 : 三綱五倫과 같은 사람이 지켜야 할 큰 울타리.
7) 重出 :「學而」篇 三章에 나온다.

利口之覆邦家者하노라

孔子께서 말씀하시기를 紫色이 朱色을 빼앗음을 미워하며 鄭나라 음악이 雅樂을 어지럽힘을 미워하며 말 잘함이 나라를 뒤엎는 것을 미워하노라

朱는正色이요紫는間色이라雅는正也라利口는捷給이라覆은傾敗也라 ○范氏曰天下之理正而勝者常少하고不正而勝者常多라聖人이所以惡之也라利口之人은以是爲非하고以非爲是하며以賢爲不肖하고以不肖爲賢하니人君이苟悅而信之면則國家之覆也不難矣리라

朱는 正色이고 紫는 間色이다. 雅는 바름이다. 利口는 말을 민첩하게 하여 말로만 처리함이다. 覆은 기울어져 실패함이다. ○ 范氏가 말하였다. "천하의 이치가 바르게 해서 이기는 사람은 항상 적고, 부정으로 이기는 사람은 항상 많다. 聖人이 미워하는 이유이다. 말을 잘하는 사람은 옳은 것을 그르다 말하고 그른 것을 옳다고 하며, 어진 이를 不肖하다고 하며 不肖한 이를 어질다고 하니, 임금이 만일 기뻐해서 믿으면 국가의 전복이 어렵지 아니할 것이다."

---

⑲子曰予欲無言하노라

孔子께서 말씀하시기를 내 말이 없고자 하노라

學者多以言語로觀聖人이요而不察其天理流行之實이有不待

言而著者라是以로徒得其言이요而不得其所以言故로夫子發此
以警之라

—

배우는 사람들이 허다히 말을 가지고 聖人을 관찰하고, 天理가 흘러
행하는 진실이 말을 기다리지 아니해도 환하게 드러남이 있음을 살피
지 못한다. 이 때문에 단지 그 말에서만 깨닫고 그 말하는 이유를 깨
닫지 못하기 때문에 孔子께서 이것을 말씀해서 학자들을 깨우치셨다.

子貢이曰子如不言이시면則小子何述焉이리잇고
子貢이 말하기를 선생님께서 만약 말씀하지 아니하시면 저희들이 어떻
게 傳述하겠습니까

子貢은正以言語로觀聖人者故로疑而問之라

—

子貢은 바로 말을 가지고 聖人을 관찰하는 사람이기 때문에 의심
해서 물었다.

子曰天何言哉시리오四時行焉하며百物이生焉하나니天
何言哉시리오
孔子께서 말씀하시기를 하늘이 무슨 말씀을 하시리오 四時가 행해지
며 만물이 생겨나니 하늘이 무슨 말씀을 하시리오

四時行百物生이莫非天理發見이며流行之實이로되不待言而可見하니聖人의一動一靜이莫非妙道精義之發이니亦天而已라豈待言而顯哉리오此亦開示子貢之切이어늘惜乎라其終不喩也여○程子曰孔子之道譬如日星之明이나猶患門人이未能盡曉故로曰予欲無言이니若顔子則便黙識이오其他則未免疑問故로曰小子何述이오又曰天何言哉四時行焉百物生焉이면則可謂至明白矣니라愚는按此는與前篇8)無隱之意로相發이니學者詳之니라

─

四時가 운행되고 만물이 생산됨이 天理가 드러나며 유행하는 실제가 아님이 없지만, 말을 기다리지 아니하고도 볼 수 있다. 聖人의 한번 움직이고 한번 멈춤이 오묘한 道와 정밀한 의리의 발현이 아님이 없으니 또한 하늘일 뿐이다. 어찌 말을 기다려서 드러나는 것이리오 이 말씀은 역시 子貢에게 열어서 보여줌의 절실함이거늘, 애석하다, 그가 끝내 깨닫지 못함이여. ○ 程子가 말하였다. "孔子의 道는 비유하면 해와 달의 밝음과 같은데도 오히려 門人들이 다 깨닫지 못할까 걱정하셨기 때문에, 내 말이 없고자 하노라고 말씀하셨으니 만약 顔子라면 문득 말없이 알았을 터이고 그 나머지 사람은 의심해서 묻는 것을 면하지 못하기 때문에, 저희들이 어떻게 傳述하겠습니까라고 말했고, 또 하늘이 무슨 말씀을 하시리오 四時가 행해지며 만물이 생겨난다고 말씀하셨다면, 지극히 명백하다고 말할 수 있다." 나는 고찰해 보건대, 이 말씀은 前篇의 '숨기는 것이 없다'는 뜻과 더불어 서로 밝혀내었으니, 학자들은 상세하게 보아야 한다.

---

8) 前篇:「述而」篇 23章, 子曰 二三者 以我爲隱乎 吾無隱乎爾 吾無行而不與二三子者 是丘也 참고.

⑳孺悲欲見孔子어늘孔子辭以疾하시고將命者出戶어
늘取瑟而歌하시어使之聞之하시다

孺悲가 孔子를 뵈옵고자 하거늘 孔子께서 병으로써 거절하시고 명령
을 지니고 온 자가 방문을 나가거늘 비파를 취하여 노래하시어 그로
하여금 듣게 하시었다

孺悲는魯人이니嘗學士喪禮於孔子라當是時하여必有以得罪者
故로辭以疾이요而又使知其非疾하여以警教之也라程子曰此孟
子所謂不屑之教誨9)니所以深教之也니라

—

孺悲는 魯나라 사람이니, 일찍이 孔子에게 『禮記』 「士喪禮」를 배
웠다. 이때를 당해서 반드시 죄를 얻은 일이 있었기 때문에 병으로
써 거절하시고, 또 그로 하여금 아프지 않음을 알게 해서 그를 깨우
쳐서 교육하셨다. 程子가 말하였다. "이 방법은 孟子의 이른바 '달
갑게 여기지 아니하는 가르침'이니, 깊이 가르치는 방법이다."

㉑宰我問三年之喪이期已久矣로소이다

宰我가 묻기를 三年喪이 期年이면 이미 오래되는 것입니다

期는周年也라

---

9) 不屑之教誨 : 『孟子』, 「告子章句下」 참고.

—
期는 일주년이다.

君子三年을不爲禮면禮必壞하고三年을不爲樂이면樂必
崩하리니
군자가 삼년을 禮를 행하지 아니하면 禮가 반드시 무너지고 삼년을 樂
을 하지 아니하면 樂이 반드시 무너지리니

恐居喪不習하여而崩壞也라
—
喪을 치르면서 (禮와 樂을) 익히지 못해서 붕괴될 것을 우려함이다.

舊穀이旣沒하고新穀이旣升하며鑽燧改火하나니期可已
矣로소이다
묵은 곡식이 이미 없어지고 새 곡식이 이미 오르며 불씨를 유지하는
나무도 바뀌니 期年이면 그칠 만합니다

沒은盡也라升은登也라燧는取火之木也라改火는春取楡柳之火하
고夏取棗杏之火하고夏季取桑柘之火하고秋取柞楢之火하고冬取
槐檀之火하니亦一年而周也라已는止也니言期年則天運一周하
고時物皆變하니喪至此可止也라尹氏曰短喪之說은下愚도且恥
言之어늘宰我는親學聖人之門이로되而以是爲問者는有所疑於心

이면而不敢强焉爾니라

—

沒은 다함이다. 升은 오름이다. 燧는 불을 취하는 나무이다. 改火
는 봄에는 느릅나무, 버드나무의 불을 취하고 여름에는 대추나무,
살구나무의 불을 취하고 끝여름에는 뽕나무, 산뽕나무의 불을 취하
고 가을에는 떡갈나무, 졸참나무의 불을 취하고 겨울에는 느티나무
와 박달나무의 불을 취하니, 역시 1년이면 한 바퀴를 돈다. 已는 멈
춤[止]이니, 期年이 되면 하늘의 운행도 한 바퀴 돌고, 제철 물건도
모두 바뀌니, 喪期도 여기에 이르면 그칠 만함을 말한 것이다. 尹
氏가 말하였다. "喪期를 짧게 해야 한다는 설은 지극히 어리석은
사람도 우선 말하기를 부끄럽게 여기거늘, 宰我는 聖人의 문하에서
직접 배웠는데도, 이것을 가지고 물음으로 삼은 것은 마음에 의심나
는 것이 있으면 감히 억지로 참지 아니해서일 뿐이다."

子曰食夫稻하며衣夫錦이於女에安乎아曰安하이다
孔子께서 말씀하시기를 쌀밥을 먹으며 비단옷을 입음이 너에게 편안하
겠느냐 대답하기를 편안하겠습니다

禮에父母之喪은旣殯에食粥麤衰하고旣葬에疏食水飲하며受以成
布하고期而小祥이라야始食菜果하고練冠縓緣이나要絰不除하니無
食稻衣錦之理라夫子欲宰我로反求諸心하여自得其所以不忍
者故로問之以此로되而宰我不察也라

—

禮에 父母喪에는 이미 殯하고 나서 죽을 먹고 거친 喪服을 입고, 이미 장사지내고 나서 거친 밥을 먹고 물을 마시며 굵은 베옷을 입는다. 期年이 되어 小祥에서야 비로소 채소와 과일을 먹고, 冠을 씻고 붉은 색 동정을 두른 옷을 입으나 허리에 두른 띠는 제거하지 아니하니, 쌀밥을 먹고 비단옷을 입는 이치는 없다. 孔子께서 宰我로 하여금 마음에 반성해 찾아서, 차마하지 못하는 이유를 스스로 터득하게 하고자 하셨기 때문에, 이 말을 가지고 물으셨는데 宰我가 살피지 못하였다.

女安則爲之하라 夫君子之居喪에 食旨不甘하며 聞樂不樂하며 居處不安故로 不爲也하나니 今女安則爲之하라

네가 편안하거든 하여라 군자가 喪을 치름에 맛있는 것을 먹어도 달지 아니하며 음악을 들어도 즐겁지 아니하며 거처함에 편안하지 아니하기 때문에 하지 아니하는 것이니 지금 네가 편안하거든 하여라

此는夫子之言也라 旨는亦甘也라 初言女安則爲之는絶之之辭요 又發其不忍之端하여 以警其不察하고 而再言女安則爲之하여 以深責之라

—

이 말은 孔子의 말씀이다. 旨는 역시 맛이 좋은 것이다. 처음에 네가 편안하거든 하여라라고 말씀하신 것은 끊는 말이고, 또 차마 하지 못하는 단서를 드러내어 그가 살피지 못함을 깨우쳐 주시고, 두 번째 네가 편안하거든 하여라라고 말씀하시어 깊이 꾸짖으시었다.

宰我出커늘子曰予10)之不仁也여子生三年然後에免
於父母之懷하나니夫三年之喪은天下之通喪也니予也
有三年之愛於其父母乎아

宰我가 나갔거늘 孔子께서 말씀하시기를 予의 仁하지 못함이여 자식
이 난 지 삼년이 된 연후에 부모의 품을 벗어나니 三年喪은 천하의
공통된 喪期이니 予도 그 부모에게 삼년의 사랑이 있었던가

宰我旣出에夫子懼其眞以爲可安而遂行之故로深探其本而斥
之하여言由其不仁故로愛親之薄이如此也라懷는抱也라又言君子
所以不忍於親而喪必三年之故하여使之聞之하여或能反求而
終得其本心也라○范氏曰喪雖止於三年이나然이나賢者之情則
無窮也라特以聖人이爲之中制하여而不敢過故로必俯而就之요
非以三年之喪으로爲足以報其親也라所謂三年然後에免於父
母之懷는特以責宰我之無恩하여欲其有以跂而及之耳니라
—

宰我가 이미 나감에 孔子께서 그가 참으로 편안할 수 있다고 여겨
서 드디어 행할까 두려워하여 그 근본을 깊이 더듬어 지적해서 그
가 仁하지 못한 이유 때문에 부모를 사랑하는 것의 엷음이 이와 같
다고 말씀하신 것이다. 懷는 포옹함이다. 또 군자가 親喪에 차마
하지 못하는 이유로 喪期는 반드시 삼년으로 하는 연고를 말씀해서,
宰我로 하여금 듣게 해서, 혹시라도 반성하여 찾아서 끝내 그 본심

---

10) 予 : 宰我의 이름

을 깨닫게 하고자 하시었다. ○ 范氏가 말하였다. "喪期는 비록 삼년에 그치나, 그러나 훌륭한 자의 情이라면 끝이 없다. 단지 聖人이 알맞은 제도를 만들어서 감히 지나치지 못하게 했기 때문에, 반드시 굽혀서 나아가는 것이고, 삼년상을 가지고 충분히 부모의 은혜를 보답하였다고 여기는 것은 아니다. 이른바 삼년이 된 연후에 부모의 품을 벗어남은 단지 宰我의 은혜 없음을 꾸짖어서 그로 하여금 발돋움해서 미칠 수 있게 하고자 하셨을 뿐이다."

㉒子曰飽食終日하여無所用心이면難矣哉라不有博奕者乎아爲之猶賢乎已니라

孔子께서 말씀하시기를 하루 종일 배부르게 먹고 마음을 쓸 곳이 없으면 어렵다 장기와 바둑이라도 있지 아니하냐 그것이라도 함이 오히려 아무 것도 하지 아니함보다 나으니라

博은局戲也요奕은圍碁也라已는止也라李氏曰聖人이非教人博奕也라所以甚言無所用心之不可爾니라

博은 장기이고, 奕은 바둑이다. 已는 멈춤이다. 李氏가 말하였다. "聖人이 사람들에게 장기와 바둑을 가르친 것이 아니라, 마음을 쓸 곳이 없는 것이 불가함을 심하게 말씀하신 까닭일 뿐이다."

㉓子路曰君子尚勇乎잇가子曰君子義以爲上이니君子有勇而無義면爲亂이요小人이有勇而無義면爲盜니라

子路가 말하기를 군자가 용기를 숭상합니까 孔子께서 말씀하시기를 군자는 의리를 최상으로 여기니 군자가 용기가 있고 의리가 없으면 亂을 일으키고 소인이 용기가 있고 의리가 없으면 도적질을 하는 것이다

尙은上之也라君子爲亂小人爲盜는皆以位而言者也라尹氏曰
義以爲尙則其爲勇也大矣라子路는好勇故로夫子以此로救其
失也니라胡氏曰疑此는子路初見孔子時問答也니라

尙은 최상으로 여김이다. 군자가 亂을 일으키고 소인이 도적질을 함은 모두 지위를 가지고 말한 것이다. 尹氏가 말하였다. "의리를 최상으로 여기면 그 용기됨이 큰 것이다. 子路는 용기를 좋아하므로 孔子께서 이 말을 가지고 그의 단점을 구제하시었다." 胡氏가 말하였다. "아마도 이 말은 子路가 처음 孔子를 뵈었을 때의 문답인 듯하다."

㉔子貢이曰君子亦有惡오乎잇가子曰有惡하니惡稱人之惡者하며惡居下流而訕上者하며惡勇而無禮者하며惡果敢而窒者니라

子貢이 말하기를 군자도 역시 미워함이 있습니까 孔子께서 말씀하시기를 미워함이 있나니 남의 惡을 말하는 것을 미워하며 낮은 자리에 처하여 윗사람을 비방하는 것을 미워하며 용기가 있고 禮 없는 것을 미워하며 과감하되 막혀 있는 것을 미워하느니라

訕은謗毁也라窒은不通也라稱人惡則無仁厚之意요下訕上則無
忠敬之心이라勇無禮則爲亂이요果而窒則妄作故로夫子惡之라

—

訕은 비방하고 헐뜯음이다. 窒은 통하지 못함이다. 남의 惡을 말하면
사랑하고 후한 마음이 없고, 밑에서 윗사람을 비방하면 충성·공경의
마음이 없다. 용기만 있고 禮가 없으면 亂을 일으키고, 과감하면서
막혀 있으면 함부로 행동하기 때문에 孔子께서 미워하는 것이다.

曰賜也亦有惡오乎아惡徼以爲知者하며惡不孫以爲勇
者하며惡訐以爲直者하노이다
말씀하시기를 賜도 역시 미워함이 있느냐 몰래 엿봄을 지혜로 여기는
것을 미워하며 공손치 못함을 용기라고 여기는 것을 미워하며 들추어냄
을 정직하다고 여기는 것을 미워합니다

惡徼以下는子貢之言也라徼는伺察也라訐은謂攻發人之陰私라
○楊氏曰仁者無不愛則君子疑若無惡矣라子貢之有是心也
故로問焉하여以質其是非니라侯氏曰聖賢之所惡如此하니所謂惟
仁者야能惡人11)也니라

—

惡徼 이하는 子貢의 말이다. 徼는 엿보고 살핌이다. 訐은 남의 숨
겨진 사생활을 전문적으로 들추어냄을 말한다. ○ 楊氏가 말하였다.
"仁한 사람이 사랑하지 아니함이 없다면 군자는 아마도 미워함이

---

11) 惟仁者能惡人 :「里仁」篇 三章, 子曰 惟仁者 能好人 能惡人 참고.

없을 듯하다. 子貢이 이런 마음이 있었기 때문에, 물어서 그 옳고 그름을 質正하였다." 侯氏가 말하였다. "성현의 미워함이 이와 같으니, 이른바 仁한 사람이라야 미워할 수 있는 것이다."

㉕子曰唯女子與小人이 爲難養也니 近之則不孫하고 遠之則怨이니라

孔子께서 말씀하시기를 오직 여자와 소인이 기르기가 어려우니 가까이 하면 공손하지 못하고 멀리하면 원망하느니라

此小人은 亦謂僕隷下人也라 君子之於臣妾에 莊以涖之하고 慈以畜之則無二者之患矣라

여기에서 小人은 역시 노예나 하인을 말한다. 군자가 아랫사람이나 여자에 대하여 엄숙함을 가지고 임하고 자애로써 길러주면 두 가지의 병폐가 없다.

㉖子曰年四十而見惡焉이면 其終也已니라

孔子께서 말씀하시기를 나이 마흔에 미움을 당하면 그것으로 끝날 뿐이니라

四十은 成德之時니 見惡於人則止於此而已니 勉人及時하여 遷善改過也라 蘇氏曰此亦有爲而言이나 不知其爲誰也니라

四十은 德을 이루는 시기이니, 남에게 미움을 당하면 여기에서 멈출 뿐이니, 사람이 때에 미쳐서 善으로 옮기고 허물을 고치도록 힘쓰게 하신 것이다. 蘇氏가 말하였다. "이 말은 역시 위하는 데가 있어서 하신 말씀이나, 누구를 위한 것인지는 알지 못한다."

[陽貨 第十七]

微子第十八

此篇은多記聖賢之出處라凡十一章이라

—

이 篇은 성현들의 出處를 많이 기록해 놓았다.

모두 십일 章이다.

① 微子는去之하고箕子는爲之奴하고比干은諫而死하니라
微子는 떠났고 箕子는 노예가 되었고 比干은 諫하다가 죽었다

微箕는二國名이요子는爵也라微子는紂庶兄이요箕子比干은紂諸
父1)라微子는見紂無道하고去之하여以存宗祀요箕子比干은皆諫
紂러니殺比干하고囚箕子하여以爲奴하니箕子因佯狂而受辱이라

—

微, 箕는 두 나라 이름이요 子는 爵位이다. 微子는 紂王의 庶兄이
고 箕子와 比干은 紂王의 諸父이다. 微子는 紂王의 무도함을 보
고 떠나서 宗祀를 보존하였고 箕子와 比干은 모두 紂王에게 諫하
였는데, 比干은 죽이고 箕子는 죄수로 만들어 노예로 삼으니 箕子
가 거짓으로 미치광이처럼 하여 모욕을 받아들였다.

孔子曰殷有三仁焉하니라
孔子께서 말씀하시기를 殷나라에 三仁이 있었다

三人之行은不同이나而同出於至誠惻怛之意故로不咈乎愛之
理요而有以全其心之德也라楊氏曰此三人者는各得其本心故
로同謂之仁이니라

—

1) 諸父 : 伯父, 叔父 등을 말한다.

세 사람의 행동은 같지 않았지만 지극한 정성으로 슬퍼하고 걱정하는 마음에서 함께 표출되었기 때문에 사랑의 원리를 어기지 않았고 그 마음의 德을 온전히 할 수 있었다. 楊氏가 말하였다. "이 세 사람은 각각 그 본심을 깨달았기 때문에 함께 仁이라고 말하였다."

---

②柳下惠爲士師하여三黜이어늘人이曰子未可以去乎 아曰直道而事人이면焉往而不三黜이며枉道而事人이 면何必去父母之邦이리오

柳下惠가 士師가 되어서 세 번 쫓겨났거늘 사람이 말하기를 그대는 떠날 수 없는가 대답하기를 道를 정직하게 하여 사람을 섬기면 어디 간들 세 번 쫓겨나지 아니하며 道를 굽혀 사람을 섬기려면 어찌 꼭 부모의 나라를 떠나리오

士師는獄官이라黜은退也라柳下惠三黜不去하고而其辭氣雍容如 此하니可謂和[2]矣라然이나其不能枉道之意則有確乎不可拔者하 니是則所謂必以其道而不自失焉[3]者也라○胡氏曰此必有孔 子斷之之言이로되而亡之矣니라

—

士師는 獄官이다. 黜은 물리침이다. 柳下惠가 세 번이나 쫓겨나면서도 (나라를) 떠나지 않고 그 말하는 품위가 온화하고 조용함이 이와 같으니 和라고 말할 수 있다. 그러나 그 道를 굽힐 수 없는 뜻

---

2) 和 : 『孟子』, 「萬章章句下」, 柳下惠 聖之和者也 참고.

3) 必以其道而不自失焉 : 『孟子』, 「公孫丑章句上」 참고.

은 확실해서 빼앗을 수 없으니 이것이 이른바 '반드시 正道로써 하고 스스로를 잃지 않는다.'는 것이다. ○ 胡氏가 말하였다. "여기에는 반드시 孔子께서 斷定한 말이 있었을 것이지만 잃어버렸다."

---

③齊景公이待孔子曰若季氏則吾不能이어니와以季孟之間으로待之하리라하고曰吾老矣라不能用也라한대孔子行하시다

齊나라 景公이 孔子를 대우함을 말하기를 季氏와 같게는 내 할 수 없지만 季氏 孟氏의 중간으로 대우하리라 하고 또 말하기를 내 늙은지라 쓸 수 없구나 하니 孔子께서 떠나시었다

魯三卿에季氏最貴하고孟氏는爲下卿이라孔子去之는事見^현世家라然이나此言은必非面語孔子요蓋自以告其臣이니而孔子聞之爾라○程子曰季氏는强臣이라君이待之之禮極隆이나然이나非所以待孔子也요以季孟之間으로待之則禮亦至矣나然이나復^부曰吾老矣不能用也故로孔子去之니蓋不繫待之輕重이라特以不用而去爾니라

—

魯나라 三卿 중에 季氏가 가장 귀하고 孟氏는 下等의 卿이 된다. 孔子께서 떠나신 것은 사건이 『史記』「孔子世家」에 나타난다. 그러나 이 말은 반드시 孔子를 마주하고 말한 것은 아니고 아마도 스스로 그 신하에게 告한 것이니 孔子께서 들으셨을 뿐이다. ○ 程子가 말하였다. "季氏는 강력한 신하인지라 임금이 대우하는 禮가

극히 융숭하나 그러나 孔子를 대우할 조건은 아니고, 季氏와 孟氏 중간으로 대우하면 禮는 역시 지극하나 그러나 다시 말하기를 '내 늙은지라 쓸 수 없구나' 하였기 때문에 孔子께서 떠나신 것이다. 대체로 대우의 경중에 매여 있는 것이 아니라 단지 쓰지 아니하므로 떠나셨을 뿐이다."

---

④齊人이歸女樂이어늘季桓子受之하고三日不朝한대孔子行하시다

齊나라가 女樂을 보냈거늘 季桓子가 받아들이고 삼일 동안 朝會하지 아니하기에 孔子께서 떠나시었다

季桓子는魯大夫니名은斯라按史記컨대定公十四年에孔子爲魯司寇하여攝行相事하니齊人이懼하여歸女樂以沮之라尹氏曰受女樂하고而怠於政事如此하니其簡賢棄禮不足與有爲를可知矣라夫子所以行也니所謂見幾而作이요不俟終日[4]者與인저○范氏曰此篇은記仁賢之出處하여而折中以聖人之行이니所以明中庸之道也니라

—

季桓子는 魯나라 大夫이니 이름은 斯이다. 『史記』를 고찰해 보면, 定公 14년에 孔子께서 魯나라 司寇가 되어 政丞의 일을 攝行하시니 齊나라가 두려워해서 女樂(여자로 구성된 악단)을 보내어 저지하였다. 尹氏가 말하였다. "女樂을 받아들이고 政事에 게을리함이

---

4) 見幾而作不俟終日 : 『周易』, 「繫辭下傳」 참고.

이와 같으니 그 어진 사람을 업신여기고 禮를 포기함이 더불어 큰 일하기에는 부족함을 알 수 있다. 孔子께서 떠나신 까닭이니 이른바 '幾微를 보고 일어나서 하루가 지나기를 기다리지 않음'일 것이다." ○ 范氏가 말하였다. "이 篇은 仁者, 賢者의 出處를 기록해서 聖人의 행동을 가지고 折衷한 것이니 中庸의 道를 밝히려는 까닭이다."

---

⑤楚狂接輿歌而過孔子曰鳳兮鳳兮여何德之衰오往者는不可諫이어니와來者는猶可追니已而已而어다今之從政者殆而니라

楚나라 미치광이 接輿가 노래하면서 孔子를 지나가며 말하기를 봉황이여 봉황이여 어찌 德이 衰하였는고 지나간 것은 말할 수 없거니와 장래의 일은 오히려 생각할 만할지니 말지어다 말지어다 오늘날 정치에 종사하는 자들은 위태로우니라

接輿는楚人이니佯狂避世라夫子時將適楚故로接輿歌而過其車前也라鳳은有道則見하고無道則隱이니接輿以比孔子하여而譏其不能隱이爲德衰也라來者可追는言及今尙可隱去라已는止也라而는語助辭라殆는危也라接輿는蓋知尊夫子로되而趨不同者也라

―

接輿는 楚나라 사람이니 거짓으로 미친 체하며 세상을 피하였다. 孔子께서 당시에 楚나라에 가시려 했기 때문에 接輿가 노래하면서 그 수레 앞을 지나간 것이다. 鳳은 道가 있으면 나타나고 道가 없

으면 숨는 것이니, 接輿가 孔子에게 비교해서 숨지 못하는 것이
德이 衰하였음을 譏弄한 것이다. 장래의 일은 생각할 만하다고 한
것은 지금에 미쳐서 오히려 숨어서 떠나갈 만함을 말한 것이다. 已
는 멈춤이다. 而는 어조사이다. 殆는 위태로움이다. 接輿는 대체로
孔子를 존대할 줄은 알면서도 주장이 같지 않은 자이다.

孔子下하시어欲與之言이러시니趨而辟之하니不得與之
言하시다

孔子께서 내리시어 더불어 말하고자 하시었는데 달아나 피하니 더불어
말할 수 없으시었다

孔子下車는蓋欲告之以出處之意로되接輿는自以爲是故로不欲
聞而辟之也라

—

孔子께서 수레에서 내리신 것은 대체로 出處의 의미를 가지고 告
해 주려고 하셨는데 接輿는 스스로 옳다고 여겼기 때문에 듣고 싶
지 아니해서 피한 것이다.

---

⑥長沮桀溺이耦而耕이어늘孔子過之하실새使子路로問
津焉하신대

長沮와 桀溺이 짝을 이루어 밭을 갈거늘 孔子가 지나실 적에 子路로
하여금 나루를 물으라 하시었는데

二人은隱者라 耦는並耕也라 時에孔子自楚反乎蔡라 津은濟渡處라
—

두 사람은 隱者이다. 耦는 함께 밭을 가는 것이다. 당시에 孔子께서
楚나라로부터 蔡나라로 돌아왔다. 津은 물을 건너는 곳이다.

長沮曰夫執輿者爲誰오 子路曰爲孔丘시니라 曰是魯
孔丘與아 曰是也시니라 曰是知津矣니라

長沮가 말하기를 수레를 잡고 있는 사람은 누구인고 子路가 말하기를
孔丘이십니다 말하기를 바로 魯나라 孔丘인가 답하기를 그렇습니다
말하기를 그 사람이 나루를 알 것이니라

執輿는執轡在車也니 蓋本子路御而執轡라가今下問津故로夫子
代之也라 知津은言數周流하여自知津處라
—

執輿는 고삐를 잡고 수레에 있는 것이니, 아마도 본래 子路가 수레
를 몰면서 고삐를 잡고 있다가 지금은 내려서 나루터를 묻기 때문
에 孔子께서 대신한 듯하다. 知津은 자주 두루 돌아다니니 스스로
나루터를 알 것이라는 말이다.

問於桀溺한대 桀溺이曰子爲誰오 曰爲仲由로라 曰是魯
孔丘之徒與아 對曰然하다 曰滔滔者天下皆是也니而
誰以易之리오 且而與其從辟人之士也론 豈若從辟世

之士哉리오하고耰而不輟하더라

桀溺에게 물었는데 桀溺이 말하기를 자네는 누구인고 말하기를 仲由
라 합니다 말하기를 바로 魯나라 孔丘의 무리인가 대답하여 말하기를
그렇습니다 말하기를 滔滔한 것은 天下가 다 이러하니 누가 바꾸리오
또 자네도 사람을 피하는 사람을 따라다니는 것보다는 어찌 세상을 피
하는 사람을 따르는 것이 낫지 않으리오 하고 씨앗을 덮으면서 그치지
아니하더라

滔滔는流而不反之意라以는猶與也니言天下皆亂하니將誰與變
易之리오而는汝也라辟人은謂孔子요辟世는桀溺自謂라耰는覆種
也라亦不告以津處라

—

滔滔는 흘러서 되돌리지 못한다는 뜻이다. 以는 더불어와 같다. 천
하가 다 문란하니 장차 누구와 더불어 變易시키겠냐는 말이다. 而
는 너이다. 辟人은 孔子를 말한 것이고 辟世는 桀溺이 스스로를
말한 것이다. 耰는 씨앗을 덮는 것이다. 역시 나루터는 告해 주지
아니하였다.

子路行하여以告한대夫子憮然曰鳥獸는不可與同羣이
니吾非斯人之徒를與요而誰與리오天下有道면丘不與
易也니라

子路가 가서 告하였는데 孔子께서 쓸쓸히 말씀하시기를 새와 짐승은
더불어 함께 무리 지을 수 없는 것이니 내 이 사람의 무리를 함께하지

아니하고 누구를 함께하리오 천하에 道가 있으면 내 더불어 바꾸려 하지 아니할 것이니라

憮然은猶悵然이니惜其不喩己意也니言所當與同輩者는斯人而已니豈可絶人逃世를以爲潔哉리오天下若己平治면則我無用變易之니正爲天下無道故로欲以道易之耳라○程子曰聖人이不敢有忘天下之心故로其言이如此也시니라張子曰聖人之仁은不以無道로必天下而棄之也니라

憮然은 마음 쓸쓸함과 같으니 자기의 뜻을 깨닫지 못함을 애석하게 여긴 것이다. 당연히 더불어 함께 무리 지을 자는 이 세상 사람뿐이니 어찌 사람을 끊어버리고 세상에서 도망함을 깨끗하다고 여길 수 있겠는가. 천하가 만약 이미 태평하다면 나도 바꾸려 하지 않을 것이니, 바로 천하가 無道하기 때문에 道를 가지고 바꾸고자 하였을 뿐임을 말씀하신 것이다. ○ 程子가 말하였다. "聖人은 감히 천하를 잊으려는 마음을 가지지 못하기 때문에 그 말씀이 이와 같으신 것이다." 張子가 말하였다. "聖人의 仁은 道가 없다고 해서 반드시 천하를 포기하지는 않는 것이다."

---

⑦子路從而後러니遇丈人以杖荷蓧하여子路問曰子見夫子乎아丈人이曰四體를不勤하며五穀을不分하나니孰爲夫子오하고植^치其杖而芸하더라

子路가 함께 오다가 뒤처졌더니 지팡이로 도시락을 멘 丈人을 만나 子

路가 물어 말하기를 그대는 선생님을 보셨습니까 丈人이 말하기를 四肢
를 부지런히 움직이지 아니하며 五穀도 분별하지 못하니 누구를 선생이
라 하는가 하고 그 지팡이를 꽂아두고 김을 매더라

丈人도亦隱者라蓧는竹器라分은辨也라五穀不分은猶言不辨菽麥
爾라責其不事農業하고而從師遠游也라植^치는立之也라芸은去草
也라

—

丈人도 역시 隱者이다. 蓧는 대로 만든 그릇이다. 分은 구분함이
다. 五穀도 분별하지 못함은 콩인지 보리인지 구별하지 못함과 같
은 말이다. 子路가 농업에는 일삼지 아니하고 스승을 따라 멀리 돌
아다니는 것을 꾸짖은 것이다. 植는 세우는 것이다. 芸은 풀을 제거
하는 것이다.

子路拱而立한대
子路가 두 손을 모으고 서 있었는데

知其隱者라敬之也라

—

그가 隱者인 줄을 알았는지라 공경한 것이다.

止子路宿하여殺鷄爲黍而食^사之하고見其二子焉이어늘

明日에子路行하여以告한대子曰隱者也로다하시고使子路
로反見之하시니至則行矣러라

子路를 머무르게 하여 재워 주고 닭을 잡고 기장밥을 해서 먹이고 그
두 아들도 보이거늘 다음날에 子路가 가서 그대로 告하였는데 孔子께
서 隱者로다 하시고 子路로 하여금 돌아가서 만나보게 하시니 이른즉
떠났더라

孔子使子路反見之는蓋欲告之以君臣之義로되而丈人이意子
路必將復來故로先去之하여以滅其跡하니亦接輿之意也라

—

孔子께서 子路에게 돌아가서 만나보라고 하신 것은 대체로 君臣의
의리로 告하고자 하였는데, 丈人이 子路가 반드시 장차 다시 돌아
올 것을 짐작했기 때문에 먼저 떠나가서 그 자취를 감추었으니 역
시 接輿의 뜻이다.

子路曰不仕無義하니長幼之節을不可廢也니君臣之義
를如之何其廢之리오欲潔其身而亂大倫이로다君子之
仕也는行其義也니道之不行은已知之矣시니라

子路가 말하기를 벼슬하지 않음은 의리가 없음이니 長幼의 절차를 폐
할 수 없으니 君臣의 의리를 어찌 폐하리오 자기 몸을 깨끗이 하고자
하여 大倫을 문란하게 함이로다 군자가 벼슬함은 의리를 행함이니 道
가 행해지지 못함은 이미 아시느니라

子路述夫子之意如此라蓋丈人之接子路甚倨로되而子路는益
恭하니丈人이因見其二子焉이면則於長幼之節은固知其不可廢
矣라故로因其所明하여以曉之倫序也라人之大倫이有五하니父子
有親君臣有義夫婦有別長幼有序朋友有信이是也니仕는所以
行君臣之義故로雖知道之不行이라도而不可廢라然이나謂之義則
事之可否와身之去就를亦自有不可苟者라是以로雖不潔身以
亂倫이나亦非忘義以徇祿也라福州有國初時寫本엔路下에有反
子二字라以此로爲子路反而夫子言之也라하니未知是否라○范
氏曰隱者는爲高故로往而不返하고仕者는爲通故로溺而不止하니
不與鳥獸同羣이면則決性命之情하여以饕富貴니此二者는皆惑
也라是以로依乎中庸者爲難이니惟聖人이야不廢君臣之義而必
以其正이니所以或出或處而終不離於道也니라

—

子路가 孔子의 뜻을 말함이 이와 같다. 丈人이 子路를 대하는 것
이 매우 거만하되 子路는 더욱 공손하니 丈人이 그로 인해 두 아
들을 보여주었다면 長幼의 절차는 진실로 폐하지 못함을 알고 있는
것이다. 그러므로 그가 밝게 아는 것으로 인해 인륜의 질서를 깨우
쳐 준 것이다. 인간이 지켜야 할 큰 질서 다섯 가지가 있으니 父子
有親, 君臣有義, 夫婦有別, 長幼有序, 朋友有信이 이것이다. 벼
슬하는 것은 君臣의 의리를 행하는 방법이므로 비록 道는 세상에
행해지지 못함을 안다고 해도 道理는 폐할 수는 없는 것이다. 그러
나 의리라고 말했다면 일의 옳고 그름과 자신의 거취를 역시 나름
대로 억지로 해서는 안되는 것이 있으니 이 때문에 비록 내 한 몸
깨끗이 하고자 하여 인륜을 문란하게 하지는 않지만 역시 의리를

망각하고 祿을 따르지도 않는 것이다. 福州에 有國本의 처음 寫本
에는 路字 아래에 反子 두 글자가 있다. 이 때문에 子路가 돌아오
자 孔子께서 말씀하신 것이 된다고 하니 옳고 그름은 알지 못하겠
다. ○ 范氏가 말하였다. "隱者는 고상하다고 여기기 때문에 떠나
가면 돌아오지 않고, 벼슬하는 자는 통한다고 여기기 때문에 (벼슬길
에) 빠져 멈추지 못한다. 鳥獸와 더불어 함께 무리 지어 살지 않으
면, 인간이 타고난 본성을 파괴하여 부귀를 탐내니 이 두 가지는 모
두 잘못된 것이다. 이 때문에 中庸에 의지하는 것이 어려움이 된다.
聖人이라야 君臣의 의리도 폐하지 않으면서 반드시 正道로써 하니
때로는 벼슬하러 나가고 때로는 그만두기도 하나 끝내는 道에서 떠
나지 않는 이유인 것이다."

---

⑧逸民5)은伯夷와叔齊와虞仲과夷逸과朱張과柳下惠와
少連이니라

逸民은 伯夷와 叔齊와 虞仲과 夷逸과 朱張과 柳下惠와 少連 같은
사람이다

逸은遺逸이요民者는無位之稱이라虞仲은卽仲雍이니與泰伯으로同
竄荊蠻者라夷逸朱張은不見經傳이라少連은東夷人이라

—

逸은 빠진 것이요 民은 지위가 없음을 칭한 것이다. 虞仲은 바로
仲雍이니 泰伯과 함께 荊蠻으로 도망간 사람이다. 夷逸과 朱張은

---

5) 逸民 : 벼슬할 만한 학문과 덕행이 있으면서도 벼슬하지 않고 초야에 묻혀 지내는 사람.

경전에 나타나지 않는다. 少連은 東夷 사람이다.

子曰不降其志하며不辱其身은伯夷叔齊與인저

孔子께서 말씀하시기를 그 뜻을 굽히지 아니하며 그 몸을 욕되게 아니함은 伯夷와 叔齊일 것이다

謂柳下惠少連하시되降志辱身矣나言中倫하며行中慮하니其斯而已矣니라

柳下惠와 少連을 이르시되 뜻을 굽히고 몸을 욕되게 하였으나 말이 윤리에 맞으며 행동이 사려에 맞으니 아마 이와 같을 따름이다

柳下惠事는見上이라倫은義理之次第也요慮는思慮也라中慮는言有意면義合人心이라少連事는不可考나然이나記에稱其善居喪하여三日不怠하고三月不解하며朞悲哀하고三年憂라하니則行之中慮를亦可見矣라

—

柳下惠의 일은 위에서 나타났다. 倫은 의리의 질서이고 慮는 思慮이다. 中慮는 뜻을 두면 그 의미가 다른 사람의 마음에 부합되는 것을 말한다. 少連의 일은 상고할 수는 없으나 그러나 『禮記』에 "그가 喪을 잘 치러서, 삼일에 게을리하지 않고 석달에 흐트러지지 않고 일년이 되어도 슬퍼하고 삼년이 되어도 근심을 하였다."고 칭찬

하니 그렇다면 그 행동이 사려에 맞음을 역시 엿볼 수 있다.

謂虞仲夷逸하시되隱居放言하나身中淸하며廢中權이니라

虞仲과 夷逸을 말씀하시기를 숨어서 살며 말을 함부로 하나 몸은 깨끗하며 포기한 듯하나 權道에는 부합하였다

仲雍이居吳에斷髮文身하여裸以爲飾하고隱居獨善이나合乎道之淸하고放言自廢나合乎道之權이라

—

仲雍이 吳나라에 살면서 머리를 자르고 몸에 그림을 새겨 나체를 꾸밈으로 여기고, 숨어 살며 혼자로는 착하게 살면서 道의 깨끗함에 부합하고, 함부로 말하고 스스로 버려진 듯하나 道의 權道에는 부합하였다.

我則異於是하여無可無不可호라

나는 이들과는 달라 可함도 없고 不可함도 없노라

孟子曰孔子可以仕則仕하시고可以止則止하시고可以久則久하시고可以速則速[6]이라하니所謂無可無不可也라○謝氏曰七人이隱遯不汙則同하고其立心造行則異하니伯夷叔齊는天子不得臣하며諸侯不得友하니蓋已遯世離羣矣라下聖人一等이니此其最高與오柳下惠少連은雖降志로되而不枉己하고雖辱身이로되而不求

---

6) 可以仕則仕~可以速則速 : 『孟子』, 「萬章章句下」 참고.

合하니其心이有不屑也로故로言能中倫하고行能中慮요虞仲夷逸은
隱居放言則言不合先王之法者多矣나然이나淸而不汙也며權
而適宜也하니與方外之士害義傷敎하고而亂大倫者로殊科라是
以로均謂之逸民이니라尹氏曰七人은各守其一節이요而孔子則無
可無不可로되所以常適其可하니而異於逸民之徒也니라揚雄이曰
觀乎聖人則見賢人이라是以로孟子語夷惠에亦必以孔子로斷之
니라

—

孟子께서 말씀하시기를 "孔子께서는 벼슬할 만하면 벼슬하시고 멈
출 만하면 멈추시고 오래할 만하면 오래하시고 속히 떠날 만하면
속히 떠나신다."고 하니 이른바 '可함도 없고 不可함도 없음'이다.
○ 謝氏가 말하였다. "일곱 사람이 숨어 살면서도 더럽혀지지 않음
은 같고 그 마음을 수립하여 행동을 가다듬음은 다르니, 伯夷・叔
齊는 天子도 신하로 삼을 수 없고 諸侯도 벗할 수 없으니 대체로
이미 세상에서 숨고 무리를 떠난지라 聖人 아래로는 일등이니 이들
이 아마 최고일 것이다. 柳下惠와 少連은 비록 뜻은 굽혔으나 몸
은 굽히지 않았고, 비록 몸은 욕되게 하였으나 세상에 부합은 원치
않았으니 그 마음이 달갑게 여기지 아니함이 있었던 까닭에 말을
하면 질서에 적중할 수 있고 행동을 하면 사려에 맞을 수 있었다.
虞仲과 夷逸은 숨어 살면서 말을 함부로 하였으니 말은 先王의
법에 부합되지 않은 것이 많았다. 그러나 깨끗해서 오염되지 않았으
며 權道를 행해도 의리에 맞으니 세상을 벗어난 사람들의 정의를
해치고 교화를 손상시키어 大倫을 문란시키는 사람과는 등급이 다
르다. 이 때문에 한결같이 逸民이라고 말씀하신 것이다." 尹氏가

말하였다. "일곱 사람은 각각 하나씩의 절개를 지켰고 孔子께서는 可함도 없고 不可함도 없으시되 항상 그 옳은 곳에 부합하시었으니, 逸民의 무리와는 다르신 것이다." 揚雄이 말하였다. "聖人을 관찰하면 賢人을 발견하게 된다. 이 때문에 孟子께서 伯夷와 柳下惠를 말씀하실 적에 반드시 孔子로써 斷定하였다."

---

⑨ 大^태師摯는適齊하고

太師인 摯는 齊나라로 가고

大師는魯樂官之長이요摯는其名也라

—

太師는 魯나라 樂官의 우두머리이고 摯는 그의 이름이다.

亞飯干은適楚하고三飯繚는適蔡하고四飯缺은適秦하고

亞飯인 干은 楚나라로 가고 三飯인 繚는 蔡나라로 가고 四飯인 缺은 秦나라로 가고

亞飯以下는以樂侑食之官이라干繚缺은皆名也라

—

亞飯 이하는 음악으로 밥을 권하는 관리이다. 干, 繚, 缺은 모두 이름이다.

鼓方叔은入於河하고

북 치는 方叔은 河內로 들어가고

鼓는擊鼓者라方叔은名이요河는河內라

—

鼓는 북 치는 사람이다. 方叔은 이름이고 河는 河內이다.

播鼗武는入於漢하고

鼗를 흔드는 武는 漢中으로 들어가고

播는搖也요鼗는小鼓니兩旁有耳하여持其柄而搖之則旁耳還自
擊이라武는名也라漢은漢中이라

—

播는 흔드는 것이고 鼗는 小鼓이니, 양 쪽 곁에 귀가 있어 그 자
루를 잡고 흔들면 곁에 있는 귀가 돌아오며 스스로 친다. 武는 이
름이다. 漢은 漢中이다.

少師陽과擊磬襄은入於海하니라

少師인 陽과 경쇠를 치는 襄은 海島로 들어갔다

少師는樂官之佐라陽襄은二人名이라襄은卽孔子所從學琴者라海

는海島也라○此는記賢人之隱遁하여以附前章이나然이나未必夫子之言也라末章도放此라張子曰周衰樂廢에夫子自衛反魯하여一嘗治之7)하니其後엔伶人8)賤工도識樂之正이러니及魯益衰三桓僭妄하여自大師以下로皆知散之四方하여逾河蹈海以去亂이라聖人俄頃之助에도功化如此하니如有用我期月而可9)豈虛語哉리오

―

少師는 악관의 보좌관이다. 陽, 襄은 두 사람 이름이다. 襄은 즉 孔子께서 좇아서 琴을 배우던 자이다. 海는 海島이다. ○ 이 글은 현인들의 은둔을 기록하여 앞 장에 붙였으나 그러나 꼭 孔子의 말씀은 아니다. 끝 장도 이와 같다. 張子가 말하였다. "周나라가 쇠퇴하고 음악이 폐지됨에 孔子께서 衛나라로부터 魯나라로 돌아와 일찍이 한번 음악을 다스리셨으니 그 뒤로는 배우·광대 등의 보잘것없는 工人들도 음악의 正道를 알았고, 魯나라가 더욱 쇠퇴하고 三桓이 망령되게 참람함에 미쳐서 太師 이하로부터 모두 사방으로 흩어져 黃河를 넘고 바다를 건너 亂을 피해야 함을 알게 되었다. 聖人이 잠깐 도움에도 공로에 감화됨이 이러하니 '만약 나를 쓴다면 일년이면 가능하다'는 것이 어찌 헛된 말씀이겠는가."

⑩周公이謂魯公曰君子不施°其親하며不使大臣으로怨乎不以하며故舊無大故則不棄也하며無求備於一人이니라

---

7) 夫子自衛反魯 一嘗治之 :「子罕」篇, 十四章 참고.
8) 伶人 : 음악을 담당하는 관원. 광대, 배우 등
9) 如有用我期月而可 :「子路」篇, 十章, 苟有用我者 朞月而已 可也 三年有成 참고.

周公께서 魯公에게 일러 말씀하시기를 군자는 그 친척을 버리지 아니하며 大臣으로 하여금 쓰지 아니함을 원망하게 아니하며 옛 친구를 큰 허물이 없거든 버리지 아니하며 한 사람에게 完備를 원하지 말지니라

施는 陸氏本의 作弛요 福本도 同이라 ○ 魯公은 周公子伯禽也라 弛는 遺棄也라 以는 用也라 大臣이 非其人則去之어니와 在其位則不可不用이라 大故는 謂惡逆이라 李氏曰四者는 皆君子之事요 忠厚之至也니라 ○ 胡氏曰此伯禽受封之國에 周公訓戒之辭를 魯人이 傳誦하여 久而不忘也니 其或夫子嘗與門弟子로 言之歟인저

施는 陸氏本에는 弛로 쓰여 있고 福州本도 같다. ○ 魯公은 周公의 아들 伯禽이다. 弛는 버리는 것이다. 以는 씀이다. 大臣이 알맞은 사람이 아니면 제거하거니와 그 직위에 있으면 쓰지 아니할 수 없는 것이다. 大故는 惡行과 叛逆을 말한다. 李氏가 말하였다. "네 가지는 모두 군자다운 일이요 忠厚의 지극이다." ○ 胡氏가 말하였다. "이 말은 伯禽이 封함을 받고 나라에 갈 적에 周公이 훈계한 말을 魯나라 사람이 전하여 외워서 오래되어도 잊지 않은 것이니 어쩌면 혹시 孔子께서 일찍이 문하 제자들과 더불어 하신 말씀인가."

⑪周有八士하니 伯達과 伯适과 仲突과 仲忽과 叔夜와 叔夏와 季隨와 季騧니라

周나라에는 여덟 선비가 있었으니 伯達과 伯适과 仲突과 仲忽과 叔夜와 叔夏와 季隨와 季騧니라

或曰成王時人이라하고或曰宣王時人이라하니蓋一母四乳而生八子也라然이나不可考矣라○張子曰記善人之多也니라愚는按此篇은孔子於三仁逸民師摯八士에旣皆稱贊而品列之하고於接輿沮溺丈人에도又每有惓惓接引之意하니皆衰世之志也라其所感者深矣니在陳之歎[10]이蓋亦如此라三仁則無間然矣어니와其餘數君子者도亦皆一世之高士니若使得聞聖人之道하여以裁其所過하고而勉其所不及이면則其所立이豈止於此而已哉리오

—

어떤 사람은 成王 때 사람이라 하고 어떤 사람은 宣王 때 사람이라 하니 아마도 한 어머니가 네 번 생산해서 여덟 아들을 낳은 듯하다. 그러나 詳考할 수는 없다. ○ 張子가 말하였다. "善한 사람이 많은 것을 기록한 것이다." 나는 고찰해 보건대, 이 篇은 孔子께서 三仁, 逸民, 樂師인 摯, 여덟 선비에 대해서 이미 모두 칭찬하여 하나하나씩 나열하고 接輿, 長沮와 傑溺, 丈人에게도 또 사람마다 잊지 못하고 친근해하는 뜻이 있으니 모두 말세를 탄식하는 뜻이다. 그 느끼는 바가 많으니 陳나라에서의 탄식도 대체로 이와 같다. 三仁은 흠잡을 데가 없지만 그 나머지 여러 군자들도 역시 모두 한 세대의 높은 선비들이니 만약 假使 聖人의 道를 들어서 그 지나친 바는 억제하고 그 미치지 못한 바는 힘쓰게 할 수 있었다면 그들이 수립한 바가 어찌 여기에 그쳤을 뿐이리오

[微子 第十八]

<hr />

10) 在陳之歎 : 孔子께서 陳나라에서 탄식하신 말씀으로 「公冶長」, 二十一章, 子在陳 曰 歸與歸與 吾黨之小子狂簡 斐然成章 不知所以裁之 참고.

子張第十九

此篇은皆記弟子之言이요而子夏爲多며子貢次之라
蓋孔門에自顔子以下는穎悟엔莫若子貢하고自曾子以下는
篤實엔無若子夏故로特記之詳焉이라凡二十五章이라

—

이 篇은 모두 제자들의 말을 기록한 것이다.
子夏가 많고 子貢이 그 다음이다. 대개 孔子 門下에
顔子 이하로는 영특함에는 子貢만한 이가 없고, 曾子 이하로는
독실함에는 子夏만한 이가 없다. 그러므로
특별히 기록이 상세하다.
모두 이십오 章이다.

① 子張이 曰士見危致命하며 見得思義하며 祭思敬하며 喪思哀면 其可已矣니라

子張이 말하기를 선비가 위태로움을 보고 목숨을 바치며 얻음을 보고 義를 생각하며 祭事에 공경을 생각하며 喪事에 슬픔을 생각하면 그 정도면 되는 것이니라

致命은 謂委致其命이니 猶言授命也라 四者는 立身之大節이니 一有 不至면 則餘無足觀이라 故로 言士能如此면 則庶乎其可矣라
一

致命은 그 목숨을 맡기는 것을 이르니, 목숨을 주는 것과 같은 말 이다. 네 가지는 몸을 세우는 큰 節目이니 한 가지라도 이르지 못 하면 나머지는 볼 것도 없다. 그러므로 선비가 이와 같이 할 수 있 으면 거의 된다고 말한 것이다.

② 子張이 曰執德不弘하며 信道不篤이면 焉能爲有며 焉 能爲亡우리오

子張이 말하기를 德을 지킴이 넓지 못하며 道를 믿음이 돈독하지 못 하면 어찌 있다 할 수 있으며 어찌 없다 할 수 있으리오

有所得而守之太狹則德孤요 有所聞而信之不篤則道廢라 焉能 爲有亡는 猶言不足爲輕重이라

—

얻은 바가 있되 지키기를 너무 좁게 하면 德이 외롭고, 들은 바가 있되 믿기를 돈독하게 하지 못하면 道는 폐지된다. '어찌 있다 없다 할 수 있으리오'는 輕重을 따질 것도 못된다는 말과 같다.

---

③子夏之門人이 問交於子張한대 子張이 曰子夏云何오 對曰子夏曰可者를 與之하고 其不可者를 拒之라하더이다 子張이 曰異乎吾所聞이로다 君子는 尊賢而容衆하며 嘉善而矜不能이니 我之大賢與인댄 於人에 何所不容이며 我之不賢與인댄 人將拒我니 如之何其拒人也리오

子夏의 門人이 子張에게 사귐을 물었는데 子張이 말하기를 子夏는 어찌 이르던가 대답하여 말하기를 子夏가 말하기를 옳은 자를 더불어 하고 그 옳지 못한 자를 거절하라 하였습니다 子張이 말하기를 내가 들은 바와 다르도다 군자는 어진 이를 존대하고 대중을 용서하며 착함을 아름답게 여기고 능하지 못한 이를 불쌍히 여기나니 내가 크게 어질면 다른 사람의 어떤 것을 용서하지 못할 것이며 내가 어질지 못하면 사람들이 장차 나를 거절할 것이니 어떻게 남을 거절하리오

子夏之言이 迫狹하니 子張譏之是也로되 但其所言도 亦有過高之弊하니 蓋大賢은 雖無所不容이나 然이나 大故는 亦所當絶이요 不賢은 固不可以拒人이나 然이나 損友는 亦所當遠이니 學者不可不察이라

—

子夏의 말이 박절하고 좁으니 子張의 비웃음이 옳지만, 다만 子張의 말도 역시 지나치게 높은 폐단이 있다. 대체로 크게 어진 이는 용납하지 못할 것이 없겠으나 그러나 大故는 역시 마땅히 끊어야 하고, 어질지 못한 이는 본디 사람을 거절할 수 없겠으나 그러나 해로운 벗은 역시 마땅히 멀리해야 할 것이니, 학자들은 살피지 않아서는 안된다.

---

④子夏曰雖小道나必有可觀者焉이어니와致遠恐泥라是以로君子不爲也니라

子夏가 말하기를 비록 작은 道이나 반드시 볼만한 것이 있거니와 멀리 가는 길에 장애될까 두려운지라 이 때문에 군자는 하지 않는 것이다

小道는如農圃醫卜之屬이라泥는不通也라○楊氏曰百家衆技는猶耳目鼻口皆有所明이로되而不能相通하니非無可觀也나致遠則泥矣라故로君子不爲也니라

—

小道는 농사와 의술과 점술 같은 등속이다. 泥는 통하지 못함이다. ○ 楊氏가 말하였다. "여러 사람들의 뭇 기술은 耳目口鼻처럼 모두 분명한 부분이 있으나 서로 연결될 수 없는 것과 같으니 볼만한 것이 없지는 않으나 멀리 이르려면 장애가 되는 것이다. 그러므로 군자는 하지 않는다."

---

⑤子夏曰日知其所亡하며月無忘其所能이면可謂好

學也已矣니라

子夏가 말하기를 날마다 나에게 없는 것을 알아내며 달마다 그 능한 것을 잊지 아니하면 배움을 좋아한다고 말할 수 있다

亡는無也니謂己之所未有라○尹氏曰好學者는日新而不失이니라

—

亡는 없음이니 자기가 소유하지 못한 것을 말한다. ○ 尹氏가 말하였다. "好學이라는 것은 날마다 새롭게 하고 잃어버리지 않는 것이다."

---

⑥子夏曰博學而篤志하며切問而近思하면仁在其中矣니라

子夏가 말하기를 널리 배우고 뜻을 돈독히 하며 절실하게 묻고 가깝게 생각하면 仁은 그 속에 있다

四者는皆學問思辨之事耳니未及乎力行而爲仁也니然이나從事於此則心不外馳하여而所存이自熟故로曰仁在其中矣라○程子曰博學而篤志切問而近思何以言仁在其中矣리오學者는要思得之了니此便是徹上徹下之道니라又曰學不博則不能守約이요志不篤則不能力行이며切問近思在己者면則仁在其中矣니라又曰近思者는以類而推니라蘇氏曰博學而志不篤則大而無成이요泛問遠思則勞而無功이니라

—

네 가지는 모두 배우고, 묻고, 생각하고, 구별하는 일일 뿐이니, 힘

써 행하여도 仁이 되는 것에는 미치지 못하나 여기에 종사하면 마음이 밖으로 내달리지 않아 마음먹은 것이 저절로 익숙해진다. 그러므로 仁이 그 가운데 있다고 말한 것이다. ○ 程子가 말하였다. "널리 배우고 뜻을 돈독히 하며 절실하게 묻고 가깝게 생각하면, 어찌해서 仁은 그 속에 있다고 말하는가. 배운다는 것은 생각하여 터득해 가는 것을 요구함이니, 이것은 곧 위로도 아래로도 관철되는 방법이다." 또 말하였다. "학문이 넓지 못하면 要約을 지킬 수 없고, 뜻이 돈독하지 못하면 힘써 행할 수 없으며, 절실히 묻고 가깝게 생각함이 자기에게 있으면 仁이 그 가운데 있는 것이다." 또 말하였다. "가깝게 생각한다는 것은 같은 종류별로 미루어 나가는 것이다." 蘇氏가 말하였다. "널리 배우기만 하고 뜻이 돈독하지 못하면 크기만 하고 이루어지는 것이 없으며, 광범위하게 묻기만 하고 멀리만 생각하면 수고롭기만 하고 성공이 없는 것이다."

⑦子夏曰百工이居肆하여以成其事하고君子學하여以致其道니라

子夏가 말하기를 온갖 工人은 그들의 공장에서 그 일을 이루고 군자는 배워서 그 道를 지극히 한다

肆는謂官府造作之處라致는極也라工不居肆則遷於異物하여而業不精이요君子不學則奪於外誘하여而志不篤이라尹氏曰學은所以致其道也니百工居肆하여必務成其事어늘君子之於學에可不知所務哉아愚는按二說相須라야其義始備니라

—

肆는 관부에서 물건 만드는 곳을 말한다. 致는 끝까지 함이다. 工
人이 물건을 만드는 곳에 있지 않으면 다른 물건에 마음이 옮겨져
서 일이 정밀하지 못하고, 군자가 배우지 않으면 외부의 유혹에 (마
음을) 빼앗겨서 뜻이 돈독하지 못하다. 尹氏가 말하였다. "배움은
그 道를 끝까지 이루는 조건이니, 온갖 工人도 물건 만드는 곳에
거주하면서 반드시 그 일을 힘써 이루어 내거늘, 군자가 학문에 대
하여 힘쓸 바를 알지 못해서야 되겠는가." 나는 고찰해 보건대 두
사람의 설명이 서로 藉賴가 되어야 그 뜻이 비로소 갖추어진다.

⑧子夏曰小人之過也는必文이니라
子夏가 말하기를 소인의 허물은 반드시 꾸미어 댄다

文은飾之也라小人은憚於改過하고而不憚於自欺故로必文以重
其過니라

—

文은 수식함이다. 소인은 허물 고치는 것을 꺼리고, 스스로 속이는
것을 꺼리지 않기 때문에 반드시 꾸미어서 (합리화하여) 그 허물을
거듭한다.

⑨子夏曰君子有三變하니望之儼然하고卽之也溫하고
聽其言也厲니라

子夏가 말하기를 군자는 세 가지 변함이 있으니 바라보면 엄숙하고 다가서면 온화하고 그 말을 들어보면 확실하다

儼然者는貌之莊이요溫者는色之和요厲者는辭之確이라○程子曰他人은儼然則不溫하고溫則不厲하니惟孔子라야全之니라謝氏曰此非有意於變이나蓋並行而不相悖也니如良玉이溫潤而栗然이니라

—

儼然은 모습이 嚴肅·端正한 것이요, 溫은 안색이 온화한 것이요, 厲는 말이 확실한 것이다. ○ 程子가 말하였다. "다른 사람들은 엄숙하면 온화하지 못하고, 온화하면 확실하지 못하니 오직 孔子만이 완전하다." 謝氏가 말하였다. "이는 변함에 뜻이 있는 것이 아니라 함께 행해지면서도 서로 어긋나지 않는 것이니 마치 좋은 玉이 따뜻하고 윤택하면서도 엄숙함과 같은 것이다."

---

⑩子夏曰君子信而後에勞其民이니未信則以爲厲己也니라信而後에諫이니未信則以爲謗己也니라

子夏가 말하기를 군자는 미더운 뒤에 백성을 수고롭게 할 수 있으니 미덥지 못하면 몸을 병들게 한다고 여긴다 미더운 뒤에 諫할 수 있으니 미덥지 못하면 자기를 비방한다고 여긴다

信은謂誠意惻怛而人이信之也요厲는猶病也라事上使下에皆必誠意交孚而後에可以有爲라

—

信은 진실스러운 뜻이 가슴속에 가득하여 남이 믿어 주는 것을 말한

다. 屬는 病과 같다. 윗사람을 섬기고 아랫사람을 부림에 모두 반드
시 정성스러운 뜻이 서로 미더운 뒤에 큰 일을 할 수 있는 것이다.

---

⑪子夏曰大德이不踰閑이면小德은出入이라도可也니라

子夏가 말하기를 큰 德이 防閑을 넘지 아니하면 작은 德은 넘나들어
도 괜찮다

大德小德은猶言大節小節이라閑1)은闌也니所以止物之出入이라
言人能先立乎其大者면則小節은雖或未盡合理라도亦無害也라
○吳氏曰此章之言이不能無弊하니學者詳之니라

大德, 小德은 큰 節目, 작은 節目과 같은 말이다. 閑은 난간이니
物의 출입을 저지하는 수단이다. 사람이 먼저 큰 것을 수립할 수
있으면, 작은 節目은 비록 이치에 다 부합되지 못하더라도 역시 방
해될 것이 없다는 말이다. ○ 吳氏가 말하였다. "이 章의 말에 폐
단이 없을 수 없으니 학자들은 상세히 살펴야 할 것이다."

---

⑫子游曰子夏之門人小子當灑掃應對進退則可矣
니抑末也라本之則無하니如之何오

子游가 말하기를 子夏의 門人 제자들이 물 뿌리고 청소하고 應하고
대답하고 나아가고 물러나는 것을 당해서는 괜찮으나 이는 지엽인지라

---

1) 閑 : '사람이 지켜야 할 규범이나 질서'의 테두리.

子游譏子夏弟子호되於威儀容節之間則可矣나然이나此는小學
之末耳라推其本하여如大學正心誠意2)之事則無有라

—

子游가 子夏의 제자들이 몸가짐과 용모와 절차의 사이는 괜찮으나
그러나 이것은 小學의 지엽적인 것일 뿐이고 그 근본을 추구하는 大
學의 正心, 誠意와 같은 일은 있지 않다고 비웃었다.

子夏聞之曰噫라言游3)過矣로다君子之道孰先傳焉이
며孰後倦焉이리오譬諸草木컨댄區以別矣니君子之道焉
可誣也리오有始有卒者는其惟聖人乎인저

子夏가 듣고 말하기를 아 言游가 지나치도다 군자의 道에 어느 것을
먼저라 하여 가르칠 것이며 어느 것을 뒤라 하여 게을리하겠는가 草木에
비유하건대 종류를 가지고 분별할 것이니 군자의 道라고 해서 어찌 속일
수 있으리오 처음도 있고 마침도 있음은 오직 聖人일 것이다

倦은如誨人不倦之倦이라區는猶類也라言君子之道는非以其末
로爲先而傳之며非以其本으로爲後而倦敎로되但學者所至自有
淺深하여如草木之有大小하여其類固有別矣라若不量其淺深하
며不問其生熟하고而槩以高且遠者로强而語之면則是誣之而已

---

2) 正心誠意 : 마음을 바르게 하고 뜻을 진실스럽게 함.
3) 言游 : 子游. 姓은 言, 이름은 偃이며, 子游는 字이다.

니君子之道豈可如此리오若夫始終本末을一以貫之則惟聖人이야爲然이리니豈可責之門人小子乎아○程子曰君子教人有序하니先傳以小者近者而後에教以大者遠者니非先傳以近小요而後不教以遠大也니라又曰洒掃應對도便是形而上者는理無大小故也라故로君子는只在謹獨이니라又曰聖人之道는更無精粗니從洒掃應對와與精義入神貫通이只一理니雖洒掃應對라도只看所以然如何니라又曰凡物이有本末이로되不可分本末爲兩段事니洒掃應對도是其然이라必有所以然이니라又曰自洒掃應對로上이면便可到聖人事니라愚는按程子第一條說此章文意의最爲詳盡이요其後四條는皆以明精粗本末은其分雖殊나而理則一하니學者當循序而漸進이요不可厭末而求本이니蓋與第一條之意로實相表裏요非謂末卽是本이로되但學其末이면而本도便在此也니라

─

倦은 사람을 가르치기를 게을리하지 않는다의 倦字와 같다. 區는 類와 같다. 군자의 道는 그 지엽적인 것을 먼저라 하여 가르치는 것도 아니고, 그 근본을 뒤라 하여 가르치기를 게을리하는 것도 아니다. 다만 배우는 자의 이르는 바가 나름대로 얕고 깊음이 있어, 초목의 크고 작은 것이 있는 것과 같아서 그 종류가 본래 구별이 있는 것이다. 만약 그 얕고 깊음을 헤아리지 않으며, 그 서툴고 익숙함을 따지지 않고 일반적으로 높고 먼 것을 가지고 억지로 말한다면 이는 속이는 것일 뿐이니 군자의 道가 어찌 이와 같을 수 있으리오 만약 始終과 本末을 하나로써 관통할 수 있으면 오직 聖人만이 그렇게 될 것이니 어찌 門人 弟子들만 질책할 수 있겠는가. ○ 程子가 말하였다. "군자는 사람을 가르치는 데에도 순서가 있으

니 먼저 작은 것 가까운 것을 가르친 뒤에 큰 것 먼 것을 가르치니, 먼저 가깝고 작은 것을 가르치고 뒤에 멀고 큰 것을 가르치지 않는 것은 아니다." 또 말하였다. "灑掃應對도 곧 形而上의 일이 되는 것은 이치에는 크고 작은 것이 없기 때문이다. 그러므로 군자는 오직 혼자 있을 때 삼가는 것에 있다." 또 말하였다. "聖人의 道는 다시 정밀한 것과 거친 것이 없으니, 灑掃應對에 종사하는 것과 의리를 정밀히 하여 神의 경지에 들어가는 貫通이 오로지 한 가지 이치이니, 비록 灑掃應對라도 다만 그러한 이유가 어떠한 것인지를 관찰해야 한다." 또 말하였다. "모든 사물이 本末은 있으나 本末을 나누어 두 가지 일로 만들어서는 안되니, 灑掃應對도 바로 그러한 것이니 반드시 그러한 이유가 있는 것이다." 또 말하였다. "灑掃應對로부터 위로 올라가면 문득 聖人의 일에 이를 수 있는 것이다." 나는 고찰해 보건대, 程子의 첫째 조목이 이 章의 글뜻을 설명하는 데 가장 상세하고 극진함이 된다. 그 뒤 네 가지 조목은 모두 精粗와 本末이 그 나누어짐은 비록 다르지만 이치는 한 가지임을 밝힌 것이다. 학자들은 마땅히 순서에 따라 점점 나아가야 하고 지엽적인 것을 싫어하고 근본만을 추구해서는 안되니, 대체로 첫째 조목의 뜻과 더불어 실제로 표리가 되니 末이 곧 本이라고 말한 것은 아니지만 단지 그 末을 배우면 本도 곧 여기에 있을 것이다.

⑬子夏曰仕而優則學하고學而優則仕니라

子夏가 말하기를 벼슬하고 餘力이 있으면 배우고 학문하고 餘力이 있으면 벼슬할 것이니라

優는有餘力也라仕與學이理同而事異故로當其事者必先有以
盡其事而後에可及其餘라然이나仕而學則所以資其仕者益深이
요學而仕則所以驗其學者益廣이라

—

優는 남은 힘이 있는 것이다. 벼슬하는 것과 배우는 것이 이치는
같으나 일은 다르므로 그 일을 당한 자는 반드시 먼저 그 일을 극
진히 한 뒤에 그 나머지 것에 미칠 수 있다. 그러나 벼슬하면서 배
우면 벼슬하는 데 도움될 수 있는 수단이 더욱 깊어지고, 배우면서
벼슬하면 배운 것을 시험할 수 있는 방법이 더욱 넓어질 것이다.

⑭子游曰喪은致乎哀而止니라
子游가 말하기를 喪은 슬픔을 극진히 하면 되는 것이다

致極其哀하고不尚文飾也라楊氏曰喪은與其易也론寧戚이니不
若禮不足而哀有餘之意니라愚는按而止二字亦微有過於高遠
而簡略細微之弊하니學者詳之니라

—

그 슬픔을 극진히 다하고 양식이나 수식은 숭상하지 않는 것이다.
楊氏가 말하였다. "喪은 잘 다스려지는 것보다는 차라리 슬퍼하는
것이 나은 것이니, 禮가 부족하더라도 슬픔에 남음이 있는 것만 같
지 못하다는 뜻이다." 나는 고찰해 보건대, 而止 두 글자는 역시 높
고 멀이 지나쳐 細微한 것은 간략히 하는 폐단이 조금 있으니 학자
들은 상세히 살펴야 할 것이다.

⑮子游曰吾友張也爲難能也나然而未仁이니라

子游가 말하기를 내 벗 張은 어려운 것에 能하지만 그러나 仁하지 못하다

子張은行過高而少誠實惻怛之意라

—

子張은 지나치게 높은 것을 행하지만 성실하고 진실한 뜻은 부족하다.

⑯曾子曰堂堂乎라張也여難與並爲仁矣로다

曾子께서 말씀하시기를 당당하구나 張이여 더불어 함께 仁을 하기는 어렵도다

堂堂은容貌之盛이라言其務外自高하여不可輔而爲仁이요亦不能有以輔人之仁也라○范氏曰子張은外有餘而內不足故로門人이皆不與其爲仁이니子曰剛毅木訥이近仁[4]이라하시니寧外不足而內有餘면庶可以爲仁矣리라

—

堂堂은 외모가 대단한 것이다. 子張은 외부에 힘을 써 스스로 높다고 여겨서 도와주어서 仁하게 할 수도 없고 역시 남의 仁을 도와줄 수도 없음을 말한 것이다. ○ 范氏가 말하였다. "子張은 외면은 여유가 있으나 내면은 부족하기 때문에 門人들이 모두 그와 더불어

---

4) 剛毅木訥近仁 : 「子路」篇, 二十七章 참고.

仁을 하지 못하니, 孔子께서 '강하고 굳세며 질박하고 둔한 것이
仁에 가깝다.'라고 하시니, 차라리 외면이 부족하고 내면에 여유가
있으면 거의 仁이 될 수 있을 것이다."

---

⑰曾子曰吾聞諸^저夫子하니人未有自致者也나必也親
喪乎인저

曾子께서 말씀하시기를 내 선생님께 듣자오니 사람이 스스로 힘을 다
하는 경우는 없으나 있다면 반드시 親喪일 것이다

致는盡其極也니蓋人之眞情이所不能自己^이者라○尹氏曰親喪
은固所自盡也⁵⁾니於此에不用其誠이면惡^오乎用其誠이리오

致는 끝까지 다하는 것이니 대개 사람의 진실한 정이 스스로 그만둘
수 없는 것이다. ○ 尹氏가 말하였다. "親喪은 진실로 스스로 다하는
것이니 여기에 그 정성을 쓰지 않는다면 어디에 그 정성을 쓰리오"

---

⑱曾子曰吾聞諸^저夫子하니孟莊子之孝也其他는可能
也어니와其不改父之臣과與父之政이是難能也니라

曾子께서 말씀하시기를 내 선생님께 듣자오니 孟莊子의 孝는 그 다른
것은 가능하지만 그 아버지의 신하와 아버지의 政事를 고치지 않는 것
이것이 能하기 어려운 것이다

---

5) 親喪固所自盡也 : 『孟子』,「滕文公章句上」 참고.

孟莊子는魯大夫니名은速이요其父는獻子니名은蔑이라獻子有賢德
이러니而莊子能用其臣守其政故로其他孝行은雖有可稱이로되而
皆不若此事之爲難이라

—

孟莊子는 魯나라 大夫이니 이름은 速이요, 그 아버지는 獻子이니
이름은 蔑이다. 獻子가 어진 德이 있었으니 莊子가 능히 그 신하를
쓰고, 그 政事를 지켰기 때문에 그 다른 효행은 비록 칭찬할 만한 것
이 있더라도 모두 이 일의 어려움만 같지 못하다.

---

⑲孟氏使陽膚로爲士師[6]라問於曾子한대曾子曰上失
其道하여民散이久矣니如得其情則哀矜而勿喜니라
孟氏가 陽膚로 하여금 士師가 되게 한지라 曾子께 물었는데 曾子께서
말씀하시기를 윗사람이 그 道를 상실하여 백성이 흩어진 지 오래되었으니
만약 그 실정을 안다면 불쌍히 여기고 기뻐하지 말아야 한다

陽膚는曾子弟子라民散은謂情義乖離하여不相維繫라謝氏曰民
之散也는以使之無道하고敎之無素故니其犯法也는非迫於不得
已면則陷於不知也라故로得其情則哀矜而勿喜니라

—

陽膚는 曾子 제자이다. 民散은 인정과 의리가 어긋나고 떠나서 서
로 붙잡고 도와주지 못함을 말한다. 謝氏가 말하였다. "백성이 흩어
졌음은 부리기를 無道하게 하고, 가르치기를 바탕이 없이 한 때문

---

6) 士師 : 獄官의 우두머리.

이니, 그들이 법을 어긴 것이 부득이한 데 부딪힌 것이 아니면, 無知에 빠진 것이다. 그러므로 그 실정을 안다면 불쌍히 여기고 기뻐하지 말아야 한다."

---

⑳子貢이曰紂之不善이不如是之甚也니是以로君子惡°居下流하나니天下之惡이皆歸焉이니라

子貢이 말하기를 紂의 善하지 못함이 이처럼 심하지는 아니했을 것이니 이 때문에 군자는 下流에 처함을 싫어하나니 천하의 惡이 모두 돌아오기 때문이다

下流는地形卑下之處요衆流之所歸니喩人身有汙賤之實이면亦惡名之所聚也라子貢言此는欲人常自警省하여不可一置其身於不善之地요非謂紂本無罪而虛被惡名也라

—

下流는 지형이 낮은 곳이요 모든 물이 돌아가는 곳이니, 사람의 몸에 더럽고 천박한 실체가 있으면 역시 악명이 모여드는 것을 비유한 것이다. 子貢이 이것을 말한 것은 사람들로 하여금 항상 스스로 깨우치고 반성하여 한 번이라도 그 자신을 不善한 곳에 두지 않도록 하고자 한 것이요, 紂王이 본래 죄가 없는데 부질없이 악명을 입었다고 말하는 것은 아니다.

㉑子貢이曰君子之過也는如日月之食7)焉이라過也에

---

7) 日月之食 : 日蝕, 月蝕을 이름.

人皆見之하고更也에人皆仰之니라

子貢이 말하기를 군자의 허물은 마치 日蝕 月蝕과 같은지라 허물하였
을 적에 사람들이 모두 보고 고쳤을 적에 사람들이 모두 우러러본다

⦸衛公孫朝問於子貢曰仲尼는焉學고

衛나라 公孫朝가 子貢에게 물어 말하기를 仲尼는 어디서 배우셨는가

公孫朝는衛大夫라

—

公孫朝는 衛나라 大夫이다.

子貢이曰文武之道未墜於地하여在人이라賢者는識^지
其大者하고不賢者는識其小者하여莫不有文武之道焉
하니夫子焉不學이시며而亦何常師之有시리오

子貢이 말하기를 文王 武王의 道가 땅에 떨어지지 아니하여 사람에
게 있는지라 어진 자는 그 큰 것을 기억하고 덜 어진 자는 그 작은 것
을 기억하여 文王 武王의 道가 있지 아니한 곳이 없으니 선생님께서
어디인들 배우지 아니하셨으며 또 어찌 일정한 스승이 있었으리오

文武之道는謂文王武王之謨訓功烈과與凡周之禮樂文章이皆
是也라在人은言人有能記之者라識는記也라

—

文王 武王의 道는 文王 武王의 훈계와 功烈 및 모든 周나라 禮
樂 文章이 모두 이것이다. 在人은 기억할 수 있는 자가 있을 것임
을 말한 것이다. 識는 기억함이다.

㉓叔孫武叔이 語大夫於朝曰子貢이 賢於仲尼하니라

叔孫武叔이 朝廷에서 大夫들에게 일러 말하기를 子貢이 仲尼보다
훌륭하니라

武叔은 魯大夫니 名은 州仇라

—

武叔은 魯나라 大夫이니 이름은 州仇이다.

子服景伯이 以告子貢한대 子貢이 曰譬之宮牆컨댄 賜之
牆也는 及肩이라 竊見室家之好어니와

子服景伯이 이 말을 子貢에게 일러 주자 子貢이 말하기를 집의 담장
으로 비유하건대 賜의 담장은 어깨에 미치는지라 집 안의 좋은 것을
엿보려니와

牆卑室淺이라

—

담장은 낮고 집도 얕다.

夫子之牆은 數仞이라 不得其門而入이면 不見宗廟之美
와 百官之富니

선생님의 담장은 몇 길인지라 그 문을 찾아 들어가지 않으면 宗廟의
아름다움과 百官의 풍부함을 보지 못할 것이니

七尺曰仞이라 不入其門則不見其中之所有라 言牆高而宮廣也라
—

일곱 자[尺]를 仞이라 한다. 그 문에 들어가지 않으면 그 안에 있는
것을 보지 못한다. 담장이 높고 집이 넓음을 말한 것이다.

得其門者或寡矣라 夫子之云이 不亦宜乎아

그 문을 찾은 자는 아마도 적은지라 그 사람의 말이 역시 마땅하지 아
니한가

此夫子는 指武叔이라
—

여기에서 夫子는 武叔을 가리킨다.

㉔叔孫武叔이 毀仲尼어늘 子貢이 曰無以爲也하라 仲尼
는 不可毀也니 他人之賢者는 丘陵也라 猶可踰也어니와 仲

尼는 日月也라 無得而踰焉이니 人雖欲自絶이나 其何傷
於日月乎리오 多見其不知量也로다

叔孫武叔이 仲尼를 헐뜯거늘 子貢이 말하기를 그렇게 하지 말라 孔
子는 헐뜯을 수 없으니 다른 사람의 훌륭함은 丘陵이라 오히려 넘을
수 있거니와 孔子는 해와 달이라 넘을 수 없으니 사람이 비록 스스로
끊고자 하나 그 어찌 해와 달에 손상이 되겠는가 다만 자신의 分量을
알지 못함을 보여줄 뿐이다

無以爲는 猶言無用爲此라 土高曰丘요 大阜曰陵이라 日月은 喻其
至高라 自絶은 謂以毀謗으로 自絶於孔子라 多는 與祗同이니 適也라
不知量은 謂不自知其分量也라

—

無以爲는 이러한 것을 하지 말라는 말과 같다. 땅이 높은 것을 丘
라고 하고, 큰 언덕을 陵이라고 한다. 해와 달은 지극히 높은 것을
비유한 것이다. 自絶은 헐뜯음으로써 스스로 孔子를 끊는 것을 말
한다. 多는 祗와 같으니, 다만[適]이다. 不知量은 스스로 자기의 分
量을 알지 못하는 것을 말한다.

㉕陳子禽이 謂子貢曰 子爲恭也언정 仲尼豈賢於子乎리오

陳子禽이 子貢에게 일러 말하기를 그대가 공손해서 그럴지언정 仲尼
가 어찌 그대보다 훌륭하리오

爲恭은 謂爲恭敬하여 推^퇴遜其師也라

爲恭은 공경하여 그 스승에게 밀어서 양보함을 말한다.

子貢이曰君子一言에以爲知하며一言에以爲不知니言
不可不愼也니라

子貢이 말하기를 군자는 한마디 말에 지혜롭다 할 수 있고 한마디 말
에 지혜롭지 못하다고 할 수 있으니 말은 삼가지 아니해서는 안되는
것이니라

責子禽의不謹言이라

—

子禽이 말을 삼가지 않음을 꾸짖은 것이다.

夫子之不可及也는猶天之不可階而升也니라

선생님에 미칠 수 없음은 하늘에 사다리로 올라갈 수 없는 것과 같다

階는梯也라大는可爲也요化는不可爲也8)라故로曰不可階而升也라

—

階는 사다리이다. 大는 될 수 있지만 化는 될 수 없다. 그러므로
사다리로 올라갈 수 없다고 말한 것이다.

---

8) 化不可爲也 : 孟子는 사람이 聖에까지 도착하는 단계로 善·信·美·大·聖으로 구분하고
   大에까지는 노력으로 가능하지만 大에서 聖으로 가려면 化를 거쳐야 된다고 하였다.

夫子之得邦家者인댄所謂立之斯立하며道之斯行하며
綏之斯來하며動之斯和하여其生也榮하고其死也哀니如
之何其可及也리오

선생님께서 나라를 얻으실진댄 이른바 세우면 이에 서며 引導하면 이
에 행하며 편안하게 하면 이에 오며 風動하면 이에 조화를 이루어 그
가 살아 계시면 영광스럽게 여기고 그가 돌아가시면 슬퍼할 것이니 어
떻게 미칠 수 있으리오

立之는謂植^치其生也라道는引也니謂教之也라行은從也요綏는安也
요來는歸附也요動은謂鼓舞之也라和는所謂於^오變時雍⁹⁾이니言其
感應之妙神速如此라榮은謂莫不尊親이요哀는則如喪考妣라程
子曰此聖人之神化上下與天地同流者也라○謝氏曰觀子貢
稱聖人語면乃知晚年進德이蓋極於高遠也라夫子之得邦家者
인댄其鼓舞羣動이捷於桴鼓影響하여人雖見其變化로되而莫窺其
所以變化也니蓋不離於聖而有不可知者存焉하니聖而進於不
可知之之神矣라此殆難以思勉及也니라

—

立之는 삶을 세워 주는 것을 말한다. 道는 이끎이니, 가르치는 것
을 말한다. 行은 따름이고, 綏는 편안하게 함이고, 來는 돌아와서
의지하는 것이고, 動은 고무시킴을 말한다. 和는 이른바 '아! 변해서

---

9) 於變時雍 : 『書經』,「虞書」, '堯典', '克明俊德 以親九族 九族旣睦 平章百姓 百姓昭
明 協和萬邦 黎民 於變時雍' 참고.

이에 화하도다이니, 그 감응의 오묘함의 신속한 것이 이와 같음을 말한 것이다. 榮은 부모를 존경하지 아니함이 없는 것을 말하고, 哀는 부모상을 당함과 같은 것이다. 程子가 말하였다. "이것은 聖人이 上下를 신묘하게 조화시키는 것이 천지와 더불어 함께 흐르는 것이다." ○ 謝氏가 말하였다. "子貢이 聖人을 칭송하는 말을 관찰해 보면, 晩年에 德에 나아감이 高遠함의 至極에 다다랐음을 알 수 있다. 孔子께서 나라를 얻으실진댄 대중을 고무시키고 감동시킴이 북채와 북, 그림자와 메아리보다 빨라서 사람들이 비록 그 변화를 보면서도 그렇게 변화되는 까닭을 엿볼 수 없다. 聖에서 벗어나지 않으면서도 알 수 없는 것이 존재해 있음이니, 聖化되어 알지 못하는 신비 속에 나아가는 것이다. 이것은 역시 생각하고 힘쓰는 것으로는 미치기 어려울 것이다."

[子張 第十九]

堯曰第二十

凡三章이라

—

모두 삼 章이다.

①堯曰咨爾舜아天之曆數在爾躬하니允執其中하리四
海困窮하면天祿이永終하리라

堯임금께서 말씀하시기를 아 너 舜아 하늘의 曆數가 네 몸에 있나니 진
실로 그 中을 잡으라 四海가 곤궁하면 하늘의 祿이 영원히 끊어지리라

此는堯命舜而禪以帝位之辭라咨는嗟嘆聲이라曆數는帝王相繼
之次第猶歲時氣節之先後也라允은信也라中者는無過不及之
名이라四海之人이困窮則君祿도亦永絶矣니戒之也라

—

이 글은 堯임금이 舜임금에게 명령하여 帝位를 禪位하는 말이다. 咨
는 감탄하는 소리이다. 曆數는 帝王이 서로 계승하는 순서가 한 해의
시절의 앞서고 뒤섬과 같은 것이다. 允은 진실이다. 中은 지나치거나
미치지 못함이 없음의 명칭이다. 온 천하 사람이 곤궁하면 임금의 祿
도 역시 영원히 끊어질 것이니, 훈계한 것이다.

舜이亦以命禹하시니라

舜임금이 역시 이 말로써 禹王에게 命하시었다

舜이後遜位於禹에도亦以此辭로命之니今見於虞書大禹謨1)는
比此加詳이라

---

1) 虞書大禹謨 : 『書經』의 「虞書」 大禹謨篇이다.

—

舜임금이 뒤에 禹王에게 帝位를 양보할 적에도 역시 이 말을 가지
고 명령하였으니, 오늘날「虞書」大禹謨篇에 드러나는 것은 이 말
에 비교하면 더 상세하다.

日予小子履는 敢用玄牡하여 敢昭告于皇皇后帝하노니
有罪를 不敢赦하며 帝臣不蔽니 簡在帝心이니이다 朕躬有
罪는 無以萬方이오 萬方有罪는 罪在朕躬하니라

말씀하시기를 나 小子 履는 감히 검은 희생을 사용하여 감히 위대하신
后帝께 밝게 告하노니 죄 있는 이를 감히 용서하지 못할 것이며 上帝
의 신하는 가리지 않았으니 簡擇은 上帝의 마음에 있나니이다 내 몸
에 죄가 있음은 萬方 때문이 아니고 萬方에 죄가 있음은 그 죄는 내
몸에 있느니라

此는 引商書湯誥之辭니 蓋湯旣放桀하고 而告諸侯也니 與書文으
로 大同小異라 曰上에 當有湯字라 履는 蓋湯名이라 用玄牡는 夏尙黑
하니 未變其禮也라 簡은 閱也라 言桀有罪를 己不敢赦며 而天下賢人
이 皆上帝之臣이라 己不敢蔽니 簡在帝心하니 惟帝所命이라 此는 述
其初請命하여 而伐桀之詞也요 又言君有罪는 非民所致요 民有罪
는 實君所爲라하니 見其厚於責己하고 薄於責人之意라 此는 其告諸
侯之辭也라

—

이 글은「商書」湯誥篇의 말을 인용한 것이니, 아마도 湯王이 이미
桀王을 추방하고 제후들에게 告한 말인 듯하다.『書經』의 글과는 거

의 같고 조금 다르다. 曰의 위에 당연히 湯字가 있어야 한다. 履는 아마도 湯王의 이름이다. 검은 희생을 사용함은 夏나라가 검은색을 숭상했으니 그 禮를 바꾸지 아니한 것이다. 簡은 가려냄이다. 桀王이 죄가 있음을 이미 감히 용서하지 못하며, 천하의 훌륭한 사람들이 모두 上帝의 신하인지라 감히 가리지 않았으니 簡擇은 帝의 마음에 있으니 오직 帝만이 명령할 것임을 말한 것이다. 이 글은 그 처음에 命을 요청해서 桀王을 정벌하는 말을 記述한 것이다. 또 임금이 죄가 있는 것은 백성들이 이룬 것이 아니요 백성들이 죄가 있는 것은 사실 임금이 행한 것임을 말하였으니, 자기를 꾸짖는 데는 厚하고 남을 꾸짖는 데는 엷게 한 뜻을 나타낸 것이다. 이 부분은 諸侯들에게 告한 말이다.

周有大賚하신대善人이是富하니라
周나라에서 크게 賞 주는 일이 있었는데 善人이 많이 받았다

此以下는述武王事라賚는予也라武王이克商하고大賚于四海니見현
周書武成篇이라此에言其所富者는皆善人也요詩序에曰賚는所以
錫予善人은蓋本於此라

—

이 글 아래로는 武王의 일을 기술한 것이다. 賚는 줌이다. 武王이 商나라를 이기고 天下 四海에 크게 賞을 내렸으니 「周書」 武成篇에 나타난다. 이 글에서 많이 받은 자는 모두 善人임을 말한 것이고, 『詩經』 「毛序」에서 賚는 善人에게 주는 선물이다라고 한 것은 대체로 이 글에 근본한 것이다.

雖有周親이나 不如仁人이오 百姓有過在予一人이니라

비록 가까운 친척이 있으나 어진 사람만 같지 못하고 백성들의 잘못이
있음은 나 한 사람에게 있느니라

此는 周書泰誓之辭라 孔氏曰周는 至也라 言紂至親雖多나 不如周
家之多仁人이라

—

이 말은 「周書」 '泰誓'의 말이다. 孔氏가 말하였다. "周는 지극함
이다. 紂王이 至親이 아무리 많아도 周나라에 어진 사람 많은 것
만 같지 못함을 말한 것이다."

謹權量하며 審法度하며 脩廢官하신대 四方之政이 行焉하니라

저울과 들이를 정확하게 하며 法度를 상세하게 하며 폐지된 官府를
다시 세우시니 四方의 政事가 잘 행하여졌다

權은 稱錘也라 量은 斗斛也라 法度는 禮樂制度皆是也라

—

權은 저울추를 맞춤이고 量은 말과 섬이다. 法度는 禮樂 制度가
모두 이것이다.

興滅國하며 繼絶世하며 擧逸民하신대 天下之民이 歸心焉
하니라

멸망한 나라를 일으켜 주고 끊어진 세대를 계승해 주며 누락된 백성을
등용하시니 천하의 백성은 마음이 돌아왔다

興滅繼絶은謂封黃帝堯舜夏商之後라擧逸民은謂釋箕子之囚
하고復商容2)之位라三者는皆人心之所欲也라

興滅繼絶은 黃帝, 堯舜, 夏商의 후세를 封해 준 것을 이름이다.
擧逸民은 箕子의 감금을 풀어 주고 商容의 지위를 회복시킴을 말
한 것이다. 세 가지는 모두 사람 마음이 하고자 하는 것이었다.

所重은民食喪祭러시다
重히 여기신 것은 백성들의 食과 喪과 祭이다

武成에曰重民五敎3)하되惟食喪祭러시다

「周書」 武成篇에 "백성의 五敎를 소중히 여기면서도 오직 먹는
것과 喪事와 祭祀였다."라고 하였다.

寬則得衆하고信則民任焉하고敏則有功하고公則說열이
니라

---

2) 商容 : 은나라 紂王 때의 大夫로 紂王에게 직간하다가 貶黜되었는데, 周나라 武王이 旌
   門을 세우고 지위를 회복시켰다. 『書經』, 「武成」編 참고.
3) 五敎 : 五典. 父子有親, 君臣有義, 夫婦有別, 長幼有序, 朋友有信

너그러우면 대중을 얻고 미더우면 백성들이 맡기고 민첩하면 功을 세우고 공평하면 기뻐하는 것이다

此는 於武王之事에 無所見^현하니 恐或泛言帝王之道也라 ○楊氏曰
論語之書皆聖人微言⁴⁾이요 而其徒傳守之하여 以明斯道者也라 故
로 於終篇에 具載堯舜咨命之言과 湯武誓師之意와 與夫施諸政
事者하여 以明聖學之所傳者一於是而已니 所以著明二十篇之大
旨也라 孟子於終篇에도 亦歷叙堯舜湯文孔子相承之次는 皆此意
也니라

—

이 글은 武王의 일에는 나타난 바가 없으니 어쩌면 혹시 帝王의 道
를 널리 말한 것인 듯하다. ○ 楊氏가 말하였다. 『論語』의 글은 모
두 성인의 微言이고 그 무리들이 전해 받아 지켜서 이 道를 밝힌 것
들이다. 그렇기 때문에 마지막 편에 堯임금, 舜임금이 감탄하며 명하
는 말과 湯王, 武王이 군사들에게 맹세하는 뜻과 및 政事에서 베풀
어진 것들을 모두 실어서 聖學의 전해짐이 이 책에서 한결같음을 밝
힌 것이니, 이십 篇의 큰 뜻을 환하게 드러나게 하려는 까닭이다. 『孟
子』의 마지막 篇에도 역시 堯임금, 舜임금, 湯王, 武王, 孔子가 서
로 계승하는 순서를 차례차례 서술한 것은 모두 이런 뜻이다.

---

②子張이 問於孔子曰何如라야 斯可以從政矣니잇고 子
曰尊五美하며 屛四惡이면 斯可以從政矣리라 子張이曰

---

4) 微言 : 겉으로 드러나지 않는 미묘한 이치가 숨어 있는 말.

何謂五美니잇고 子曰 君子惠而不費하며 勞而不怨하며
欲而不貪하며 泰而不驕하며 威而不猛이니라 子張이 曰 何
謂惠而不費니잇고 子曰 因民之所利而利之니 斯不亦
惠而不費乎아 擇可勞而勞之어니 又誰怨이리오 欲仁而
得仁이어니 又焉貪이리오 君子無衆寡하며 無小大히 無敢
慢하나니 斯不亦泰而不驕乎아 君子正其衣冠하며 尊其
瞻視하여 儼然人望而畏之하나니 斯不亦威而不猛乎아

子張이 孔子께 물어 말하기를 어떻게 해야만 이에 정치에 종사할 수 있
습니까 孔子께서 말씀하시기를 다섯 가지 아름다운 것을 높이며 네 가지
잘못된 것을 물리치면 이에 정치에 종사할 수 있으리라 子張이 말하기를
무엇을 다섯 가지 아름다운 것이라 이릅니까 孔子께서 말씀하시기를 군
자가 백성에게 혜택을 주면서도 낭비하지 아니하며 수고롭게 하면서도 원
망하지 아니하며 하고자 하면서도 탐하지 아니하며 태연하면서도 교만하
지 아니하며 위엄스러우면서도 사납지 아니함이니라 子張이 말하기를 무
엇이 은혜로우면서도 낭비하지 아니함입니까 孔子께서 말씀하시기를 백
성의 이로운 것에 따라 이롭게 하니 이 역시 은혜로우면서도 낭비하지
아니함이 아니겠느냐 수고롭게 할 만한 것을 선택해서 수고롭게 하니 또
누가 원망하리오 仁하고자 하여 仁을 얻었으니 또 어찌 탐하리오 군자가
많고 적은 것이 없으며 작고 큰 것이 없이 감히 漫忽히 아니하나니 이
역시 태연하면서도 교만하지 아니함이 아니겠느냐 군자가 그 의관을 바로
하며 그 瞻視를 높이 하여 儼然히 사람들이 바라보고 두려워하나니 이
역시 위엄스러우면서도 사납지 아니함이 아니겠느냐

子張이曰何謂四惡이니잇고子曰不教而殺을謂之虐이요不戒視成을謂之暴포요慢令致期를謂之賊이요猶之與人也로되出納之吝을謂之有司니라

子張이 말하기를 무엇을 네 가지 잘못된 것이라 이릅니까 孔子께서 말씀하시기를 가르치지 아니하고 죽임을 虐이라 하고 경계시키지 아니하고 완성만 보려 함을 暴라고 하고 令은 느슨히 하고 기한은 각박하게 하는 것을 賊이라 하고 어차피 남에게 줄 것이면서도 내주는 것에 인색함을 有司라 하느니라

虐은謂殘酷不仁이요暴는謂卒遽無漸이요致期는刻期也라賊者는切害之意니緩於前而急於後하여以誤其民而必刑之면是는賊害之也라猶之는猶言均之也라均之以物與人이로되而於其出納之際에乃或吝而不果면則是有司之事요而非爲政之體니所與雖多나人亦不懷其惠矣리라項羽使人하여有功當封이면刻印刓토록忍弗能予라가卒以取敗하니亦其驗也라○尹氏曰告問政者多矣로되未有如此之備者也라故로記之하여以繼帝王之治니則夫子之爲政을可知也니라

—

虐은 잔혹하고 不仁함을 말하고, 暴는 갑자기 하고 차츰차츰 하는 순서가 없음을 말하고, 致期는 기한을 각박하게 하는 것이다. 賊은 절박하게 해친다는 뜻이니, 처음에는 느슨히 하게 명령하고 뒤에 급히 해서 그 백성들이 잘못 인식하게 만들어 반드시 형벌을 내린다면, 이

것은 해를 입히는 것이다. 猶之는 均之와 같은 말이다. 한결같이 물건을 남에게 줄 것이면서도 그 내줄 즈음에 혹 인색하게 하여 결단하지 못하면 이것은 有司의 일이고 정치하는 본체는 되지 못하니, 비록 주는 것이 많다 하더라도 사람들은 역시 혜택으로 여기지 못할 것이다. 項羽가 사람을 부려 功을 세워서 封해 줄 입장인데도 새겨 놓은 도장이 모서리가 닳도록 차마 주지 못하다가 끝내는 패배를 취했으니 역시 그 증거이다. ○ 尹氏가 말하였다. "정치를 물음에 告해 준 것이 많지만 이 글처럼 갖추어진 것은 있지 않다. 그러므로 기록해서 帝王의 治世에 이어 놓았으니 孔子의 爲政을 알 수 있다."

③子曰不知命이면無以爲君子也요

孔子께서 말씀하시기를 天命을 알지 못하면 군자가 될 수 없고

程子曰知命者는知有命而信之也니不知命則見害必避하고見利必趨리니何以爲君子리오

—

程子가 말하였다. "知命이라는 것은 天命이 있음을 알고 믿는 것이니, 天命을 알지 못하면 해로움을 당하면 반드시 피하고 이로움을 당하면 반드시 쫓아갈 것이니 어떻게 군자가 될 수 있으리오"

不知禮면無以立也요

禮를 알지 못하면 설 수 없고

不知禮則耳目無所加요手足無所措라

—

禮를 알지 못하면 귀와 눈이 더해질 곳이 없고 손과 발을 둘 곳이 없다.

不知言이면無以知人也니라

말을 알지 못하면 사람을 알 수 없을 것이다

言之得失은可以知人之邪正이라○尹氏曰知斯三者면則君子之事備矣리니弟子記此以終篇이得無意乎아學者少而讀之하여老而不知一言爲可用하니不幾於侮聖言者乎아夫子之罪人也라可不念哉아

—

말의 잘잘못으로 사람이 간사한지 바른지 알 수 있다. ○ 尹氏가 말하였다. "이 세 가지를 알면 군자의 일이 갖추어진 것이니 제자들이 이 말을 기록해서 篇을 마친 것이 뜻이 없을 수 있겠는가. 학자들이 젊어서 『論語』를 읽고는 늙어서 쓸 만한 말 한 마디도 할 줄 알지 못하면 성인의 말씀을 모욕하는 것에 가깝지 않겠는가. 孔子께 죄인이니 생각하지 않아서야 되겠는가."

[堯曰 第二十]

清溪古典叢書 002

뿌리 깊은 論語 下冊

초판 인쇄 2023년 7월 17일
초판 발행 2023년 7월 31일

잡주 주희 | **역주** 노상복 | **펴낸이** 신철호
교정 김성일, 김송자, 백기란, 신철호

펴낸곳 ㈜이스턴퍼블리싱 | **등록** 2013년 09월 13일 제2013_000164호
주소 서울특별시 서초구 서초대로42길 69 4층
전자우편 shcomm01@gmail.com | **전화번호** 02-522-9117 | **팩스** 02-6280-1917
ISBN 979-11-953728-4-3(04140)